문학과 상상력

문학과 상상력

이은하 저

Literature and Imagination

동문사

머리말

문학이란 인간의 사상과 감정을 예술적으로 형상화한 언어예술이며, 독자는 문학이 주는 재미와 감동을 통해 삶의 진실과 의미, 지혜를 자연스럽게 터득하고 창조적 삶을 설계한다. 좋은 작품은 생활에 활력을 제공하면서 "어떻게 살아갈 것인가?"에 대한 다채로운 구상을 유도한다.

문학은 상상력으로 축조된 건축물로 비유할 수 있으며, 창조적 상상은 문학뿐만 아니라 과학, 산업 등 문명 진화와 번영을 위한 핵심이다.

상상력은 현재의 문제를 해결하고 희망의 미래를 창조하는 원동력이다. 왜냐하면 상상(想像)은 근거 없이 무에서 유를 창조하는 것이 아니라 감성과 지성, 체험을 유기적으로 결합하여 새로운 전체를 만드는 종합적인 능력이기 때문이다.

특히 문학에서 상상은 보편성과 독창성을 만드는 중요한 요소이기에 다양한 장르의 문학 작품을 통하여 인문학적 통찰력 및 독창적 사고력을 기를 수 있다. 무엇보다 문예창작에 대한 이해와 창작 방법을 배워 훈련함으로써 창조적 역량을 길러 다양한 분야에서 응용할 수 있다.

『문학과 상상력』은 다양한 장르의 문학 작품을 통하여 상상력을 함양함으로써 문학의 이해와 문예창작, 글쓰기 능력을 배양하고 이를 응용한 아이디어 및 기획·전략 등 창조적 역량을 폭넓게 활용하는 데 그 목적이 있다.

또한 필자는 본 교재를 통하여 학생들이 문학 작품뿐만 아니라 음악, 미술, 사진, 만화, 기사, 광고, 공연, 영화 등 다채로운 영역을 체험하면서 잠재된 창의성을 끌어내고 흥미와 관심사를 넓혀 나감으로써 대학생활과 사회생활에서 성공적인 자기표현을 할 수 있도록 유도하는 데 주력하였다. 표현의 방법을 배우고 익힌다면 다른 사람과 정서적으로나 정신적으로 소통하게 되고 어려운 문제도 좀 더 효과적으로 해결할 수 있을 것이다.

『문학과 상상력』의 내용은 다음 네 가지를 목표로 구성하였다.

첫째, 다양한 장르의 작품을 감상하면서 문학을 이해한다.

둘째, 문학적 상상력을 확장하여 창의적 발상을 구체화한다.

셋째, 문예창작을 위한 기초 지식을 배우고 창작품을 완성한다.

넷째, 창작품 세미나를 통해 작가, 작품, 독자(대중)의 소통 관계와 의미 등에 대해 토론한다.

필자는 지루하게 여길 수 있는 문학 이론과 창작 방법을 쉽고 흥미롭게 설명하여 문학 전공자뿐만 아니라 모든 사람이 자기 분야에서 이를 활용할 수 있도록 하였다. 또한 대학생들이 현장에서 창작한 실습 작품과 세미나 자료를 제시함으로써 시각의 차이와 발상의 전환 등을 고찰할 수 있도록 하였다.

『문학과 상상력』을 통해 다양한 작품과 사유 과정을 체험하고 나와 세계, 인생의 의미를 알아 가는 데 도움이 되길 바란다.

수업 및 창작 실습에 성실히 임한 한남대학교 문예창작학과 학생들에게 고마움을 전하며, 끝으로 이 책과 만나는 모든 이에게 전하고 싶다.

"바로 오늘이 창조적 표현의 시작이다!"

2013년 여름

이은하

차 례

01 문학과 창작의 세계

1 문학의 개념

문학이란 인간의 사상과 감정을 문자(文字)라는 언어매체를 통하여 예술적으로 형상화한 언어예술이다. 작가는 인생을 소재로 개연성 있는 허구의 세계를 창조하는 사람으로서 작가의 관찰력과 상상력, 구성력과 비판적 성찰은 문학 작품을 만드는 중요한 요건이다.

문학은 인간과 사회의 다양한 면모가 담겨 있으며 철학적 사유와 독창적인 창작을 통해 빚어진 정교한 예술품이다. 독자는 문학이 주는 재미와 감동을 통해 삶의 진실과 의미, 지혜를 자연스럽게 터득하고 창조적 삶을 설계한다.

문학은 보편적인 정서와 독창적인 상상, 감성적인 문체로 완성됨으로써 삶에 대한 진지한 물음을 갖게 하며, "어떻게 살아갈 것인가"에 대한 다채로운 구상을 유도한다.

문학: 인간의 사상과 감정 → 언어(문자)매체 → 예술적 형상화

훌륭한 문학은 지식과 사상, 의도 등이 독특한 언어구조, 작가의 미적 정서 속에 녹아들어 있다. 워즈워스는 "문학의 사상은 감동적 사상이 되어야 한다."고 했으며 발레리는 "사고(思考)는 과일 속 영양소와 같이 숨겨져 있어야 한다."고 했다. 이는 문학이 지식이나 정보를 제공하기 위한 실용적인 글쓰기가 아니라는 것과 작가의 주제의식을 문학적으로 승화하는 과정이 필요하다는 것을 잘 보여준다.

결국 문학은 인간의 사상과 감정을 흥미진진하게 표현·전달하는 매개체이다. 문학은 내용과 형식으로 구분하며, 좋은 내용을 아름답고 새롭게 전달하는 형식이다.

작품 감상 및 토론 1(노래)

다음 작품은 안치환의 노래 「사람이 꽃보다 아름다워」의 가사이다. 유튜브로 노래를 감상한 뒤, 이 작품을 예로 문학의 개념과 의미를 이해해 보자.

사람이 꽃보다 아름다워

안치환 노래

강물 같은 노래를 품고 사는 사람은 알게 되지 음 알게 되지
내내 어두웠던 산들이 저녁이 되면 왜 강으로 스미어
꿈을 꾸다 밤이 깊을수록 말없이 서로를 쓰다듬으며
부둥켜안은 채 느긋하게 정들어 가는지를

지독한 외로움에 쩔쩔매 본 사람은 알게 되지 음 알게 되지
그 슬픔에 굴하지 않고 비켜서지 않으며
어느 곁에 반짝이는 꽃눈을 닫고
우렁우렁 잎들을 키우는 사랑이야말로
짙푸른 숲이 되고 산이 되어 메아리로 남는다는 것을

누가 뭐래도 사람이 꽃보다 아름다워
이 모든 외로움 이겨낸 바로 그 사람
누가 뭐래도 그대는 꽃보다 아름다워

노래의 온기를 품고 사는
바로 그대 바로 당신
바로 우리 우린 참사랑

작품 감상 및 토론 2(동시)

다음 작품은 김종상의 동시 「뿌리」이다. 작품을 감상한 뒤 문학의 개념과 의미를 좀 더 이해해 보자.

뿌리

김종상

꽃밭에 바랭이를 뽑으니
채송화도 함께 뽑혔다

바랭이는 바랭이대로
채송화는 채송화대로
따로 살고 있었지만
속으로는 손을 잡고 있었다.
땅 속에서는 한데 엉켜있었다

우리가 살아가는 법도
바랭이와 채송화 같은 것

네가 결석한 날은
내 마음 한편이 비워졌고
내가 감기라도 앓을 때면
너도 함께 마음 아파했다지

너와 나는 따로이지만
마음으로는 보이지 않게
서로가 하나로 엉켜있단다.

2 문학의 기원

문학의 기원은 크게 (1) 심리학적 기원설, (2) 사회학적 기원설, (3) 제의적 기원설로 구분한다. 문학의 기원을 인간의 본능적인 창조 심리와 예술 충동으로 보는 견해가 심리학적 기원설이다. 이는 다시 모방 본능설, 유희 본능설, 흡인 본능설, 자기표현 본능설로 설명된다.

사회학적 기원설은 문학이 사회적 결속과 노동 생산성을 위해 만들어졌다는 주장이고, 제의적 기원설은 문학이 고대의 종교적 제의에서 시작되었다는 견해이다. 제의를 위한 원시적 가무는 시와 춤, 노래가 어우러진 것으로 문학, 음악, 무용, 연극의 시작이 되었다는 발라드 댄스설(원시종합예술)을 말한다. 이 중에서 다음 세 가지를 좀 더 살펴보자.

1) 모방 본능설

문학은 삼라만상(森羅萬象)과 연관이 있으며, 우주 만물의 모습과 인간의 경험을 재현한다.

모방 본능설은 아리스토텔레스가 주장한 이론으로, "인간은 자연의 재현, 사실 반영과 같은 모방을 통해 쾌락을 느낀다."고 했다. 그는 '모방은 인간의 본능'이며 '문학과 예술은 모방'이라는 문학관을 강조했는데, 인생의 본질은 실제 인생에서 발견할 수 있고, 문학은 '있음직한 일'을 다루어 인간의 심성과 행위의 보편적 양상을 제시하기 때문에 문학이 인생을 모방하는 게 당연하다는 것이다. 이는 문학이 인생의 진실, 즉 개연성을 모방한다는 말이다.

개연성은 문학의 허구성을 정당화하며, 어떠한 허구적 이야기라도 보편타당성을 충족시켜야만 감동을 느낄 수 있다.

인간과 문학이 모방하는 자연물은 독립된 생명체인 유기체를 말한다. 문학 작품은 인물, 배경, 스토리, 언어, 운율, 시점, 주제 등 여러 요소가 긴밀하게 결합되어 하나의 독립체가 되는데 그것이 바로 생명체와 닮았다는 것이다.

다시 말하자면, 문학에서 모방은 유기체의 구성 원리를 닮았다. 문학 작품의 요소들은 적절한 위치에 배열되어 그 기능과 역할을 다해야 한다. 만약 요소들이 불필요한 자리에 있거나 그 역할을 다하지 못하게 되면 불완전한 유기체가 되고 만다. 이런 이유에서 모방은 창작을 배우는 수련 과정에서 반드시 거치는 단계이다.

중요한 것은, 모방은 단순한 모사(模寫) 또는 베끼기를 뛰어넘는다는 사실이다. 훌륭한 모방은 인간의 실제적 삶과 고전의 창작원리, 형식, 정신을 모방하면서 새로운 인식과 발견을 더하여 독창적인 세계로 심화·확장하는 것이다. 이것이 바로 창조적 모방론이다.

작품 감상 및 토론(동시)

문학 작품을 감상한 뒤 자유롭게 토론하면서 창조적 모방에 대해 이야기해 보자.

기분 좋은 날

이수경

4교시 체육시간에 이어달리기 하다가
옆에 뛰던 현태 발에 걸려 넘어지면서
무릎에 불등걸 철썩 붙는 것 같더니
슬며시 번져 나오던 피가 비명을 지르네
새파랗게 놀라 운동장에 털퍼덕 앉았는데
"어머, 어머, 어떡해!"
여자애들이 우르르 몰려오고
배꽃 같은 선생님이 하얗게 달려오고
"수리수리 마하수리 호리호리 퐁퐁 얍!
이제 마법 걸려서 하나도 안 아프다."
부반장 장효진, 내 무릎에 마법 걸고
"업혀, 어서 업혀, 양호실 얼른 가자."
맑은 향내 솔솔 나는 선생님 등 주시고
내가 좋아하는 송채원이 눈물 훔치고
영윤이 손바닥으로 부채질 해주고

다해가 물 떠와서 조심조심 먹여 주고
윤지가 헐레벌떡 약상자 가져 오니
"야, 고것 다치고 아주 황제다, 황제!"
저만치서 권민호가 부러운 듯 외치는데
다치고 기분 좋아보긴 난생 처음이었다.

2) 유희 본능설

인간에게는 노동으로부터 벗어나 자유롭게 즐기고 싶은 유희 본능이 있다. 이 학설은 18세기 말부터 19세기 초의 철학적 배경인 독일관념론에서 시작되었으며 칸트, 쇼펜하우어, 실러 등이 주장했다.

칸트는 "노동에 비해 예술은 유희"로 생각되며 "시는 상상력의 자유로운 유희"라고 했다. 쇼펜하우어 역시 "예술은 의지의 속박을 받고 있는 속된 생활에서 벗어나게 해 주는 기능이 있다."고 했다. 인간을 구속하는 노동, 이해관계, 실용성, 이성적 사고에서 자유로워지고 싶은 인간의 욕구에서 문학과 예술 창조가 시작되었다.

3) 자기표현 본능설

인간은 자기를 표현하고자 하는 본능을 가지고 있다. 체험이나 객관적 대상에 대한 해석과 비판, 감정과 정서 등을 표현함으로써 욕망을 분출하고 타인 혹은 사회와 관계를 맺는다.

말과 행동으로 표현할 수 없는 형이상학적인 관념과 사유는 문학을 통해 보다 구체화·시각화되며, 표현의 세 가지 요소는 주체(작가), 정서(내용), 언어(장르)이다.

작품 감상 및 토론(시)

문학 작품을 감상하고 자유롭게 토론하면서 자기를 표현하고자 하는 대상 및 상황을 찾아보자.

수라

백석

거미새끼 하나 방바닥에 나린 것을 나는 아무 생각 없이
문 밖으로 쓸어버린다.
차디찬 밤이다.

언제인가 새끼거미 쓸려나간 곳에 큰 거미가 왔다.
나는 가슴이 짜릿한다.
나는 또 큰 거미를 쓸어 문밖으로 버리며
찬 밖이라도 새끼 있는 데로 가라고 하며 서러워한다.
이렇게 해서 아린 가슴이 싹기도 전이다.
어데서 좁쌀만 한 알에서 가제 깨인 듯한 발이 채 서지도 못한 무척 작은
새끼거미가 이번엔 큰 거미 없어진 곳으로 와서 아물거린다.
나는 가슴이 메이는 듯하다.
내 손에 오르기라도 하라고 나는 손을 내어미나 분명히
울고불고 할 이 작은 것은 나를 무서우이 달아나버리며 나를 서럽게 한다.
나는 이 작은 것을 고이 보드러운 종이에 받어 또 문밖으로 버리며
이것의 엄마와 누나나 형이 가까이 이것의 걱정을 하며 있다가
쉬이 만나기나 했으면 좋으련만 하고 슬퍼한다.

3 문학의 기능

1) 쾌락적 기능

셰익스피어의 『햄릿』, 『로미오와 줄리엣』, 톨스토이의 『전쟁과 평화』, 빅토르 위고의 『레미제라블』, 카프카의 『변신』 등은 시대와 문화가 달라도 여전히 우리 곁에 존재한다.

J. K. 롤링의 『해리포터』 시리즈, J. R. R. 톨킨의 『반지의 제왕』, 소피 오두인 마미코니안의 『타라 덩컨』은 세계적인 베스트셀러가 되어 판타지 열풍을 일으켰다. 공지영의 『도가니』는 실제 사건을 다룬 소설로 장애 아동 성폭력 실태를 고발했을 뿐만 아니라 공소시효가 지난 사건의 재수사, 성폭력 법안 개정 등 사회적 인식의 변화를 촉구했다. 신경숙의 『엄마를 부탁해』는 한국의 어머니와 딸들을 가슴 먹먹하게 만들며 가족과 삶의 의미를 재조명하였다.

위에 열거한 작품 외에도 지속적으로 회자되는 작품들은 독자를 즐겁게 하는 공통점이 있다. 문학의 즐거움은 위안과 생활에 활력을 제공한다.

아리스토텔레스는 "모방은 즐거운 행위이며 잔혹한 전쟁과 이별, 괴상망측한 괴물 같은 무서운 사물들도 문학적 모방을 통해 재미를 준다."고 했다. 즐거움(오락성)은 독자의 흥미와 호기심을 사로잡아 매혹의 세계로 빠져들게 하는 마술적 능력과 유사하다.

희극적 정서보다 비극적 정서인 공포와 연민은 독자를 흥분(고양)시키고 안정시키는 데 유리하다. 이러한 즐거움(아름다움)을 비극의 씻어냄(카타르시스)이라고 한다.

『햄릿』, 『로미오와 줄리엣』, 『오셀로』, 『리어왕』 등의 비극적 상황은 두려움과 연민, 동정, 분노의 비극적 정서를 불러일으켰다가 고조시키며 개연적 결말에 의해 사그라지게 한다. 이처럼 고조된 감정들이 말끔히 씻겨 내려가면서 얻게 되는 쾌적감이 카타르시스이다.

재미있게 보았던 영화 「아저씨」, 「마더」, 「해운대」, 「눈 먼 자들의 도시」, 「책

읽어주는 남자」 등은 연쇄적 전개에 의한 비극의 과정을 통해 주인공, 독자, 작가가 일제히 정화(씻김)를 체험한다. 고통을 겪으면서 지혜를 얻고, 무서움이나 슬픔과 함께 심각함, 의미심장함, 숭엄함을 느끼는 것은 카타르시스가 주는 심리적 효과이며, 이를 넘어 인식의 체험을 마련한다. 아픈 곳을 건드려 품고 있던 감정의 찌꺼기를 씻어 내는 정서의 여과과정인 셈이다. 결국 문학의 즐거움은 관능적인 저속한 쾌락이 아닌 정신적인 즐거움, 미적 쾌락을 의미한다.

작품 감상 및 토론(동시)

다음 동시를 감상하고 자유롭게 토론해 보자.

땅덩이 무게

김종상

체력검사를 했다
내 몸무게가
6kg이나 불었다
일 년 사이에

땅덩이 무게도
6kg 더 늘어났겠다

새들이 알을 까서
식구들이 불어날 때
씨앗이 싹이 터서
큰 나무로 자라날 때

땅덩이도 그만큼
무게가 더해지겠지

오늘은 비가 와서
시냇물이 불어나고

마을 앞 저수지도
가득히 채워졌다

땅덩이 무게도
참 많이 늘어났겠다.

2) 교훈적 기능

교훈이란 생활의 지침, 도덕적 가르침을 뜻하며 현실적 효용성을 강조한다. 문학은 독자에게 즐거움과 감동을 주면서 인생의 진리를 깨닫게 하는 기능이 있다. 그러나 현실적 효용성, 즉 작가가 독자에게 지식이나 가르침을 전달하려는 의도가 드러나게 되면 작품의 흥미와 예술성이 떨어져 감동을 받지 못하게 된다. 우리가 성경이나 불경의 진리에 대해 알고는 있으나 깨닫고 실천하기 어려운 것과 같다. 교과서, 역사책, 논단 등을 통해 많은 것을 배우지만 마음을 움직여 행동의 변화를 일으키는 데는 한계가 있는 것과 같다. 입에 쓴 약이 몸에 좋다는 것을 알지만 쓰기 때문에 약을 삼키기 어려운 것이다.

시드니는 딱딱한 진리를 부드럽게 전달하는 방법으로 시의 효과를 강조했다. 시인은 독특한 비법으로 달콤하게 만든 시를 통해 도덕적 교훈을 전달한다. 진지하고 무거운 화두일수록 가볍고 재미있게, 낡고 진부한 것일수록 신선하고 세련되게 표현하는 것도 약을 맛있게 삼키는 방법이다.

"잘 모방하는 것이 작가의 일이지만 영혼을 감동시키고, 감정을 흥분시키며, 경탄을 자아내기 위해서는 단순한 모방으로는 불가능하다."는 아리스토텔레스의 말은 '즐거운 가르침'이 되기 위한 문학의 어려움을 잘 보여준다.

괴테가 언급한 "위대한 작품은 우리를 가르치지 않고 우리를 변화시킬 뿐이다."와 알베레스가 말한 '위안의 문학, 구제의 문학, 문제 제시의 문학'은 인생의 구체적 형상화를 통한 재미와 감동이 문학의 진정한 힘이며 기능이라는 것을 상징적으로 보여준다.

결국 문학은 작품에 내재된 의미가 독자에게 어떻게 이해되어 어떤 영향을 미치는지, 개인적·사회적 역할 및 효용까지 생각하게 만든다.

교시: 구체적 형상화 → 인생의 진실 제시 → 삶의 길잡이, 변화 유도(문학의 교양적 가치)
* 올바른 문학의 기능: 정신적 즐거움+인생의 진리 표현

작품 감상 및 토론 1(시)

다음 시를 감상한 뒤 자유롭게 토론해 보자.

긍정적인 밥

함민복

시(詩) 한 편에 삼만 원이면
너무 박하다 싶다가도
쌀이 두 말인데 생각하면
금방 마음이 따뜻한 밥이 되네.

시집 한 권에 삼천 원이면
든 공에 비해 헐하다 싶다가도
국밥이 한 그릇인데
내 시집이 국밥 한 그릇만큼
사람들 가슴에 따뜻하게 덥혀 줄 수 있을까
생각하면 아직 멀기만 하네.

시집이 한 권 팔리면
내게 삼백 원이 돌아온다.
박리다 싶다가도
굵은 소금이 한 됫박인데 생각하면
푸른 바다처럼 상할 마음 하나 없네.

작품 감상 및 토론 2(동시)

세계에서 제일 큰 학교

신현득

오대산 올라가는 길
꼭대기 못 미쳐
거기에도 학교가 있다

나무 기둥 두 개가
교문이 돼 서 있고
교문에는
학교라는 이름표가 붙어 있고

학교는
너무 작은 단칸집
전교생 열아홉 아이

학교 들어오는 길에
다래 덩굴이
잘 익은 열매를 손 위에 놓아 주며
“과자보다 맛난다. 먹어 봐.”
이쪽에는 개암나무가
개암을 한 움큼
주머니에 넣어 주며
“이것도 먹어 봐. 맛나지.”
저쪽에는 딸기 덩굴에
딸기가 한 움큼…….

그렇단다
그 열아홉 아이의 운동장을 위해
나무들이 멀찍이 비켜 주고
바위도 멀찍이 비켜 주고

그리고
운동장 가 풀 나무는
일 년 꽃피울 당번을 정했지
도라지는 유월에
들국화는 구월에…….
새들도 차례를 정했지
풀매미와 여치도 노래 당번이란다

생각해 봐
꽃과 노래에 파묻힌 학교
숲에 파묻힌 작은 학교
열아홉 아이의 운동장 귀퉁이에는
단칸집 교실

그 옆에
늙은 전나무 한 그루가
맨 아래가지로
학교 종을 들고 서 있단다
그리고 생각해 봐
이 조그만 종에서 소리가 울렸을 때
둘러싼 숲이 그래도 있을까?
꽃들이 새들이 매미들이
그대로 있을까?

어떻게 되겠니?
종소리가 오대산을 넘어 저쪽 봉우리에 가서 닿을 때
"땡강! 땡강! 땡강……!"
정말로 종소리가 났을 때!

나무들은 우우
운동장을 향해 가지를 돌렸단다.
칡과 머루는 재빠르게
나무를 감아 올랐단다

운동장 아이들을 보기 위해서였지
산토끼도 모였지

그러면서
아이들과 같이
나무는 몸을 흔들었지
그것은 무용이었어

그러면서
새들은 지저귀었지
이건 노래야

생도는 열아홉이 아니다
열아홉의 열아홉도 아니다
그 열아홉도 넘는다
운동장을 둘러싼 이 많은 생도
온 숲이 같이 배우는 학교
온 산이 같이 배우는 학교

구름도 산마루를 지나다가
내려왔단다
공부가 하고 싶어서였지

산삼을 캐러 가다 아버지들이
도토리 따러 가다 어머니들이
화전밭에 들렀던 길에 할아버지도 오셔
같이 배우는

여기에 더 큰
학교는 없다.

작품 감상 및 토론 3

안데르센의 동화 「미운 오리새끼」와 애니메이션 「니모를 찾아서」, 『해리포터』 시리즈 등을 중심으로 문학의 기능에 대해 이야기해 보자.

4 문학의 조건

1) 문학성

문학 작품으로서의 예술성을 뜻하며, 정서적인 요소, 상상적인 요소, 사상적인 요소, 형식적인 요소가 문학을 아름답고 숭고하게 만드는 기본이다.

2) 정서적 감동

(1) 정서의 항구성과 보편성

성리학에서 사단(四端)은 인의예지(仁義禮智)로 인간 본성에서 우러나오는 마음씨, 도덕적인 감정을 말한다. 칠정(七情)은 희로애구애오욕(喜怒哀懼愛惡欲)으로 인간의 본성이 사물을 접하면서 표현되는 자연적인 감정을 말한다. 이렇듯 인간의 마음씨와 감정을 기쁨, 노여움, 슬픔, 두려움, 사랑, 미움, 욕망 등으로 대표해서 말하지만, 수없이 많은 감정들이 순간적으로 나타나며 사람마다 그 양상도 다르다.

다양한 미적 정서는 문학의 기본 요건으로서 감정, 사상, 개념 등을 정서화하여 독자에게 감동을 느끼게 한다.

작품 감상 및 토론(노래)

여행스케치의 노래 「별이 진다네」를 유튜브로 감상한 뒤 토론해 보자.

별이 진다네

여행스케치 노래

어제는 별이 졌다네. 나의 가슴이 무너졌네.
별은 그저 별일 뿐이야 모두들 내게 말하지만
오늘도 별이 진다네. 아름다운 나의 별 하나
별이 지면 하늘도 슬퍼 이렇게 비만 내리는 거야.
나의 가슴 속에 젖어오는 그대 그리움만이
이 밤도 저 비 되어 나를 또 울리고
아름다웠던 우리 옛 일을 생각해 보면
나의 애타는 사랑 돌아올 것 같은데
나의 꿈은 사라져가고 슬픔만이 깊어 가는데
나의 별은 사라지고 어둠만이 짙어 가는데.

(2) 독창적 개성

문학은 인간의 보편적 삶을 다루지만 작가의 주관과 개성에 따라 그 형식과 내용이 다양하다. 문학은 보다 낯설고 새로운 방식으로 세련되어진다.

"훌륭한 문학은 우리를 가르치는 것이 아니라 변화시킨다."는 괴테의 말에서 알 수 있듯이 보편적 진리가 개성적·독창적·구체적으로 구현될 때 독자는 재미와 감동을 느낀다. 보편성을 추구하면서도 독창성 있는 작품이 훌륭한 작품으로 기억된다.

작품 감상 및 토론(시)

시에 나타난 정서와 독창적 개성에 대해 생각해 보고, 자신(정서)을 사물에 비유하여 이야기해 보자.

멧새소리

백석

처마 끝에 명태를 말린다.
명태는 꽁꽁 얼었다.
명태는 길다랗고 파리한 물고긴데
꼬리에 길다란 고드름이 달렸다.
해는 저물고 날은 다 가고 볕은 서러웁게 차갑다.
나도 길다랗고 파리한 명태다.
문턱에 꽁꽁 얼어서
가슴에 길다란 고드름이 달렸다.

3) 창조적 상상

상상(想像)이란 자유로운 연상, 기억에 대한 심상 등을 통해 경험하지 않은 상황과 사물 등을 머릿속에 그려보는 행위이다.

수험생은 자유롭고 낭만적인 대학 생활을 상상하면서 심리적 스트레스를 극복하고, 다이어트 중인 여대생은 비키니를 입고 해변을 거니는 상상을 하면서 음식의 유혹을 뿌리친다. 배낭여행을 준비하는 남학생은 낯선 이국땅에서 벌어질 흥미로운 일들을 상상하면서 즐겁게 아르바이트를 하고, 병환 중인 어머니를 보살피는 자식들은 쾌차한 어머니가 환하게 웃으시는 모습을 그리면서 힘과 용기를 낸다.

우리는 지루하고 답답한 일상에서 벗어나고 싶을 때 상상을 하면서 당면한 문제와 고통을 이겨낸다. 선택의 기로에서 몇 가지의 경우를 떠올리며 판단을 유보하거나 후회 없는 결정을 내리기도 한다. 상상은 우리에게 호기심과 흥미, 활력을 주고 꿈에 다다르기 위한 고달픈 과정을 긍정적으로 이행할 수 있도록 돕는다.

다시 말하자면, 상상은 근거 없이 무에서 유를 창조하는 것이 아니라 감성과 지성, 체험을 유기적으로 결합하여 새로운 전체를 만드는 종합적인 능력이다. 특히 문학에서 상상은 작가의 개성과 독창성을 만드는 중요한 요소이다.

창조적 상상은 직·간접 경험에 의해 펼쳐진 소재들 중에서 선택·결합하여 새로운 독립체를 만들어 낸다. 선택과 결합이 자의적이거나 비합리적이면 허무하게 사라지는 공상이 되고 만다.

문학비평가 윈체스터는 상상을 창조적 상상과 연상적 상상, 해석적 상상으로 구분하였는데, 사물이나 관념에 대해 친근한 이미지를 떠올리는 연상적 상상과 정신적 가치와 의미를 부여하면서 소재를 연결·표현하는 해석적 상상이 없으면 공상이 된다고 역설했다. 결국 문학 작품은 위의 세 가지 상상이 종합적으로 이루어졌을 때 탄생되며, 창조적 상상이 연상적 상상과 해석적 상상을 내포한다고 볼 수 있다.

작품 감상 및 토론(시)

문학 작품을 감상한 뒤 창조적 상상(연상적 상상과 해석적 상상)에 대해 토론해 보자.

장롱이야기

박형준

나는 장롱 속에서 깜빡 잠이 들곤 했다.
장에서는 하얀 학이 날아갔다.
가마를 타고 죽은 할머니가 죽산에서 시집오고 있었다.
물 위의 집을 스치듯
뻗는 학의 다리가 밤새워 데려다 주곤 했다.
신방에 다소곳이 앉아 있는 오동나무 장롱처럼, 할머니는
잎들이 자개붙이에 비로소 처음의 물소리로 빛을 흔들었고
차곡차곡 할아버지의 손길을 개어 넣고 있었다.

나는 바닥없는 잠 속을 날아다녔다.
그리운 죽은 할머니의 검은 머리칼에 얼굴을 묻고
고추가 간지러워 천천히 깨어날 때
마지막으로 힘찬 울음소리와 함께 장롱에서
학의 길고 긴 다리가 물 위의 집으로 돌아가는 소리를 듣곤 했다.

4) 형상화된 사상

문학에서 사상은 작품 속에 내재된 작가의 가치관, 인생관, 세계관 등을 말한다. 사물이나 상황, 시대에 대한 인식과 견해, 신념, 철학 등 일체의 사고를 의미한다.

프란츠 카프카의 실존주의 사상은 『변신』이라는 작품을 통해 형상화되었고, 빅토르 위고의 『레미제라블』은 인간의 존엄성과 삶의 의미를 돌아보게 한다. 세르반테스가 당시 기사도 이야기의 권위와 인기를 타도하기 위해 쓴 『돈키호테』는 기사도 정신의 광기와 몽상을 통해 인간의 실체를 탐색하였다. 셰익스피어의 비극은 인간의 욕망과 탐욕의 종말을 보여주며, 밀란 쿤데라의 『참을 수 없는 존재의 가벼움』은 가벼움과 무거움, 영원회귀에 대한 철학적 사유가 심오하게 그려져 있다.

작가의 개성과 정서는 작품을 독창적으로 만들고, 감동적 사상은 문학을 위대하게 만든다. 인간과 삶, 시대에 대한 고민이 작품 속에 진실하게 용해되어 구체적으로 나타날 때 독자는 형이상학적이고 관념적인 세계를 실재하는 세계로서 인식하고 공감한다.

문학을 내용과 형식으로 구분할 때 작가의 사상은 내용에 해당하며 구체적 형상화 방법은 형식이 된다. 이 두 가지가 유기적으로 결합되면 현실보다 더 실감나는 새로운 세계가 구현되어 인간과 삶의 의미를 인상 깊게 제시하게 된다.

작품 감상 및 토론(시)

작품을 감상한 뒤 '나의 신념과 인생관'에 대해 생각해 보자.

희망은 아름답다

정호승

창은 별이 빛날 때만 창이다.
희망은 희망을 가질 때만 희망이다.
창은 길이 보이고 바람이 불 때만 아름답다.
희망은 결코 희망을 잃지 않을 때만 아름답다.
나그네여, 그래도 이 절망과 어둠 속에서
창을 열고 별을 노래하는 슬픈 사람이 있다.
고통은 인내를 낳고 인내는 희망을 낳지 않는데
나그네여, 그날 밤 총소리에 쫓기며 길을 잃고
죽음의 산길 타던 나그네여
바다가 있어야만 산은 아름답고
별이 빛나야만 창은 아름답다.
희망은 외로움 속의 한 순례자
창은 들의 꽃
바람 부는 대로 피었다 사라지는 한 순례자.

5) 형식의 미학

문학에서 형식은 정서와 상상, 사상 등을 담는 훌륭한 그릇이라고 할 수 있다. 형식은 상징적으로 문학의 장르, 구조, 표현 기교, 문체 등을 말하는데 유기체, 건축물에 비유된다.

문학의 형식은 작가에 의해 창조·개발되며 통일성을 추구한다. 낯설고 아름다운 문학은 그 예술성을 형식의 미학에서 찾으며 인류의 삶에서 탐색한 주제 의식은 보편적 진리이기에 그 내용을 얼마나 새롭게 빚어내는가가 문학 창작의 관건이다. 문학의 형식이 예술성과 미를 결정하므로 작가는 자신의 사상과 감정을 어떻게 구체적으로 형상화할 것인가에 대한 고민을 끊임없이 하게 된다.

작품 감상 및 토론

나탈리 베비트의 『트리갭의 샘물』, 멜빈 비지스의 『빌리 엘리엇』, 공지영의 『도가니』를 읽고 문학의 조건, 즉 문학성, 정서적 감동, 창조적 상상, 형상화된 사상, 형식의 미학 등에 대해 생각해 보자.

5 문학의 네 가지 관점

문학은 작품과 작품의 재료 또는 대상이 되는 삼라만상, 작품을 창작한 작가, 작품을 읽는 독자와 연결되어 있기에 이 네 가지 입장에서 작품을 분석하고 비평하게 된다.

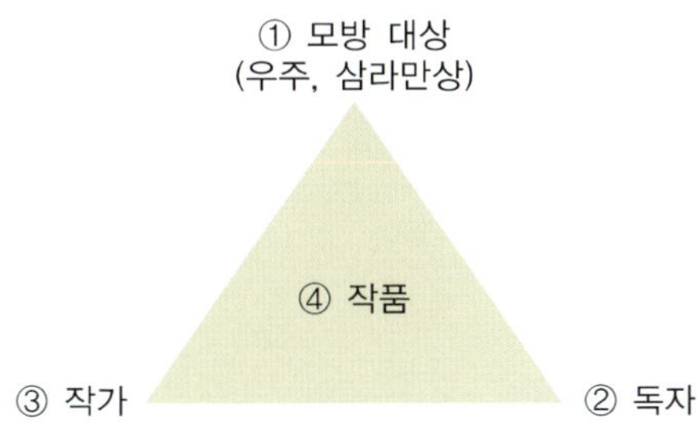

모방론적 문학관은 작품이 주요 대상으로 삼고 있는 사물이나 상황, 역사, 인생 등과의 관계에서 문학을 논의하는 것이고, 효용론적 문학관은 독자와의 연관성에 초점을 맞추어 논의하는 것이다. 표현론적 문학관은 작품을 표현의 주체인 작가와의 연관 속에서 보는 것이며, 존재론적 문학관은 작품 자체를 하나의 독립된 실체로 보고 그 존재를 규명하는 것이다. 주로 문학 연구가들이 문학과 창작

원리에 대한 지식을 바탕으로 작품의 구조와 법칙을 증명하는 관점인데, 작품의 의미와 가치를 언어 구조 안에서 찾는 방식이다.

문학의 네 가지 관점

① 모방론적 문학관(모방 대상과의 연관성)
문학이 우주의 삼라만상(森羅萬象) 또는 그 본질을 재현함

② 효용론적 문학관(독자와의 연관성)
문학이 궁극적으로 지향하는 바가 무엇인가를 규명함
– "문학이 독자에게 어떤 영향을 주는가?"
– "문학이 왜 존재하는가? 무엇을 할 수 있는가?"

③ 표현론적 문학관(작가와의 연관성)
문학은 작가의 내면세계를 묘사하는 상징물들로 형상화함

④ 존재론적 문학관(문학에서 존재=작품 자체)
문학 작품을 하나의 실체로 보고 그것의 존재를 규명함
– 독립된 구조와 법칙, 객관적 증명, 정독과 분석, 문학 연구가

02 문예창작의 이해와 실제(1)

1 시와 음악 감상

감상 1

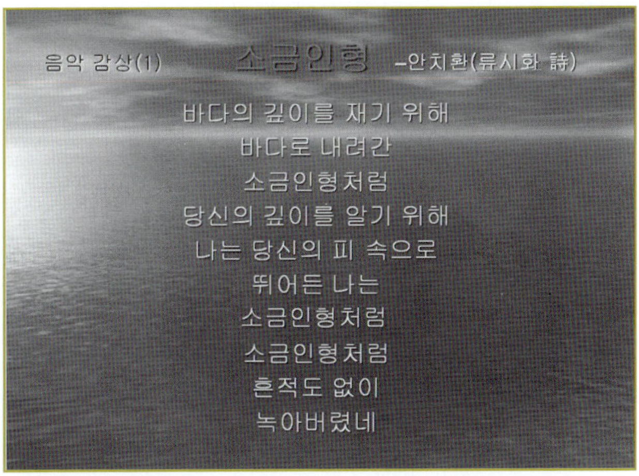

「소금인형」은 류시화의 시에 안치환이 곡을 만들어 부른 노래이다. 눈을 감고 음악을 들은 후에 가사를 읽으면서 다시 들어보자.

1) 눈앞에 펼쳐지는 광경, 이미지들을 구체적으로 떠올리면서 음악에서 느껴지는 인상과 스토리, 인물에 대한 이야기를 자유롭게 상상해 보자.
2) 가사에 등장하는 인물(화자)과 배경, 소재에 담겨 있는 의미가 무엇인지 생각하면서 공감하는 부분이 있는지, 작가가 말하려고 하는 바가 무엇인지 생각해 보자.
3) 지금까지 살면서 소금인형처럼 어떤 대상(목표)에 뛰어든 적이 있는가? 인물과 유사한 경험이 있는지, 나와 주변 사람들의 체험을 떠올리면서 작품과 관련하여 자신의 감상 및 견해를 이야기해 보자.
3) 시와 노래(음악)로서 표현된 정서가 자신에게 어떻게 전달되는지 그 차이점과 공통점에 대해 토론해 보자.

감상 2

1) 「낭만고양이」를 들으면서 어떤 그림이 그려지는지 장면 또는 상황을 시각화하여 이야기해 보자.
2) 낭만고양이의 생활과 심정을 하나의 스토리로 만들어 보자.
3) 낭만고양이와 나, 현대인의 삶을 관련지어 이야기해 보자.
4) 시간과 공간을 바꾸어 낭만고양이의 이야기를 새롭게 엮어 보자.

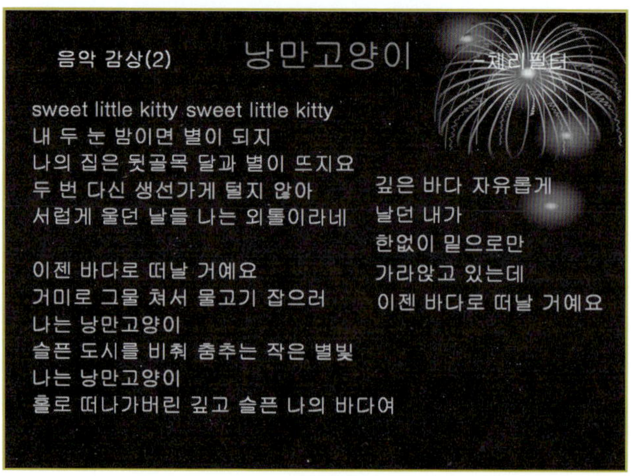

5) 음악 (1)과 (2)를 다시 감상한 뒤 표현 방식과 감정 전달에 있어서 차이점과 공통점을 이야기해 보자.
6) '나의 현재'를 동식물에 비유하여 제목을 짓고('눈 먼 멧돼지', '용감한 수탉' 등) 「낭만고양이」처럼 기술해 보자.
7) 창작품을 발표하고 감상 및 토론하면서 '작가-창작(작품)-독자'의 관계를 체험해 보자.

학생 창작품 감상 — 「소금인형」과 「낭만고양이」 감상문

'미쳤다'는 것

김○○

후회가 된다. 생각해 보니 나는 열성적으로 나 자신을 버릴 만큼 무언가를 사랑해 본 적이 없다. 소금인형이 자신을 녹여가면서까지 바다를 동경한 것, 그리고 당신을 이해하기 위해 당신의 핏속으로 녹아 들어간 것처럼 난 무언가에 헌신적이었던 적이 없다. 또한 자유로운 방랑자 낭만고양이처럼 어떤 대상을 찾아 용기 있게 떠난 적도 없다.

거칠게 말해서 무언가에 뜨겁게 미쳐본 적이 있었나? 아무리 생각해도 답은 No! 난 누군가를 좋아할 때도 늘 뭔가를 재고, 따지고, 고민하기만 했다. 열렬히 헌신적으로 대상 자체에게 빠져 보지 못했다. 현실적으로 생각하는 것이 옳다고 믿었다. 상처받는 것이 두렵고 무서워서 용기를 내지 못했다. 그저 간접적으로 체험하면서 대리만족을 얻곤 했다.

이 노래를 들으면서 후회하지만 아직은 젊으니까 괜찮다며 스스로를 위로한다. 무언가에 '미친다'는 것은 젊기 때문에 가능한 일일지도 모르니까. 그래서 지금부터라도 무언가에 '미쳐 보자!'라고 다짐했다. 이제 나도 '당신의 핏속으로 뛰어들 용기'와 '거미줄로 물고기를 잡으러 바다로 떠날 각오'가 생겼다. 나에겐 새파란 젊음밖에 없으니까!

소금인형과 소금인간

정○○

나는 「소금인형」을 들으며 소금인형이 바다 속에 서서히 잠기며 녹아드는 이미지를 생각했다.
마치 사랑이라는 감정에 자신마저 잊고 서서히 빠져드는 것처럼 나도 소설이라는 깊고 아득한 바다에 빠져 있다. 소설 속의 이야기들은 내가 현실에서 이룰 수 없는 일들을 경험하게 해 주면서 짜릿한 충족감을 주었다. 퍼즐처럼 맞춰지는 이미지와 영상들이 하나의 에피소드가 되고 이야기가 되면서 어느덧 나는 나만의 이야기를 표현해 보고 싶다는 생각을 갖게 되었다. 나는 오늘 「소금인형」을 감상하면서 새로운 이야기 하나를 떠올렸다.

비누로 만들어진 인류가 있다. 그 인류는 바람에 풍화되거나 비에 녹아내리는 것으로 수명을 다한다. 비누 인류는 회귀 본능이 있는데 바로 태초의 인류, 최초지라고 전해지는 소금의 바다(여기 세계관에선 바다가 소금물이 아니다)로 죽을 때가 다가오면 돌아가는 것이다.
어딘지는 알려지지 않았지만 죽음을 자각하는 자들이 누가 알려주기라도 한 듯 찾아가 생을 마치는데, 아직 생을 다하지는 않았으나 일상생활에 지쳐 더 이상 삶에 대한 의욕조차 없어진 주인공이 자신의 삶을 끝내기 위해 소금의 바다를 찾아 떠난다는 내용이다. 그 과정에서 삶의 소중함, 교훈 등을 얻게 된 주인공이 소금의 바다에 다다르자 결국 등을 돌린 채 다시 자신의 고향으로 돌아가는 것으로 이야기가 마무리될 것이다.

소금인형과 살마키스

신○○

샘의 요정 살마키스는 신의 아들 헤르마프로디토스를 사랑한 나머지 영원히 하나가 되게 해 달라고 기도를 올렸다. 바라던 대로 살마키스는 헤르마프로디토스와 하나가 되었다. 이것이 오비디우스의 『변신 이야기』에 나오는 남녀 양성을 가진 헤르마프로디테의 이야기이다.
「소금인형」을 처음 들었을 때는 사랑하는 사람을 위해 자신을 모두 바친 숭고한 사랑이 생각났다. 하지만 곱씹어서 생각할수록 헤르마프로디테의 이야기가 생각났다. 깊이가 어떠하든, 누구라도 사랑을 해 보았을 것이다. 가족에 대한 사랑, 반려동물을 사랑하는 것과 친구를 사랑하고 아껴주는 것, 이성에 대해 수줍음을 느끼는 등 대상이 누구든 애틋한 감정을 한 번쯤은 품어 보았을 것이다. 하지만 이런 순수하고 아름다운 사랑만 있는 것은 아니다. 살마키스처럼 조금 삐뚤어져서 돌이킬 수 없는 결과를 불러온 사랑도 많다. 내가 그렇다는 이야기는 아니지만 주위를 보면 연예인에게 빠져 사적인 영역까지 마구 침범하는 사생팬 이야기가 많다. 그렇다고 그네들이 정말로 그들을 사랑하느냐 하면 그것도 아닌 듯싶다. 내가 만 66세의 영국 배우를 사랑하지만 그게 진짜 사랑이라기보다는 동경에 가까운 것처럼 저들은 한 사람에 대한 소유욕과 동경만 보일 뿐이다.
과연 바다가 소금인형을 정말로 원했는지는 모를 일이다. 하지만 소금인형이 뛰어듦으로써 바다와 소금인형이 하나가 되었고 소금인형이 원하는 바가 이루어졌다는 것은 분명하다. 서로간에 어떤 소통이 이루어졌는가 하는 것 역시 아무도 모른다. 그래서 나는 바다를 헤르마프로디테라고 부르고 싶다.

2 창의력을 키워주는 문학적 글쓰기

인간은 생각하는 존재이며 언어와 문자를 통해 사상이나 감정을 표현하고 정보를 전달한다. 언어를 습득한 사람이라면 의사 전달뿐만 아니라 생각이나 사실을 자유롭게 구사하고 기록할 수 있다.

그러나 동일한 언어를 사용하는데도 의사소통이 제대로 이루어지지 않는 경우가 많다. 교육의 정도, 표현의 방식, 관심의 대상 등에 따라 말하기와 듣기, 글쓰기와 이해하기에서 차이가 나기 때문이다. 말과 글에 담긴 의미를 파악하고 표현하는 데 열의를 갖고 훈련하지 않으면 소통의 어려움을 겪게 된다.

훈련의 기본은 독서와 체험을 바탕으로 한 자아탐색의 과정을 반복하는 것이다.

다양한 독서와 체험, 사유의 과정은 나와 세계, 인생의 의미와 본질을 알아가는 데 도움이 된다. 관념적인 생각이나 복잡한 내용의 사건도 알기 쉽고 흥미롭게 표현한다면 다른 사람과 정서적으로나 정신적으로 소통하게 되고 어려운 문제도 좀 더 효과적으로 해결할 수 있다.

표현한다는 것은 창조성과 관련이 있으며 독창적인 상상은 창조적 표현의 시작이 된다. 창조적 상상력은 문학뿐만 아니라 과학, 산업 등 문명 진화와 번영을 위한 핵심이다.

상상력의 중요성은 더 이상 역설할 필요가 없다.

그렇다면 상상의 힘은 어떻게 길러야 하며 비구체적인 정서와 정신을 구체화·형상화하는 방법은 무엇일까?

앞서 말했듯이 창작 능력을 개발하고 나만의 독창적인 색깔을 갖기 위해서는 먼저 나 자신을 관찰하고 탐색하는 과정이 필요하다. 이를 위한 틀, 길잡이가 바로 문학이다. 마법의 양탄자를 타고 시공간을 초월하면서 다양한 체험을 겪고 나면 나의 관심사와 문제를 쉽게 발견하게 되고 나의 실체를 객관적으로 직시하게 된다. 먼저 나를 이해할 수 있어야 나의 생각과 감정을 표현할 수 있으며 타인을 이해할 수 있다.

자아탐색의 시작이며 창조적 상상력을 기를 수 있게 도와주는 첫 번째 양탄자는 바로 일기이다.

여러분은 언제 일기장을 펼치는가? 일기장이 아니어도 좋다. 다이어리나 강의 노트 한쪽에 무언가를 적거나 탁자 위의 메모지, 공중화장실 벽면에 무엇을 쓰고 싶을 때가 있다.

말 못할 비밀, 잊고 싶은 기억, 분노와 슬픔 때문에 답답하거나 괴로우면 우리는 토해내듯 무언가를 쓰게 된다. 일반적으로 사랑하는 사람을 만나게 되면 벅찬 감정을 기록하듯 써내려 간다. 기억하고 싶은 일, 인상적인 일들도 메모한다.

기쁠 때보다 슬프고 절박할 때, 예고 없이 찾아온 이별을 겪을 때 더 많은 페이지가 넘어간다. 동생들을 돌보며 공부하는 고학생의 일기장은 희망찬 미래에 대한 각오로 마지막 줄이 채워진다. 병마와 싸우는 환자나 빚에 허덕이며 노동에 시달리는 사람도 현실과 반대의 상황을 그리면서 고된 하루를 버틴다. 일기는 주로 근심과 걱정, 결핍의 상황들이 기록되며 그 목마름의 상태를 잠시나마 해갈(解渴)해 주는 이상의 기능을 한다.

다음은 어린이가 쓴 일기장의 일부이다. 어린 시절을 회상하면서 일기의 의미와 기능을 상기해 보자.

어린이 일기 감상

일기

언니는 천재 작가야!

이진솔(염경초교 2학년)

오늘은 백일장 결과가 나오는 날이다. 그런데 언니가 장려상을 받은 것이다! 우리 학교에서도 아니고 전국에서 50명 안에 들다니! 난 너무나 감격스러웠다. 흐흑! 언니가 장려상을 받다니! 신이시여! 감사하옵니다!
큰고모는 "노력하고 열심히 하면 성공한다."고 말씀하셨다. 에디슨도 "1%는 재능이고 99%는 노력이다."라고 말씀하셨는데, 이 말이 정말 가슴에 와 닿는다. 어쨌든, 언니는 노력하고 또 노력해서 해낸 것이다! 난 언니가 너무 자랑스러워서 우리 반 아이들한테 다 말하고 다니고 싶다. 언니 최고!

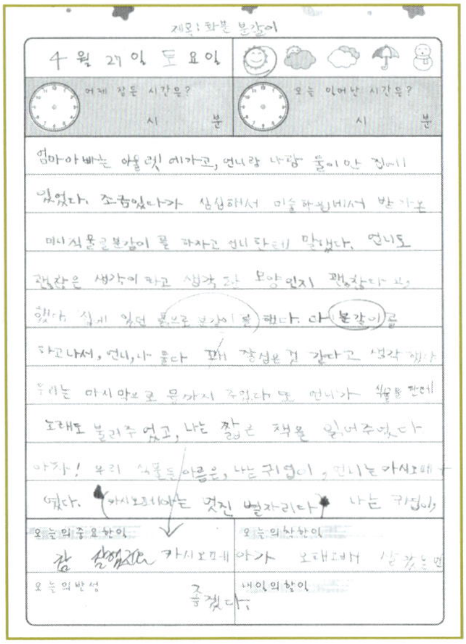

제목 : 화분 분갈이

4월 27일 토요일

어제 잠든 시간은? 시 분

오늘 일어난 시간은? 시 분

엄마아빠는 아울렛에 가고, 언니랑 나랑 둘이만 집에 있었다. 조금있다가 심심해서 미술학원에서 받아온 미니식물로 분갈이를 하자고 언니한테 말했다. 언니도 괜찮은 생각이라고 생각한 모양인지 괜찮다고 했다. 쉽게 있던 분으로 분갈이를 했다. 다 분갈이를 하고나서, 언니, 나 둘다 꽤 잘심은 것 같다고 생각했다. 우리는 마지막으로 물까지 주었다. 또 언니가 식물들한테 노래도 불러주었고, 나는 짧은 책을 읽어주었다. 아참! 우리 식물들 이름은, 나는 귀염이, 언니는 카시오페아였다. 카시오페아는 멋진 별자리다. 나는 귀염이,

오늘의 중요한 일

오늘의 착한 일

참 잘했다. 카시오페아가 노래로 새 잘 컸으면 좋겠다.

오늘의 반성

내일의 할 일

일기

이한솔(염경초교 4학년)

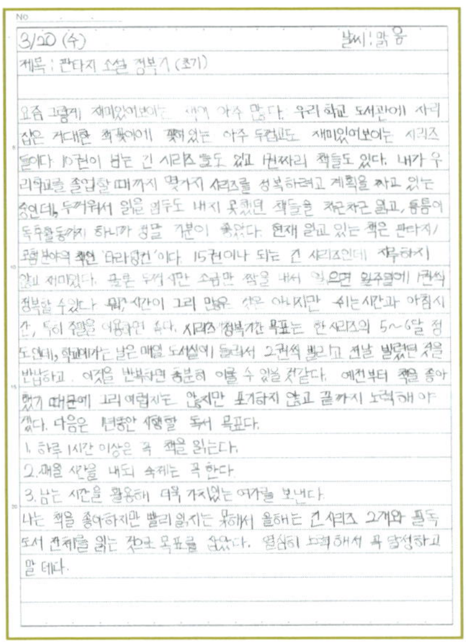

3/20 (수) 날씨 : 맑음

제목 : 판타지 소설 정복기 (초기)

요즘 그렇게 재미있어보이는 책이 아주 많다. 우리 학교 도서관에 자리 잡은 거대한 책꽂이에 꽂혀있는 아주 두껍고도 재미있어보이는 시리즈들이다. 10권이 넘는 긴 시리즈 물도 있고 1권짜리 책들도 있다. 내가 우리학교를 졸업할 때까지 몇가지 시리즈를 정복하려고 계획을 짜고 있는 중인데, 두꺼워서 읽을 엄두도 내지 못했던 책들을 차근차근 읽고, 틈틈이 독후활동까지 하니까 정말 기분이 좋았다. 현재 읽고 있는 책은 판타지/모험 분야의 책인 '타라덩컨'이다. 15권이나 되는 긴 시리즈인데 지루하지 않고 재미있다. 물론 두껍지만 조금만 짬을 내서 읽으면 일주일에 1권씩 정복할 수 있다. 뭐, 시간이 그리 많은 것은 아니지만 쉬는시간과 아침시간, 특히 주말을 이용하면 좋다. 시리즈 정복기간 목표는 한 시리즈의 5~6달 정도인데, 학교에 가는 날은 매일 도서실에 들러서 2권씩 빌리고 전날 빌렸던 것을 반납하고. 이것을 반복하면 충분히 이룰 수 있을 것같다. 예전부터 책을 좋아했기 때문에 그리 어렵지는 않지만 포기하지 않고 끝까지 노력해야겠다. 다음은 1년동안 시행할 독서 목표다.

1. 하루 1시간 이상은 꼭 책을 읽는다.
2. 책을 시간을 내되 숙제는 꼭 한다.
3. 남는 시간을 활용해 더욱 가치있는 여가를 보낸다.

나는 책을 좋아하지만 빨리 읽지는 못해서 올해는 긴 시리즈 2개와 필독도서 전체를 읽는 것으로 목표를 삼았다. 열심히 노력해서 꼭 달성하고 말 테다.

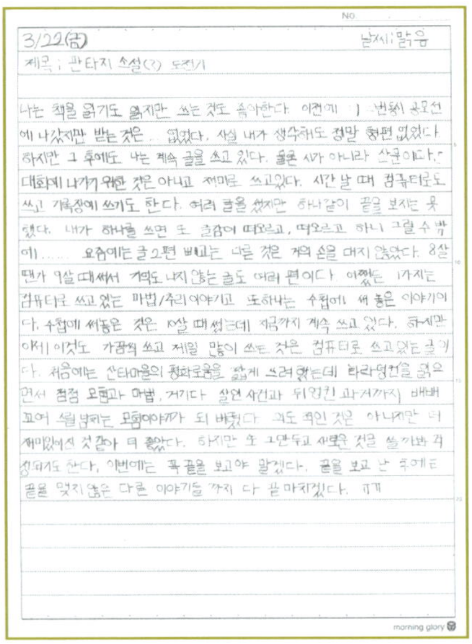

3/22(금) 날씨 : 맑음

제목 : 판타지 소설(?) 도전기

나는 책을 읽기도 좋지만 쓰는 것도 좋아한다. 이전에 1~2번쯤 공모전에 나갔지만 받는 것은… 없었다. 사실 내가 생각해도 정말 형편 없었다. 하지만 그 후에도 나는 계속 글을 쓰고 있다. 물론 시가 아니라 산문이다. 대회에 나가기 위한 것은 아니고 재미로 쓰고있다. 시간 날 때 컴퓨터로도 쓰고 기록장에 쓰기도 한다. 여러 글을 썼지만 하나같이 끝을 보지는 못했다. 내가 하나를 쓰면 또 소재가 떠오르고, 떠오르고 하니 그럴 수 밖에…… 요즘에는 글 2편 빼고는 다른 것은 거의 손을 대지 않았다. 8살 땐가 9살 때써서 기억도 나지 않는 글도 여러 편이다. 어쨌든 1가지는 컴퓨터로 쓰고 있는 마법/추리 이야기고 또하나는 수첩에 써 놓은 이야기이다. 수첩에 써놓은 것은 10살 때 썼는데 지금까지 계속 쓰고 있다. 하지만 이제 이것도 가끔씩 쓰고 제일 많이 쓰는 것은 컴퓨터로 쓰고 있는 글이다. 처음에는 산타마을의 평화로움을 잔잔하게 쓰려 했는데 타라덩컨을 읽으면서 점점 모험과 마법, 거기다 살인 사건과 뒤얽힌 과거까지 배배 꼬여 스릴 넘치는 모험이야기가 되 버렸다. 의도적인 것은 아니지만 더 재미있어진 것 같아 더 좋았다. 하지만 또 그만두고 새로운 것을 쓸까봐 걱정되기도 한다. 이번에는 꼭 끝을 보고야 말겠다. 끝을 보고 난 후에는 끝을 맺지 않은 다른 이야기들 까지 다 끝마치겠다. ㅠㅠ

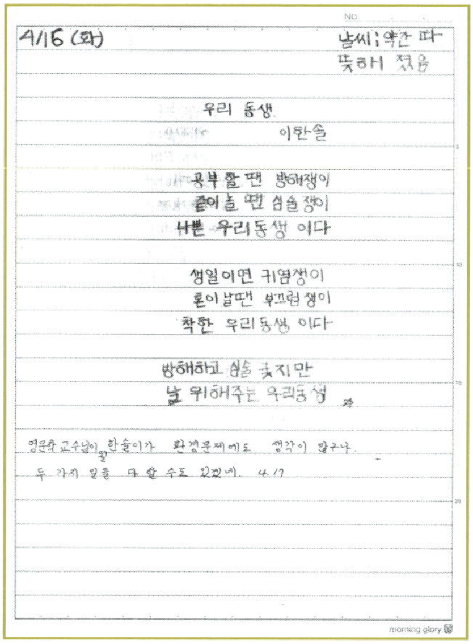
4/16 (화) 날씨 : 약간 따뜻하게 졌음

우리 동생

이한솔

공부할 땐 방해쟁이
놀아줄 땐 심술쟁이
나쁜 우리동생 이다

생일이면 귀염쟁이
혼이날땐 부끄럼쟁이
착한 우리동생 이다

방해하고 심술 굿지만
날 위해주는 우리동생

영문학 교수님이 될 한솔이가 환경문제에도 생각이 많구나.
두 가지 일을 다 할 수도 있겠네. 4.17

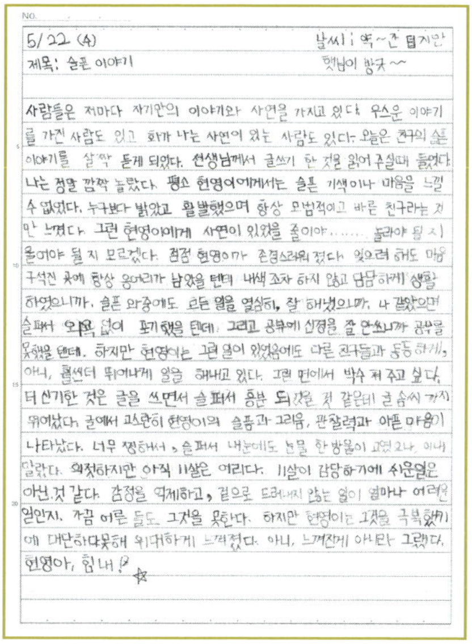
5/22 (수) 날씨 : 엑~간 덥지만 햇님이 방긋~~

제목 : 슬픈 이야기

사람들은 저마다 자기만의 이야기와 사연을 가지고 있다. 우스운 이야기를 가진 사람도 있고 화가 나는 사연이 있는 사람도 있다. 오늘은 친구의 슬픈 이야기를 살짝 듣게 되었다. 선생님께서 글쓰기 한 것을 읽어 주실때 들었다. 나는 정말 깜짝 놀랐다. 평소 현영이에게서는 슬픈 기색이나 마음을 느낄 수 없었다. 누구보다 밝았고 활발했으며 항상 모범적이고 바른 친구라는 것만 느꼈다. 그런 현영이에게 사연이 있었을 줄이야…… 놀라야 될지 울어야 될지 모르겠다. 점점 현영이가 존경스러워 졌다. 잊으려 해도 마음 구석진 곳에 항상 응어리가 남았을 텐데 내색 조차 하지 않고 담담하게 생활하였으니까. 슬픈 와중에도 모든 일을 열심히, 잘 해냈으니까. 나 같았으면 슬퍼서 의욕 없이 포기했을 텐데. 그리고 공부에 신경을 잘 안쓰니까 공부를 못했을 텐데. 하지만 현영이는 그런 일이 있었음에도 다른 친구들과 동등하게, 아니, 훨씬더 뛰어나게 일을 해내고 있다. 그런 면에서 박수 쳐 주고 싶다. 더 신기한 것은 글을 쓰면서 슬퍼서 흥분 되었을 것 같은데 글 솜씨 까지 뛰어났다. 글에서 고스란히 현영이의 슬픔과 그리움, 관찰력과 아픈 마음이 나타났다. 너무 찡해서, 슬퍼서 내눈에도 눈물 한 방울이 고였으나, 이내 말랐다. 의젓하지만 아직 11살은 어리다. 11살이 감당하기에 쉬운일은 아닌 것 같다. 감정을 억제하고, 겉으로 드러내지 않는 일이 얼마나 어려운 일인지. 가끔 어른 들도 그것을 못한다. 하지만 현영이는 그것을 극복했기에 대단하다못해 위대하게 느껴졌다. 아니, 느껴진게 아니라 그랬다. 현영아, 힘내!

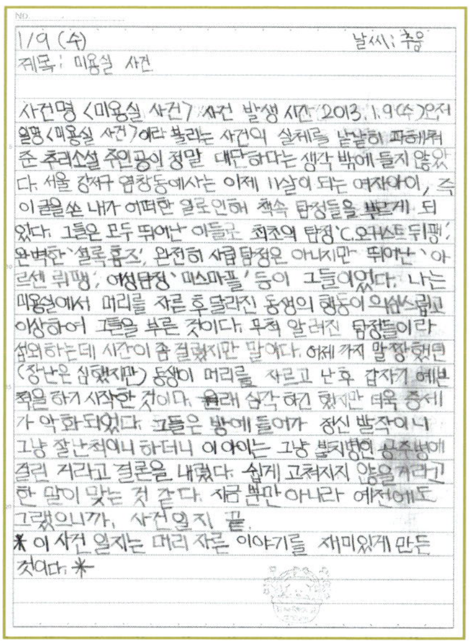
1/9 (수) 날씨 : 추움

제목 : 미용실 사건

사건명 <미용실 사건> 사건 발생 시간 (2013. 1. 9 (수) 오전) 일명 <미용실 사건>이라 불리는 사건의 실체를 낱낱이 파헤쳐 준 추리소설 주인공이 정말 대단하다는 생각 밖에 들지 않았다. 서울 강서구 염창동에사는 이제 11살이 되는 여자아이, 즉 이 글을쓴 내가 어떠한 일로인해 책속 탐정들을 부르게 되었다. 그들은 모두 뛰어난 이들로 최초의 탐정 'C.오귀스트 뒤팽', 완벽한 '셜록홈즈', 완전히 사립 탐정은 아니지만 뛰어난 '아르센 뤼팽', 여성탐정 '미스마플' 등이 그들이었다. 나는 미용실에서 머리를 자른 후 달라진 동생의 행동이 의심스럽고 이상하여 그들을 부른 것이다. 무척 알려진 탐정들이라 섭외하는데 시간이 좀 걸렸지만 말이다. 어제 까지 말짱했던 (장난은 심했지만) 동생이 머리를 자르고 난후 갑자기 예쁜척을 하기 시작한 것이다. 원래 심각 하긴 했지만 더욱 증세가 악화되었다. 그들은 방에 들어가 정신 발작이니 그냥 잘난척이니 하더니 이 아이는 그냥 불치병인 공주병에 걸린 거라고 결론을 내렸다. 쉽게 고쳐지지 않을거라고 한 말이 맞는 것 같다. 지금 뿐만 아니라 예전에도 그랬으니까, 사건일지 끝.

* 이 사건 일지는 머리 자른 이야기를 재미있게 만든 것이다. *

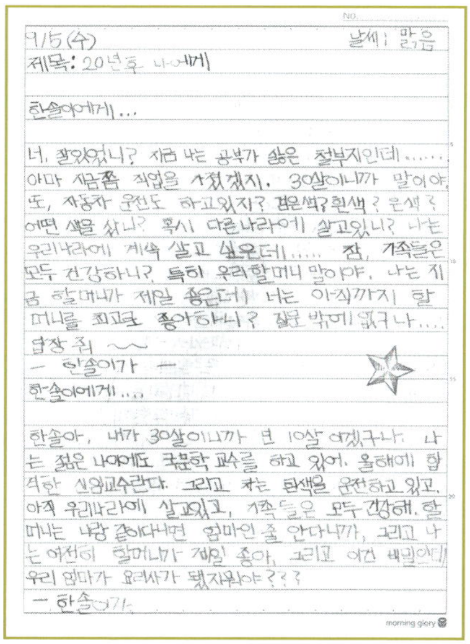
9/5 (수) 날씨 : 맑음

제목 : 20년 후 나에게

한솔이에게…

너, 잘있었니? 지금 나는 공부가 싫은 철부지인데…… 아마 지금쯤 직업을 가졌겠지. 30살이니까 말이야. 또, 자동차 운전도 하고있지? 검은색? 흰색? 은색? 어떤 색을 샀니? 혹시 다른나라에 살고있니? 나는 우리나라에 계속 살고 싶은데…… 참, 가족들은 모두 건강하니? 특히 우리할머니 말이야. 나는 지금 할머니가 제일 좋은데! 너는 아직까지 할머니를 최고로 좋아하니? 질문 밖에 없구나…… 답장 줘 ~~

— 한솔이가 —

한솔이에게…

한솔아, 내가 30살이니까 넌 10살 이겠구나. 나는 젊은 나이에도 국문학 교수를 하고 있어. 올해에 합격한 신임교수란다. 그리고 차는 흰색을 운전하고 있고, 아직 우리나라에 살고있고, 가족들은 모두 건강해. 할머니는 나랑 같이다니면 엄마인 줄 안다니까, 그리고 나는 여전히 할머니가 제일 좋아. 그리고 이건 비밀인데! 우리 엄마가 요리사가 됐지뭐야???

— 한솔이가

유대인 소녀 안네 프랑크는 1942년 열세 살 생일선물로 받은 일기장을 '키티'라고 이름 붙이고 그 안에 자신의 이야기를 털어놓았다. 유대인 학살이 자행되던 시절 안네의 일기장은 마음의 안식처이며 현실로부터 벗어나는 도피처였고 절친한 친구였다. 박해를 피해 2년 동안 은신처에 숨어 살면서도 개성 강한 안네가 밝고 쾌활하게 지낼 수 있었던 것은 일기를 통해 불안과 고통을 털어놓으면서 생각을 정리하고 문제를 직시할 수 있었기 때문이다.

안네의 일기는 사춘기 소녀의 성장이 담긴 단순한 일기장에 그치는 것이 아니다. 시대적 상황과 개인의 고통이 맞물려 있으며 그 아픔과 문제를 통렬하게 비판하는 소녀의 의식이 빚어낸 문학 작품이다.

절박한 상황에서 쓴 일기로부터 시작하여 창의적 글쓰기, 문학적 글쓰기로 자신의 삶을 승화한 영화 속 주인공 같은 사람이 또 있다. 바로 『해리포터』 시리즈의 작가 조앤 K. 롤링이다.

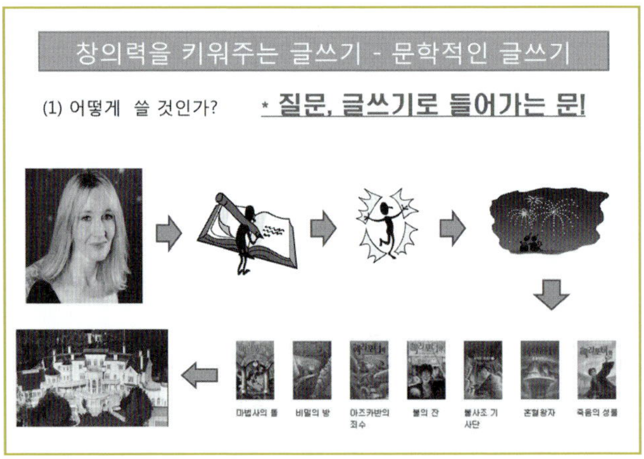

28세에 이혼녀가 된 조앤 K. 롤링은 직업도 없이 홀로 아이를 키워야 하는 힘든 상황이었다. 정부보조금에 의존하며 일자리를 구하기 위해 전전긍긍했던 조앤은 틈틈이 일기를 썼고 고통스러운 현실을 잊고자 소설을 썼다. 어려서부터 독서와 글쓰기를 좋아하던 그녀였기에 창작을 통해 고통을 승화했다.

『해리포터』 시리즈는 상상으로 만들어진 판타지 소설이지만, 작품 안에는 작가의 삶이 고스란히 반영된다. 작가의 절박한 상황과 심정이 인위적으로 만든 주인공과 시·공간, 사건 등으로 변형되어 나타난다.

자신한테 마법사의 능력이 있는지도 모르고 학대받으며 살아온 고아 소년 해리가 우연히 마법학교에 들어가서 많은 일들을 겪으며 성장하는 이야기에는 그녀의 모습이 투사되어 있다. 책을 출간하기 위해 열 곳이 넘는 대형 출판사에 원고를 보냈지만 모두 반송되었고, 소규모의 블룸즈버리 출판사만 그녀의 가능성을 알아본 것도 흥미로운 사실이다.

『해리포터』 시리즈는 매력적인 주인공과 환상적인 배경, 다채롭게 뒤얽힌 사건들, 그 안에서 발견하게 되는 깨달음은 독자들에게 재미와 꿈과 희망을 준다. 작품의 주인공처럼 『해리포터』 시리즈를 탄생시킨 작가 또한 영웅이 되었다. 그녀는 불안과 고독, 고통스러운 심정을 일기 쓰는 행위를 통해 기록하면서 자신을 직면했다고 한다. 또한 시행착오를 겪지 않기 위해 과거와 대비하면서 구체적으로 인생을 설계하였다. 이렇듯 일기 쓰기는 고백, 정리, 반성, 정화, 자아발견이라는 장점이 있다. 쉽고 사소해 보이는 일기 쓰기가 문학적인 글쓰기, 빛나는 소설로 탄생되어 그녀의 삶을 바꾸어 놓은 것이다.

물론 창작을 하기 위해서는 즐거움과 함께 고통스러운 노력이 필요하다. 그런 과정 끝에 조앤은 부와 명예를 얻었고 사회봉사와 환원을 통해 많은 사람들을 돕고 있다. 해리포터가 그러했듯이 작가 또한 실제로 많은 이들에게 행복을 나누어 주고 있는 것이다.

윌리엄 셰익스피어는 부유한 집안에서 태어났지만 그가 열두 살 되던 해에 아버지의 사업이 실패하여 빚쟁이들한테 쫓기는 신세로 살았다. 아버지를 도와 도살장에서 일하던 그는 고대문학과 역사책을 즐겨 읽었고 마을에서 열리는 결혼식, 생일파티, 추수감사절 등 축제와 연극공연을 흥미롭게 보았다. 셰익스피어는 연극배우처럼 혼잣말을 하거나 노래를 흥얼거리는 낙천적인 소년이었다. 연극에 관심이 있던 셰익스피어는 극장 말지기로 일하면서 배역을 얻게 되고 극본까지 쓰게 되면서 배우 겸 극작가로 인정받게 되었다.

『로미오와 줄리엣』, 『햄릿』, 『리어왕』, 『맥베스』, 『오셀로』 같은 유명한 비극은 셰익스피어가 살아온 삶과 무관하지 않다. 비극(悲劇)이란 사람들이 슬픔을 겪고 불행해지는 이야기를 다룬 연극으로, 관객은 인간의 악한 본성과 기질을 발견하게 된다.

1500년대에 쓰인 그의 작품이 지금까지 사랑을 받는 까닭은 재미있고 환상적인 희·비극적 세계를 통해 공감할 수 있는 인간의 모습을 보여주며, 어떻게 살아가야 하는지에 대한 답을 드라마틱하게 보여주기 때문이다.

18세기 영국 소설가이자 시인이며 학자인 새뮤얼 존슨은 풍자시 「런던」, 「욕망의 공허」, 「아이린」, 「라셀라스」 등의 작품을 남겼으며 1755년 영국 최초로 영어사전을 만들어 영문학 발전에 이바지하였다. 스무 살 연상의 미망인과 결혼한 새뮤얼 존슨은 사랑하는 아내가 사망한 날 세 가지를 결심했다고 한다.

일찍 일어나기, 시간 아껴 쓰기, 일기 쓰기

행복해지기 위해서는 행복의 씨앗을 찾아야 하며 내 안의 나, 내면의 목소리에 귀를 기울여야 한다.

■ 질문, 내면여행의 시작!

내면의 목소리를 듣고자 한다면 스스로를 위한 질문을 만들어 대화를 시작해야 한다. 시기 혹은 테마별로 항목을 만들고 구체적인 질문에 묻고 대답하다 보면 자아 탐색이 매우 원활해진다. 또한 긍정적이든 부정적이든 자신의 삶이 일관성 있게 이어지고 있다는 것을 발견하게 된다. 미련과 후회가 남는데도 여전히 같은 실수를 반복하고 있거나 부끄러운 기억들, 숨기고 싶은 비밀들이 나를 괴롭히기도 한다. 그렇다면 과감하게 그 실체와 마주서야 한다. 슬픈 감정, 회피했던 문제들을 꺼내어 고백함으로써 우리는 그로부터 자유로울 수 있다.

문예창작을 통한 표현은 자기 안의 나를 찾아서 세상 속으로 내보내는 일이다. 개성적인 자아가 보편성의 세계를 향해 나아가는 방법이다.

다음은 테마별로 질문을 만든 예이다. 자신한테 맞는 형태의 질문을 구체적으로 적은 뒤 낙서나 메모하듯 대답하다 보면 당시의 기억이 보다 생생하게 떠오르며 그때의 상황과 감정을 정리하면서 반성적 성찰을 할 수 있게 된다.

1) 인생에 대한 질문

- 유년 시절 내게 특별했던 장소는?
- 나를 기쁘게 했던 사람은?
- 슬프고 화나게 만들었던 상황과 사건들은?
- 소중하게 간직하고 싶은 물건은?
- 인상적인 장면이나 상황은?
- 처음으로 죽음을 떠올렸을 때는?
- 내가 신뢰하는 것은?
- 살아오면서 모범으로 삼았던 것은?

2) 우정과 사랑에 대한 질문

- 사랑에 대한 고민해 보았는가?
- 누군가로부터 상처 받은 적이 있는가?
  당시에 어떻게 반응하였는가?
  앞으로 상처를 받게 된다면 어떤 태도를 취할 것인가?
- 누군가의 비밀을 알게 된 적이 있는가?
- 모멸감, 수치스러움을 느낀 적이 있는가?
- 나를 대견하게 여겼던 적이 있는가?

3) 미래와 이상에 대한 질문

- 나를 설레게 하는 것은 무엇인가?
- 10년 전, 5년 전 소원은 무엇이었나?
- 앞으로 1년밖에 살 수 없다면 무엇을 하고 싶은가?
- 행복해지기 위해 다짐한 것들은 무엇인가?

4) 인생대조표 작성(10대/20대/30대로 구분하여 작성)

- 지금까지 살면서 기쁘고 행복했던 일들을 적어 보자.
- 슬프고 불행했던 사건들을 적어 보자.

- 간절히 이루고 싶었던 꿈과 이루지 못한 꿈을 적어 보자.
- 성공과 실패, 쟁취와 좌절, 보람과 절망의 상황들을 적어 보자.

나를 설레고 흥분하게 만든 것이 무엇인지, 내가 열망하고 저항하는 것이 무엇인지 찾는 과정에서 우리는 자신의 실체를 객관적으로 볼 수 있게 된다. 나를 이해하고 용서하고 격려하면서 심연 깊은 곳에 두고 외면했던 자아를 당당히 불러내어 진심으로 사랑할 수 있어야 한다.

1. 창의력을 키워주는 글쓰기 - 문학적 글쓰기

- 나를 치유하는 글쓰기 - 치료적인 글쓰기
- 나를 찾기 위한 글쓰기 - 철학적인 글쓰기
- 예술로 승화하는 글쓰기 - 소통의 글쓰기

3 편지와 메모 감상

주변에서 흔히 볼 수 있는 편지와 메모를 감상해 보자.

편지와 메모 (1), (2)는 초등학교 1학년인 조카가 병상에 있던 필자에게 가져온 글이다.

★ 편지, 메모 감상(1)

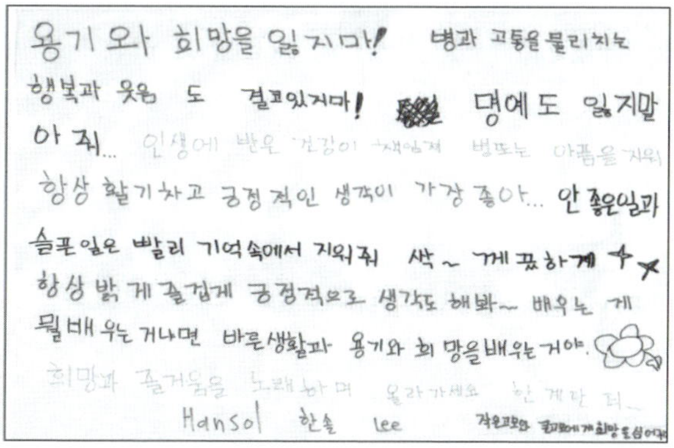
용기와 희망을 잃지마! 병과 고통을 물리치는
행복과 웃음도 결코잃지마! 명예도 잃지말
아줘... 인생에 받은 건강이 ... 아픔을 지워
항상 활기차고 긍정적인 생각이 가장 좋아... 안 좋은일과
슬픈일은 빨리 기억속에서 지워줘 싹~ 깨끗하게
항상 밝게 즐겁게 긍정적으로 생각도 해봐~ 배우는 게
뭘배우는 거냐면 바른생활과 용기와 희망을배우는거야.
희망과 즐거움을 노래하며 올라가세요 한 계단 더..
Hansol 한솔 lee

★ 편지, 메모 감상(2)

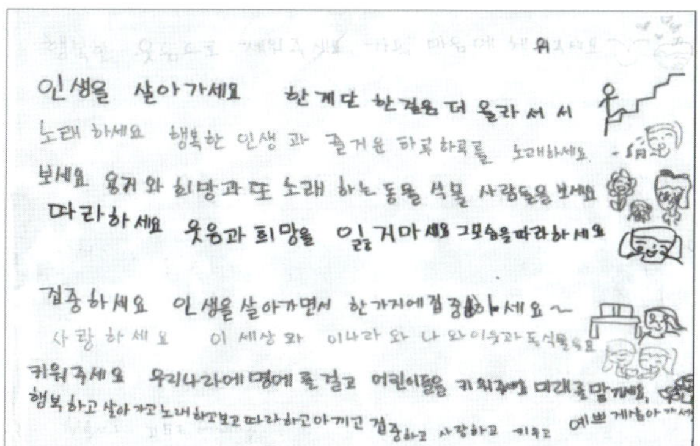
인생을 살아가세요 한 계단 한걸음 더 올라서서
노래하세요 행복한 인생과 즐거운 하루하루를 노래하세요.
보세요 용기와 희망과 또 노래하는 동물 식물 사람들을 보세요
따라하세요 웃음과 희망을 잃지마세요 그모습을따라하세요
집중하세요 인생을 살아가면서 한가지에 집중하세요~
사랑하세요 이 세상과 이나라와 나와 이웃과 동식물을요
키워주세요 우리나라에 명예를 걸고 어린이들을 키워주세요 미래를 맡기세요,
행복하고 살아가고 노래하고 보고 따라하고 아끼고 집중하고 사랑하고 키우고 예쁘게 살아가세요

4 학생 창작품 감상 및 토론

다음은 문예창작학과 1학년 학생이 직접 작사·작곡·노래한 창작곡이다. 수업을 통해 일기와 메모, 자문자답 등 내면여행을 한 뒤에 자신이 발견한 모습을 가사로 써서 노래하였는데 원하는 일과 필요한 일을 놓고 내적 갈등을 겪는 이야기이다.

문학 작품을 활용하라는 제안에 따라 동화 「개미와 베짱이」의 인물 구도를 차용하였다. 자신의 고민을 랩으로 만들었으며 복학생 선배가 피처링한 부분은 갈등을 증폭시키면서 극명한 대비, 긴장 효과를 준다. 나와 세계, 개별성과 보편성의 대립임과 동시에 내 안에 존재하는 두 개의 자아가 부딪히는 소리이기도 하다.

★ 학생 창작품 감상- 가요 「개미와 베짱이」

Intro

베짱아 니가 음악 한다고 먹고 살 수 있겠어?
한국에서 음악 하면 먹고 살기 힘든 거 몰라?
너 나중에 나한테 빌붙지 마
그냥 나처럼 현실을 보고 살아가
이렇게 그냥 어른들이 좋아하고 하기를 바라는
거 하고
꿈 같은 거 꾸지 않은 채 아니 그냥 꿈은
잘 때나 꾸고
공부나 해
네가 그런다고 세상? 안 달라져
네가 열심히 한다고 세상? 안 알아줘
누가 알아준데? 누가 인정한데?
너 그러다가 굶어 죽어 내 말 들어
그냥 내 말 들어

Verse1

음악이란 감옥 속에 갇혀 사는 나야
세상 모두 인정 안해 난 괜찮아
니가 그러는 거? 정말 같잖아
이러면 내가 무너지는 거 같잖아
똑같잖아 세상살이 이러는 거 다 알잖아
다 앎잖아 그러기 싫으니까 안 자잖아
꿈이란 게 없는 채로 걷는 너의 길은 뭔데
땅에 다리 올려놓고 뭐 하는 짓인데
노가다와 업무 누구나가 하는 임무
음악으론 굶어 죽어 어른들의 암묵
마이크를 잡은 나 베짱이를 외면
그건 분명 어른들의 단편적인 한 면
딴따라라 비쳐지는 내 외관의 화면
그럴수록 느껴지는 꿈의 거린 환멸
음악으로 빛 보겠어 이건 분명 혁명
한 명의 베짱이가 세상을 바꾸겠다 펜을 손에 쥐었어
펜은 흠뻑 젖었어
이건 꿈을 위한 대가인가 내 눈물의 분신인가
내 생각은 이곳에서 잠시 멈췄어

★ 학생 창작품 감상- 가요 「개미와 베짱이」

Narration

네가 말하는 현실
그게 가능하다 생각해 진심?
그렇게 꿈을 꿔봤자 그건 전부 작심
삼 일조차 가지 못해 진심
제발 조심 좀 해 조심
네가 말한 것들 안돼 전부 허세야
환생해서 음악에다 희생해도
회상거리도 안돼 전부
제발 정신 차려라
날 좀 본받아라
그냥 일이나 해
그딴 장난 그만하고 제정신으로 돌아와
형으로서 충고해준다
진짜 마지막이다
진짜로 진심으로
어휴- 부모님도 생각해야지
장남이잖아
왜 이렇게 무책임하니

Verse2

펜을 놓고 싶었어
개미 네가 한 말 그래 분명 전부 사실이야
이렇게 모든 것을 해야 하는데
하지 못하는 나는 완전 시신이야
어른들도 전부 하는 신신당부
부모님은 나 때문에 수습전문
비관적인 시각으로 싸움전문
진짜로 펜을 놓을까도 한번 생각
진저리 나는 삶을 접을까
개미대로 나도 마이크를 놓을까
어찌하면 좋을까
근데 이대로 나는 태양을 바라볼 수 있을까
하아-

Outro

그래 잘 생각했어
얼른 여기로 와
우리 같이 공부하자

5 문학 작품을 통해 생각해 보기

* 작품을 통해 생각해 보기
생텍쥐페리의 『어린 왕자』

*** 작은 별과 장미꽃, 그리고 떠남**

권위만 내세우는 왕은 신하를 필요로 하고,
허영심 많은 사람은 언제나 박수 받기를 원한다.
술꾼은 술 취해 사는 자신의 모습을 잊기 위해
또다시 술을 마시고,
헛된 사업가는 세상을 돈으로만 본다.
탐험가의 얘기만 듣고 책을 쓰는 지리학자,
자신은 돌아보지 못하고 남을 위해
쉬지 않고 가로등을 살피는 등지기,
어린 왕자에게 깨달음을 주는 여우,
장미꽃을 찾아 작은 별로 돌아가는 어린 왕자….

*** 지금 당신은 어떤 존재인가?**

6 나의 자화상

* 나의 자화상

*** 그림, 낙서, 가사, 글귀 등 자유롭게 표현하기!**

03 문예창작의 이해와 실제(2)

1 문학의 장르와 특성

문학은 삶의 본질을 탐색하여 예술적으로 형상화한 것으로 형식과 특성에 따라 시, 소설, 희곡, 아동문학(동시, 동화, 동극), 수필, 비평 등으로 구분한다. 문학의 형식과 특성은 고정된 것이 아니라 시대적·공간적·문화적으로 조금씩 다르게 나타나기도 하며, 장르 또한 다양화·세분화되고 있다.

시는 개인의 정서와 감동 등을 운율을 지닌 간결한 언어로 나타내며 리듬·하모니 등의 음악적 요소와 이미지·시각 등 회화적 요소에 의해 감명을 주는 서정문학이다.

소설은 이야기(스토리)를 중심으로 사건을 전개하는 서사문학이다. 주관적인 감정을 표출하는 서정문학과는 달리 인물, 사건, 배경 등을 미적으로 질서화·통일화하여 객관적으로 제시한다. 소설에서 이야기의 의미는 인물의 행위(심리)에 비추어서 찾아내야 한다. 결국 작가는 "어떤 행위와 사건으로 무엇을 보여줄 것인가?"를 고민해야 한다.

소설의 특성을 살펴보면 첫째, 극적이다. 행위와 사건 등을 말하기(telling)가 아닌 보여주기(showing)로 표현해야 하기 때문이다.

둘째, 관습적이다. 소설은 관습을 따르며, 훌륭한 작가는 소설 원리에 대한 지식을 통해 자신의 감각을 발전시킨다. 좋은 작품을 쓰기 위해 고전을 분석적으로 읽는 것은 훌륭한 작품에서 나타나는 인물, 배경, 시점, 테마, 플롯 등에 대한 관습적 원리를 파악하기 위해서이다.

전작에서 모티프를 얻거나 인물, 스토리, 플롯 등 소설 창작의 원리가 공통적으로 드러나는 작품들의 예는 수없이 많다.

『오이디푸스 신화』→『오이디푸스왕』→『리어왕』, 『돈키호테』→『걸리버 여행기』→『라셀라스』→『어린 왕자』→『반지의 제왕』→「니모를 찾아서」, 「귀여운 여인」→「파리의 연인」→「프라하의 연인」→「꽃보다 남자」의 공통점과 차이점을 생각해 보자.

『오이디푸스왕』과 『리어왕』은 오이디푸스 신화를 모티프로 하고, 『돈키호테』부터 「니모를 찾아서」까지의 작품들은 모두 여로형 구성 방식을 따른다. 「귀여운 여인」부터 「꽃보다 남자」는 신분의 차이를 극복한 사랑 이야기이다.

시대와 문화가 달라도 공감을 불러일으키는 소설을 보면 공통된 사항들을 보다 낯설고 세련된 방법으로 발전시킨다. 결국 작품은 '① 과거 문학적 유산의 경험 → ② 창의적 발상과 이용 → ③ 새로운 것으로 발전적 재창조'의 과정을 통해 탄생된다.

셋째, 소설은 전형적이다. 소설이 특수하고 구체적인 것을 다룬다 해도 반복해서 일어나는 삶의 전형성을 모방하기 마련이다. 작가는 보편적인 삶의 이야기를 개성적·극적으로 실감나게 보여주어야 한다.

넷째, 소설은 인생과 관련이 있다. 작가는 이야기의 방향에 따라 어떤 부분을 강조 또는 축소, 생략해야 한다. 소설은 인생을 의도적으로 정리·정돈한 것이기에 허구적이고 인위적이다. 그러나 개연성을 바탕으로 리얼리티를 반영해야 하며 자연스럽게 삶의 진실 탐색, 자기성찰의 기회를 열어 주어야 한다. 프란츠 카프카의 『변신』과 무라카미 하루키의 『해변의 카프카』는 환상성과 흥미진진한 플롯 등을 이용하여 인간 소외와 실존에 대해 자연스럽게 그려낸 수작이다.

다섯째, 소설은 극적 아이러니의 세계이다. 아이러니는 진의(眞意)와 반대되는 것으로, 작가는 인간과 현실의 이면, 모순된 면을 보여줌으로써 감동과 비애를 극대화한다. 셰익스피어의 『햄릿』, 공선옥의 『타관사람』, 이청준의 『과녁』, 김영하의 『오빠가 돌아왔다』 등은 극적 아이러니의 효과가 탁월한 작품이다.

T. S. 엘리엇은 "문학은 진화도 진보도 하지 않고, 다만 발전할(develop) 뿐이다."라고 했다. 여기서 발전은 세련미와 복잡화를 의미한다.

어려운 상황에 처한 주인공이 천신만고 끝에 문제를 극복하는 성장 이야기는 문학의 주요 테마이다. 『단군신화』→『춘향전』→『홍길동전』→『대장금』→『해리포터』 시리즈 등을 떠올리면서 소설의 발전, 즉 세련미와 복잡화를 생각해 보자.

희곡은 연극을 위한 대본으로 서사문학의 한 갈래임과 동시에 연극의 요소이다. 무대 상연을 목적으로 하기 때문에 시간적·공간적 제약을 받는다. 해설, 지문, 대사로 구성되며 내용은 막(幕, act)과 장(場, scene)으로 구분된다.

해설은 막이 오르기 전후에 필요한 무대 장치, 인물, 배경(시간적, 공간적) 등을 서두에 설명하는 글이다. 지문은 등장인물의 행동, 표정, 심리 등을 지시하고 무대 배경, 효과, 조명 등을 현재형으로 기술한다. 대사는 등장인물이 하는 말로 두 사람 이상이 주고받는 대화(對話), 상대 없이 혼자 하는 독백(獨白), 상대역한테는 들리지 않으나 관객에게 들리는 방백(傍白)이 있다.

인물의 연기를 통해 현재화된 인생을 보여주는 희곡은 인물의 행동과 대사에서 압축과 생략, 집중과 통일이 중요하다. 또한 희곡은 극작가, 연출자, 배우, 무대 장치 등 연극을 위한 전문가들이 모여 연극으로 상연되었을 때 완성된 가치를 발휘한다. 희곡은 압축이라는 측면에서 시적인 특성이 있고, 인물을 중심으로 이야기가 진행된다는 점에서 소설적 특성이 나타난다.

아동문학은 아동을 위한 문학으로 동심을 바탕으로 한다. 아동문학을 하는 성인은 아동의 발달과 심리적 특성, 아동문학이 갖는 교육적 특성까지 면밀히 살펴야 한다.

아동은 성장하는 과정이기 때문에 아동문학을 통해 긍정적인 정신세계로 입문할 수 있도록 도와야 한다. 이런 발달적 계속성 때문에 아동문학은 다른 장르에 비해 특수성을 갖는다.

아동문학은 아동의 눈높이에 맞춰 기획, 집필되는데 연령에 따라 유아, 저학년,

고학년, 청소년으로 구분한다. 아동문학은 솔직하고 진실한 마음이 담겨 있어야 하며, 재미있고 흥미로워야 한다. 독자(아동)의 발달단계를 이해해야 하며, 아동의 일상과 친밀해야 한다. 교육적 가치가 담겨 있어야 하나 교시적인 글은 예술적인 작품이 될 수 없기 때문에 자연스럽게 의미를 담을 수 있어야 한다. 또한 아동이 이해할 수 있는 문장, 아동의 눈과 마음으로 본 세상, 아동이 납득할 수 있는 묘사 방법으로 쓰이는 것이 특성이다.

쉽고 단순한 말로 쓰여 있지만 이미지가 분명하게 떠오르는 문장, 몇 번을 다시 읽어도 신선하여 아동의 감성과 맞아떨어지며 상황이 눈앞에 펼쳐지는 문장, 간결하고 리드미컬한(리듬감이 있는) 문장이 좋은 문장이다.

동화와 동극에서는 스토리가 매우 중요하다. 사실을 기초로 기발한 스토리 만드는 상상력을 발휘해야 하는데, 아동의 흥미를 끌기 위해서는 인상적인 스토리와 매력적인 주인공을 설정해야 한다. 인물은 아동의 개성과 심리, 고민과 갈등, 일상생활을 담고 있어야 하며, '나도 저렇게 되고 싶어' 또는 '나라면 저러지 않아'와 같은 생각을 유도하면서 동경과 비판 속에 자신의 존재 방식을 찾을 수 있도록 그 과정을 친근하게 보여주어야 한다.

2 문학 작품 감상 및 토론하기

문학 장르 중에서 비교적 친숙하게 느껴지는 시와 동시, 동화를 감상하고 내용과 형식의 관계를 살피면서 이야기해 보자.

작품 1(시)

가을

조병화

어려운 학업을 마친 소년처럼
가을이 의젓하게 돌아오고 있습니다

푸른 모자를 높게 쓰고
맑은 눈을 하고 청초한 얼굴로
인사를 하러 오고 있습니다

"그동안 참으로 더웠었지요" 하며
먼 곳을 돌아돌아
어려운 학업을 마친 소년처럼 가을이
의젓하게 높은 구름고개를 넘어오고 있습니다.

작품 2(시)

그대가 곁에 있어도 나는 그대가 그립다

류시화

물속에는
물만 있는 것이 아니다
하늘에는
그 하늘만 있는 것이 아니다
그리고 내 안에는
나만이 있는 것이 아니다

내 안에 있는 이여
내 안에서 나를 흔드는 이여
물처럼 하늘처럼 내 깊은 곳 흘러서

은밀한 내 꿈과 만나는 이여
그대가 곁에 있어도
나는 그대가 그립다

작품 3(동시)

그림자와 나

강소천

보름밤 앞마당에
그림자와 나는 심심하다

그림자도 우두커니 섰고
나도 우두커니 섰고

그림자는 귀먹은 벙어린 게다
말을 걸어도 대답이 없다

보름밤 앞마당에서
나는 그림자와 술래잡기를 하자고 했다

그림자도 그게 좋단다
그럼 술래를 정하자고 했다

그림자도 술래가 되기 싫단다
내가 술래가 되기 싫다니까

그림자가 얼른 손을 내민다
내가 그럼 가위 바위 보를 하자니까

그림자가 주먹을 내고
내가 '바위'를 내고

아무도 이긴 사람은 없다.
아무도 진 사람은 없다.

그림자가 또다시 가위 바위 보를 하잔다
내가 그럼 또다시 가위 바위 보를 하자니까

이번엔 그림자가 손을 펴내고
이번엔 내가 '보'를 내고

또 아무도 이긴 사람은 없다
또 아무도 진 사람은 없다

보름밤 앞마당에
그림자와 나는 답답하다

장에 간 엄마는 아직 안 돌아오고
여기서 저기서 개들은 짖고

그림자는 겁쟁인 게다
나두 어쩐지 무서워진다.

작품 4(동시)

명령쟁이 수학

이한솔(염경초교 4학년)

더해라 빼라
곱하라 나누라
뭐 그리 궁금한 게 많아

각도 재라 조사해라
비교해라 정리해라

왜 이리 원하는 게 많아

너 나한테 원한 있니?
나는 수학과 싸움 중

작품 5(동시)

안경

이한솔

가짜 눈,
너는 가짜야

하지만 괜찮아
이제부터 진짜 역할인데

안경은,
볼록렌즈야

그치만 뭐 어때?
안경 쓰면 더 잘 보이는데

하지만, 그렇지만,
너를 이해하려해도
그럴 수 없어

나도,
어쩔 수 없어
네가
달갑지 않은 걸
잘 보이는 것 빼고는

작품 6(동화)

지워지지 않는 일기

이준연

세상에는 좋은 이름도 많지만 나처럼 나쁜 이름을 가지고 있는 아이도 있답니다. 나한테도 좋은 이름이 있었습니다. 그러나 지금은 멀리멀리 달아나 버렸습니다.

우리 할아버지는 나를 '돌쇠'라고 부릅니다. '돌쇠'라는 이름의 뜻은 밤낮으로 밖에 나가서 싸돌아다닌다는 뜻입니다.

우리 어머니와 누나는 나를 '도둑괭이'라고 부릅니다. 도둑괭이라는 것은 과자나 과일 등 뭐든지 마구 훔쳐 먹는다는 뜻입니다.

마을 어른들은 나를 '뺑돌이'라고 합니다. 말을 안 듣는다는 뜻인가 봅니다. 친구들은 나를 '돌멩이'라고 부릅니다. 돌멩이라는 건, 내가 돌 던지기를 썩 잘해서 무엇이든지 잘 맞힌다는 뜻입니다.

'돌쇠, 도둑괭이, 뺑돌이, 돌멩이'

이게 모두 다 내 이름입니다.

'이렇게 이름이 길어서 어디 쓰겠나? 너무 거추장스러워. 어디, 좀 간단하게 할 수는 없을까?'

나는 이렇게 생각하고 내 이름을 간단하게 정리해 보았습니다. 내 이름의 꽁지 자는 떼어 버리고 첫머리 자만 쓰기로 했습니다.

'돌, 도, 뺑, 돌'

나는 신기했습니다. 재미있고 우스꽝스러운 내 이름에 나도 그만 마음이 쏠렸습니다.

'야아! 정말 멋진 이름이다. 팽이처럼 빙빙 잘 도는 돌멩이.'

내 이름이 가지고 있는 뜻이라고 나는 생각했습니다.

'이제부터 근사한 내 이름을 다른 아이들에게 알리자.'

나는 부리나케 밖으로 뛰어나갔습니다. 창수가 숨을 헐떡거리면서 뛰어오고 있었습니다.

"아, 더워. 얘, 돌멩아! 우리 좋은 데 놀러 갈까?"

"임마! 돌멩이가 뭐야?"

"어어! 너 그럼 돌멩이가 아니냐?"

"그래, 나 이름 새로 지었어."

"이름을? 뭐라고?"

나는 창수를 쳐다보면서 자랑하듯 말했습니다.

"내 이름은 '돌도뺑돌', 어떠냐?"

"뭐? 돌도뺑돌, 그게 뭐 이름이야?"

"자식, 이름이 아니고 그럼 뭐야?"

창수는 나를 빤히 쳐다보면서,

"돌도뺑돌, 돌도뺑돌." 하고 자꾸만 중얼거렸습니다.

창수는 고개를 갸웃거리면서 이렇게 물었습니다.

"그럼, 네 이름 뜻이 뭔데?"

나는 피식피식 웃으면서 말했습니다.

"팽이처럼 빙빙 잘 도는 돌멩이, 즉 돌로 만든 팽이, 어떠냐?"

"돌로 만든 팽이? 돌로 어떻게 팽이를 만들어?"

"그러니까 좋은 이름이지. 너 이제 아무 소리 말고 나를 부를 때는 돌도뺑돌이라고 불러. 다른 애들한테도 그렇게 말해."

나는 픽 웃으면서도 따끔하게 말했습니다. 창수는 내가 때릴까 봐 아무 말도 더 하지 못하고 고개만 끄덕여 보였습니다.

"창수야! 네가 가자는 데는?"

창수는 사방을 삥 둘러보더니 내 귀에다 입을 바싹 대고 소곤거렸습니다.

"응응, 그래그래."

나는 신바람이 나서 어쩔 줄을 몰랐습니다.

저녁밥을 단숨에 먹어 치우고, 나는 책상 앞에 앉았습니다. 오늘 밤 따라 웬일인지 자꾸만 가슴이 두근거렸습니다.

나는 일기장을 펼쳤습니다.

"어유, 이렇게 많이 밀린 일기를 언제 다 쓴담, 에이 참!"

하루 이틀 밀린 것이라면 단숨에 쓱쓱 써 치울 수 있지만, 자그마치 일주일 동안이나 밀린 것을 한꺼번에 해치운다는 것은 정말 까마득한 일이었습니다.

새 학년이 시작되던 날, 우리 반 아이들과 선생님은 올 한해 동안에는 하루도 빼놓지 말고 일기를 쓰자고 단단히 약속했었습니다. 월요일은 지난 한 주일 동안의 일기를 검사하고, 제가 쓴 일기를 친구들 앞에서 읽는 날입니다.

만일 일기를 빼먹거나 '나는 오늘 공부를 했다. 나는 심부름을 갔다.' 이렇게 얼렁뚱땅 썼다가는 일주일 동안 하기 싫은 화장실 청소를 해야 합니다.

'무엇을 쓸까?'

아무리 생각해도 일기장에 쓸 만한 것은 하나도 없었습니다.

'에잇! 모르겠다.'

나는 방바닥에 벌렁 드러누워 버렸습니다. 나는 알록달록한 천장의 꽃무늬만 바보처럼 멍하니 쳐다보고 있었습니다.

"됐다! 됐다! 그렇게 하자, 히히."

나는 벌떡 일어나 연필을 들었습니다.

"모두 반대로 쓰자. 그러면 나쁜 것이 좋은 것으로 바뀐다."

나는 생각나는 대로 글을 썼습니다.

×월 ×일, 월요일. 맑음.

나는 학교에서 돌아오는 길에 옥희를 만났다. 옥희는 제 오빠가 서울에서 사다 준 인형을 물에 빠뜨리고 울고 있어서 내가 건져 주었다.

좋은 일을 했다고 생각하니 기분이 좋다.

×월 ×일, 수요일. 비.

…….

나는 생각이 떠오르는 대로 아무렇게나 일기를 썼습니다.

"하나, 둘, 셋! 꽤객!"

나는 창수와 함께 뒷산 밤나무 밭에서 돌 던지기 연습을 하고 있었습니다. 내가 던진 돌멩이는 밤나무를 꼭꼭 맞혔습니다. 창수가 던진 돌멩이는 모두가 허탕이었습니다.

"자식아! 그렇게 던지니까 허탕이지. 이렇게 슬슬 겨눈단 말야. 하나, 둘, 셋! 꽤객!"

나는 내가 던진 돌멩이가 밤나무 등을 '탁' 하고 맞힐 때면, 신바람이 나서 '꽤객' 하고 소리를 질렀습니다.

"야! 우리 연습 그만 하고 살구 따러 가자, 빨리."

"그래."

"창수야! 넌 말야, 살구나무 밑에 들어가서 살구를 주워, 응? 나는 돌멩이로 살구를 떨어뜨릴게."

"그래."

나는 창수를 앞세우고 살구나무집으로 갔습니다.

마을 사람들은 살구나무집 할아버지를 '둥글 양반'이라고 불렀습니다. '양반'이라는 말은 우리 마을에서는 누구한테나 꼭 붙어 다녔습니다. 우리 아버지를 '서울 양반', 창수 아버지를 '남산 양반'이라고 부르거든요. 그런데 왜 둥글 양반이라고 하는지, 살구처럼 둥글 양반의 얼굴이 둥글다는 뜻인지, 우리는 둥글 양반네 집 언덕 위에서 집에 누가 있나 없나 한참 동안 살폈습니다. 둥글 양반은 방문을 활짝 열어 놓고 드르렁드르렁 낮잠을 자고 있었습니다.

"창수야! 빨리빨리."

창수는 살금살금 살구나무 밑으로 기어가고 나는 돌멩이로 자꾸 살구나무를 때렸습니다.

'후드득후드득'

살구가 몰랑몰랑하게 익어서 그런지 잘 떨어졌습니다.

나는 정신없이 힘껏 돌멩이를 던졌습니다.

"쨍그랑!"

"에구머니! 이걸 어쩌면 좋아."

나는 살구나무집 아주머니가 물동이를 이고 오는 줄도 모르고 돌멩이를 던졌던 것입니다.

"물동이가 깨졌다! 창수야, 달아나자. 빨리, 빨리! 창수야."

나는 소리를 지르며 살구나무집 뒷산으로 냅다 도망쳤습니다.

"나랑 같이 가!"

숨찬 창수의 목소리가 들려왔습니다.

"그래, 빨리 따라와."

"게 섰거라! 고약한 놈들아!"

둥글 양반이 마구 고함을 지르며 쫓아왔습니다. 창수와 나는 식식 숨을 몰아쉬면서 산꼭대기까지 도망쳤습니다.

"후유! 혼났다. 창수야! 우리 둥글 양반 놀려 줄까?"

"아! 더워. 아! 더워!"

창수는 숨을 몰아쉬면서도 그게 좋다고 히죽 웃었습니다.

"창수야, 우리 '아들도 둥글둥글' 하자."

창수와 나는 손짓 발짓을 하면서 노래를 불렀습니다.

♬ 아버지도 둥글둥글
아들도 둥글둥글
며느리도 둥글둥글 ♬

"에끼, 고약한 놈들!"

살구나무집 할아버지는 산 중턱에 서서 고함을 질렀습니다.

"네 이놈, 빼돌이 녀석, 두고 봐라. 저런 고약한 놈들이 다 있나."

그러고는 그냥 돌아가 버렸습니다.

창수와 나는 낄낄거리면서 천천히 산을 내려오고 있었습니다.

"야아, 책이 날아온다!"

창수가 나보다 먼저 보고 소리를 질렀습니다.

"저건 내 일기장이다."

'휭~ 휭~'

이상한 회오리바람이 일기장을 내 발등에다 떨어뜨렸습니다.

'팔랑팔랑' 일기장은 한 장씩 한 장씩 넘겨졌습니다.

"앗! 내가 쓰지도 않은 글씨가?"

'나는 연필로 썼는데, 저건 빨간 잉크?'

나는 놀라움과 무서움에 기가 질려 벌벌 떨었습니다.

"틀림없는 내 일기장, 틀림없는 내 글씨야!"

나는 일기를 읽어 보았습니다.

×월 ×일, 월요일. 맑음.

나는 옥희가 가지고 있는 인형이 가지고 싶었다. 어떻게 하면 그것을 빼앗아 달아날까 생각하다가 옥희를 슬슬 꾀어 인형을 빼앗았다. 옥희는 내가 준 구멍 뚫린 공을 길가에 내던지면서 자꾸 울었다.

"난 몰라, 내 인형 내놔, 공 안 가져. 힝."

나는 화가 나서 옥희 인형을 시냇물 속으로 내던졌다. 인형이 찌그러졌다. 옥희가 엉엉 울면서 따라왔다. 나는 달아나 버렸다.

아! 정말 이게 어찌된 일입니까? 내가 쓴 일기는 내가 쓴 것과 반대로 쓰여 있었습니다. 그러니까 일기는 내가 한 그대로 쓰여 있는 것입니다. 살구를 딴 이야기, 할아버지를 골리던 일, 물동이를 깬 일, 내가 미처 생각해 내지 못한 것까지 모조리 쓰여 있었습니다. 내가 한 그대로 말입니다.

나는 화가 머리끝까지 치솟아 일기책을 찢어버렸습니다.

'휭~ 휭~' 회오리바람이 또 불어 왔습니다.

나는 입을 딱 벌리고 하늘만 쳐다보았습니다.

내가 찢어 버린 종이들이 하얀 비둘기처럼 회오리바람을 따라 훨훨 우리 학교 쪽으로 날아갔습니다.

"앗! 저것들이?"

하얀 비둘기가 된 종잇조각들은 학교 운동장을 빙빙 맴돌다가 우리 교실 유리창 안으로 날아 들어갔습니다.

'앗! 저걸 어떻게 하면 좋아, 아!'

나는 일기를 쓰다 말고 연필은 책상 아래에 떨어뜨리고, 일기장에 얼굴을 댄 채 잠들어 있었습니다. 지금은 월요일 아침입니다. 나는 지금 학교에 갈 시간이 늦어도 밖에 나가지 못하고, 방 안에 숨어서 밖에서 들려오는 말소리를 듣고 있었습니다.

"집의 큰아들 어디 갔수? 우리 옥희 인형을 흙탕물 속에다 빠뜨리고……."

'저건 옥희엄마 목소리…….'

"빵돌이 녀석 어디 있소? 아, 어제 빵돌이 녀석이 우리 살구를 따고, 물동이를……."

'저건 둥글 양반 말소리…….'

나는 방 안에서 목소리만 듣고도 누가 와 있는지 다 압니다.

"아이구, 어쩌면 좋겠수! 그놈이 하도 못되게 굴어서 집에서도 큰 걱정입니다. 할아버지댁 물동이랑 옥희 인형이랑 사 드리지요. 사 드리고말고요."

'저건 쩔쩔매는 어머니의 목소리.'

"인호야! 어서 빨리 나오지 못해!"

'아, 아버지의 목소리!'

나는 벌떡 일어났습니다.

내가 이 세상에서 가장 무서워하는 아버지는 나를 학교에서 선생님이 부르는, 출석부에 적힌 내 이름대로 불렀습니다.

나는 끌려가듯 고개를 푹 숙이고, 옥희엄마와 살구나무집 할아버지가 서 있는 쪽으로 터벅터벅 걸어 나갔습니다.

"우리 돌쇠란 놈이 오늘은 단단히 혼이 나는구나."

언제 와 계셨는지 내 곁에 우리 할아버지가 서 계셨습니다.

"네가 못된 장난을 한 만큼 날마다 착한 일을 하나씩 해라. 그러면 네 별명은 하나 둘 없어지고, 옛날에 가졌던 네 이름 '인호' 하나만 남게 될 거다."

누구인지 내 등 뒤에서 이런 말을 했습니다. 나는 땅만 내려다보다가 발끝으로 땅바닥에 '이인호'라고 내 이름을 써 놓았습니다.

"인호야!"

내가 써 놓은 글씨를 물끄러미 들여다보면서, 오랫동안 불러 보지 못했던 내 이름을 가만히 불러 보았습니다.

"인호야!" (*)

작품 7(동화)

열무김치

이은하

내 이름은 '열무', 내 동생 이름은 '김치'입니다.

그렇다니까요. 불행히도 우리 쌍둥이 형제 이름은 '열무'와 '김치'입니다.

지금까지 얼마나 많은 놀림을 받으며 살았는지 짐작이 가죠?

부모님이 김치공장이나 열무냉면 가게를 하시냐고요? 아니면 김치연구가?

푸훗! 철부지 우리 아빠는 직업 하나 없는 백수랍니다.

아빠가 콧노래를 부르면서 냄비에 물을 끓이시네요.

"라면 한 박스를 벌써 다 먹은 거야? 열무야! 김치야! 가서 라면 사와라!"

아무 대답도 들리지 않자 아빠가 투덜거립니다.

"십일 년이나 애지중지 키워놨더니……. 먹기만 해 봐라!"

아빠가 가스 불을 끄고 후다닥 옥탑방 계단을 뛰어 내려갑니다.

무릎이며 엉덩이가 늘어질 대로 늘어진 트레이닝복은 동네에서도 유명한 아빠의 유니폼입니다. 씻지도 않고 방에서 뒹굴다가 나가는 아빠의 머리는 지푸라기로 새둥지를 튼 것 같습니다.

"히야! 달걀노른자 제대로 터졌네. 맛있겠다!"

아빠가 팔팔 끓인 라면을 상 위에 놓으면서 호들갑을 떱니다.

작고 동그란 상에는 찌그러진 냄비와 열무김치 접시뿐입니다. 나와 김치는 배가 고팠지만 거들떠보지도 않았어요.

"후루룩 쩝쩝~ 역시 라면엔 열무김치가 최고야! 새콤달콤 기가 막히게 익었군!"

아빠는 일부러 요란한 소리를 내면서 맛있는 척했습니다. 나와 김치는 입을 꾹 다문 채 숙제를 하고 있었습니다.

"열무김치는 할머니가 담그신 게 정말 맛있지! 새파란 열무에 칼칼한 새우젓 끓여 붓고, 보기만 해도 입안이 얼얼한 고춧가루를 와르르……. 아빠가 매운 열무김치를 좋아하잖아. 하얀 쌀밥에 새빨간 열무김치를 올려서 아삭아삭 먹으면…… 후루룩~ 풋풋한 열무 향이 입안에 쫙 퍼지지. 싱싱한 열무 잎사귀, 떨떠름한 생김치 맛이 얼마나 시원하고 맛있는 줄 알아? 고기반찬이 필요 없다니까. 너희들, 정말 안 먹을 거야? 아빠가 다 먹는다!"

아빠의 입가에 라면 국물이 지저분하게 흘러내렸어요. 나는 식욕이 싹 사라져서 고개를 흔들었습니다.

"싫음 말고. 후루룩~ 엄마가 너희들 가졌을 때, 입덧 심했던 거 얘기했었지? 불고기를 사줘도 웩……, 자장면 탕수육을 시켜줘도 웩~, 만날 웩웩~ 배 속에 오리새끼들이 사는 줄 알았다니까. 그런데 참 신기하지! 두 달 동안 먹지 못해 꼬챙이처럼 말라가던 너희 엄마가, 글쎄 할머니가 담가오신 열무김치를 보더니 눈이 휘둥그레지는 거야. 새빨간 고춧가루에 버무린 파란 열무김치를 손가락으로 마구 집어먹는데, 웬걸? 잠잠한 거야! 진수성찬을 봐도 고개를 내젓던 너희 엄마가 커다란 김치 통을 끼고 앉아서 밥 한 그릇을 뚝딱 해치우는데……! 크크! 볼록한 배를 실룩거리면서 대자로 누워서 자는 모습이란! 드르릉드르릉 코까지 골면서 자는 네 엄마 입가엔 빨간 김칫국물이 잔뜩 묻어 있고……. 그 모습을 보고 나랑 할머니랑 어찌나 웃었는지……. 그 뒤로 너희 엄마는 자나 깨나 '열무김치', '열무김치' 노래를 불렀단다. 아침에는 물에 밥을 말아서 열무김치를 올려 먹고, 점심에는 열무김치랑 고추장 넣고 쓱쓱 비벼먹고, 저녁에는 열무김치 냉면을 해먹었지. 신 김치로 김칫국을 끓이면 또 얼마나 맛있게 먹던지! 후루룩~ 쩝쩝~ 너희들이 엄마 배 속에 있었을 때, 엄마랑 아빠가 '무럭무럭 자라서 영양 최고, 맛도 최고, 열무김치 같은 사람만 되어라! 사랑한다!'라고 했던 말 기억 안 나?"

"그만 좀 해!!"

갑자기 동생 김치가 버럭 소리를 질렀습니다. 글씨를 꾹꾹 눌러쓰고 있던 나는 뚝 부러진 연필심만 내려다보았습니다. 놀란 아빠는 젓가락을 떨어뜨렸어요.

"시끄러워서 숙제를 못하겠어요! 학원에도 안 보내주고 공부도 봐주지 않으면서 왜 이렇게 떠들어요! 회사에도 안 나가면서 학부모 상담에도 안 오고, 급식 당번도 안 해 주고, 준비물도 안 챙겨주고, 이번 달엔 급식비도 안 줬잖아! 월세 값도 다섯 달이나 밀렸다면서! 인터넷도 끊겼는데, 이러다 전기랑 수도랑 가스도 끊기는 거 아냐? 다른 집 아빠들 좀 봐! 아침부터 밤중까지 일하고 주말엔 아이들이랑 놀이동산에도 가고 백화점에도 간다고요. 아빠는 할 줄 아는 게 뭐야? 라면 끓여서 먹는 거랑 열무김치 타령밖에 할 줄 아는 게 없지!!"

"……!"

라면을 씹다 만 아빠가 입을 벌린 채 아무 말도 하지 못했습니다. 아빠의 눈썹이 파르르 떨리는 것 같았습니다.

"돌아가신 할머니, 엄마 얘기 좀 그만해! 매일 먹는 열무김치, 이젠 꼴도 보기 싫어! 지긋지긋한 열무김치, 내가 다 갖다 버릴 거야!"

기어이 김치가 일을 저질렀습니다!

김치는 기관총처럼 쉬지 않고 쏘아붙인 뒤, 냉장고 문을 거칠게 열었습니다. 김치

통을 꺼내어 뚜껑을 열고 반쯤 남은 김치를 거침없이 쓰레기통에 부어버렸습니다.
코를 찌르는 묵은 김치 냄새가 순식간에 방안에 퍼졌습니다. 방바닥과 벽에 튄 김치 국물이 붉은 얼룩을 만들었습니다.

다음 날, 아빠는 옥탑방 앞마당에서 새로 사 온 열무로 김치를 담그셨어요. 다른 때보다 양이 훨씬 많았습니다. 아빠는 아무 일도 없었다는 듯이 절인 열무를 깨끗이 씻고 젓갈과 양념을 준비했어요.

"에취! 고춧가루가 눈에 들어갔나 봐. 김치야, 아빠 눈 좀 닦아줘. 매워 죽겠네. 아이고~"

김치는 아빠한테 못되게 군 게 마음에 걸렸는지 군소리 없이 물수건을 가져가 아빠의 눈 주위를 닦아주었어요.

"이제야 앞이 보이네. 김치야, 깨소금 팍팍 뿌려라. 옳지, 됐다! 그럼 몸 좀 풀어볼까. 아뵤!"

아빠는 고무장갑을 낀 두 팔을 휘저으면서 무술 배우 흉내를 냈습니다.

장난기 가득한 얼굴로 야단법석 준비 운동을 마친 아빠는 중요한 임무를 수행하는 사람처럼 진지한 얼굴로 김치를 버무리기 시작했어요. 열무 잎이 짓이겨지지 않도록 젓갈과 양념을 골고루 섞어 살살 무치는 아빠는 귀한 아기를 다루는 엄마 같았어요.

잠시 후, 빨간 양념에 버무려진 열무김치에서 윤기가 자르르 흘렀습니다. 빛깔만 보아도 입맛이 돌았어요. 아빠는 열무김치 한 조각을 맛보시고는 황홀한 표정으로 눈을 감으셨죠.

"열무야, 냉장고에 삼겹살 사놨다. 어서 구워라."

눈이 휘둥그레진 나와 김치는 기쁜 표정을 감추지 못했어요.

우리는 어제 일은 싹 잊어버리고 지글지글 삼겹살을 구웠어요.

갓 담근 열무김치와 함께 먹는 삼겹살은 입에서 살살 녹았습니다. 우리는 오랜만에 배가 터지도록 고기파티를 했어요.

"김치 갖다 버리면, 집에서 내쫓을 줄 알아."

아빠는 큼직한 고기 한 점씩을 김치와 내 입에 넣어주시면서 으름장을 놓았어요. 나는 열무김치를 손가락으로 집어먹으면서 헤벌쭉하게 웃었지요.

잠시 시무룩해진 김치가 미안한 얼굴로 아빠의 빈 잔에 소주를 따랐어요.

"일자리 구했다. 몇 달 열심히 일하면 정식 직원으로 써 준다니까 학교 급식비랑 방값 밀린 것 걱정하지 마. 고모가 자주 들러서 너희들 봐주신다니까 고모 말씀 잘 듣고. 석 달만 떨어져 지내는 거야. 딱 석 달. 술맛 좋다!"

아빠가 지방으로 떠나신 날, 우리는 학교에 가지 않았습니다.

학교 앞 낮은 담벼락 아래에 서서 꽃밭으로 둘러싸인 학교를 보았습니다. 웃고 떠들면서 등교하는 아이들은 모두 즐거워 보였어요.

나는 한숨을 길게 내쉬면서 등을 돌렸습니다. 아파트 베란다에서 학교 가는 아이에게 손을 흔드는 아줌마가 보였어요. 김치는 입이 한주먹 나와서는 애꿎은 전봇대만 앞발로 찼습니다. 세상에서 우리만 떨어져 나온 듯 했습니다. 엄마도 할머니도 그리고 아빠마저도 우리 곁을 떠나버렸으니까요.

우리는 누가 먼저랄 것도 없이 발길을 돌렸습니다. 따뜻하고 평화로운 곳에 우리는 어울리지 않는 것 같았습니다.

터벅터벅 발길 닿는 대로 걸어가는 열무와 김치, 우리는 얼뜨기 바보 형제 같았습니다. 숨이 죽을 대로 죽은 열무김치, 누렇게 색이 변한 시든 열무김치. 우리는 시래기가 된 것 같았습니다.

며칠 동안 학교에도 안 가고 쏘다닌 우리는 똑같이 감기몸살을 앓았습니다.

고모는 집에도 안 가고 우리를 끌어안고 울었습니다. 선생님도 다녀가셨어요.

나와 김치는 긴 터널 같은 시간을 견뎠습니다.

고모가 가져다 준 겉절이와 깍두기, 계란말이와 멸치조림. 우리는 동그란 상에 여러 가지 반찬을 놓았지만 아빠가 담근 열무김치에만 손이 갔습니다.

딱 석 달째 되는 날, 아빠가 담근 열무김치가 바닥났습니다.

'아빠가 오시는 날, 함께 김치를 담가야지!'

'싹 비운 김치 통을 보시면 입이 귀에 걸리실 걸?'

우리는 아빠가 오기로 한 그날까지 열무김치를 다 먹기로 약속한 듯했습니다.

가슴 설레게 반가운 날, 괴상한 글씨의 편지 한 통이 날아들었습니다.

열무! 김치!
아빠 글씨 어떠냐?
왼손으로 쓰니까 진짜 재밌네!
기쁜 소식을 알려 주마!
드디어 아빠가 정식 직원이 되었어!
곧 함께 살게 될 거야.
신나지? 좋아 죽겠지? 히히히~
한 달만 기다려라.
딱 한 달이야.
열무김치, 파이팅!

삐뚤빼뚤 초등학생 글씨보다 못한 엉망진창인 글씨로 아빠가 편지를 보내온 것입니다.

"딱 한 달이라고?!"

우리는 웃어야 할지 울어야 할지 몰랐습니다. 발가락으로 쓴 것 같은 편지만 넋을 놓고 보았지요.

며칠 뒤에 고모가 근심 가득한 얼굴로 찾아왔어요.

우리는 김치 국물과 남은 열무 몇 가닥을 넣고 고추장에 쓱쓱 밥을 비벼먹고 있었습니다. 새콤 달콤 매콤한 김칫국물은 맛이 일품이었어요. 김치가 마지막 한 숟가락을 맛있게 먹고 나자 고모가 입을 열었습니다.

"아빠가 공장에서 일하시다가 손을 심하게 다치셨어. 잘린 손가락을 붙이는 수술을 하셨더라. 너희들 속상할까 봐 다 나을 때까지 말하지 말라는데……. 주말엔 아빠한테 다녀오자……."

고모가 참았던 눈물을 쏟았습니다.

숨이 멎는 것 같았습니다. 김치는 입술을 꾹 깨물면서 터져 나오는 울음을 꿀꺽꿀꺽 삼키고 있었습니다. 무서워서 심장이 터질 것 같았습니다. 우리는 고모 무릎에 얼굴을 파묻고 슬픈 짐승처럼 꺽꺽 울었습니다.

내 이름은 '열무', 내 동생 이름은 '김치'입니다.

앞으로 얼마나 더 놀림을 받을지, 짐작이 간다고요?

부모님이 왜 그런 이름을 지어주셨는지, 너무한 것 같다고요?

두 말 하면 잔소리죠.

그렇지만 가끔은 엄마 배 속에서 들었던 아빠 목소리가 아득히 들려오는 것도 같아요. 소라 껍데기를 귀에 대고 있으면 파도소리가 들려오는 것처럼 말이에요.

'맛도 영양도 최고인 열무김치처럼 자라거라…….'

날개 부러진 새들처럼 학교에서 집으로 돌아오는 길.

야채가게 앞에 놓여 있는 새파란 열무를 보자 엄마 아빠의 웃음소리가 들려오는 것 같았어요. 그리고 우리는, 흥분된 마음을 가라앉히며 태어나서 처음으로 김치를 담갔어요.

먹을 수 있겠느냐고요?

입덧으로 쫄쫄 굶던 엄마를 구해낸 게 바로 '열무김치'예요. 설마 병원에서 나오는 밥보다 못하겠어요?

열무김치를 들고 아빠한테로 가는 우리.

창밖 풍경만 멍하니 바라보는데 동생 김치가 말을 꺼냈어요.

"형! 밥은 형이 떠드려. 열무김치는 내가 맡을게." (*)

작품 8(동화)

노래를 찾는 고릴라

이은하

"어떻게 하면 메리야스에서 노래가 나올까?"

"……?"

누군가 허공 속에서 자꾸만 헛소리를 해댔습니다.

"메리야스에서 노래가? 말도 안 되는 소리를 누가 하는 거야?"

나는 무거운 머리를 겨우 들고 짜증난 얼굴로 거울 앞에 섰어요.

"으아악……?!"

하마터면 뒤로 벌렁 넘어질 뻔했습니다.

덩치 큰 고릴라 한 마리가 내 어깨 위에 떡하니 앉아 있는 게 아니겠어요?

"너, 넌 뭐야? 어, 어디서 나타난 괴물이야! 당장 내려오지 못해!"

나는 겁이 났지만 호통을 치면서 온몸을 흔들었습니다.

고릴라는 털북숭이 다리를 꽈배기처럼 꼬고 내 머리를 더 세게 끌어안았습니다.

"그동안 바윗덩이를 이고 있는 것처럼 어깨가 아팠는데, 모두 너 때문이었구나!"

나는 거울 속에 비친 고릴라를 노려보면서 소리쳤습니다.

"옛날에는 분명히 노래가 나왔었는데……. 어떻게 하면 노래가 나올까?"

고릴라는 내 말은 들은 척도 하지 않고 걸레조각만 만지작거리면서 중얼거렸어요.

"목말을 타고 싶으면 어른들한테 태워 달라고 해! 난 겨우 여덟 살이라고! 너 때문에 내 목이 부러지겠어!"

나는 머리를 뒤흔들며 펄쩍펄쩍 뛰었다가 방바닥을 데굴데굴 굴렀습니다. 성난 코뿔소처럼 벽에 머리를 들이받기도 했어요. 그런데도 고릴라는 꼼짝하지 않았어요. 내가 몸부림칠수록 고릴라는 찰싹 붙어서 한 몸처럼 나와 함께 움직였어요.

"숨 막혀 죽겠어! 제발 좀 내려와……!"

나는 서늘한 방바닥에 털썩 주저앉았어요. 내 몸은 비에 젖은 솜 인형 같았습니다.

"어떻게 하면 메리야스에서 노래가 나올까? 이렇게 해 볼까? 저렇게 해 볼까?"

고릴라는 헝클어진 내 머리 위에 걸레를 올려놓고 엉뚱한 말들만 쏟아냈어요.

"메리야스가 라디오냐, 오디오냐? 답답한 소리 그만 해! 멍청이 고릴라야!"

나는 지하 단칸방이 폭삭 내려앉을 만큼 목이 터져라 소리쳤어요.

고릴라가 두 손으로 귀를 막고 왕방울만 한 눈을 끔뻑거렸어요.

그 바람에 걸레가 내 발등에 뚝 떨어졌어요.

"이게 뭐야? 아빠 메리야스잖아!"

집게손가락으로 들어 올린 걸레는 아빠의 흰색 메리야스였어요.

여기저기 찢어진 아빠의 속옷을 보자, 갑자기 눈물이 핑 돌았습니다.

아빠는 언제나 저녁 늦게 집에 돌아왔습니다.

"아빠!"

졸음을 이기고 아빠를 기다리던 나는 두 팔을 벌리고 아빠한테 달려갔어요.

"우리 공주님한테 기름 냄새, 땀 냄새를 맡게 할 수는 없지! 잠깐만 기다려라. 깨끗이 씻고 올게!"

자동차 부품 공장을 하시는 아빠는 재빨리 샤워를 하고 나타나셨습니다.

눈부시게 하얀 메리야스를 입은 아빠는 젖은 머리를 털면서 빙그레 웃으셨어요. 아빠 품에 안기면 향긋한 꽃향기가 한 가득 피어났어요.

"나리 공주님, 목말 태워줄까?"

아빠가 나를 번쩍 안아서 목말을 태워주면 정말로 공주님이 된 것 같았어요. 멋진 백마를 타고 푸른 초원을 달리는 것처럼 신이 나서 노래가 절로 나왔어요. 아빠는 힘든 줄도 모르고 나보다 더 큰 소리로 노래를 부르면서 엉덩이춤을 추셨어요.

"내 거니까 돌려 줘."

고릴라의 말에 나는 정신이 번쩍 들었습니다.

"이게 어째서 네 거니? 우리 아빠 것을 왜 네가 가지고 있어?"

나는 고릴라를 쏘아보면서 버럭 화를 냈어요.

"네가 쓰레기통에 버린 거, 생각 안 나?"

고릴라가 내 머리 위에서 나를 빤히 내려다보면서 말하지 않겠어요?

"……!"

실은 몇 달 전, 아빠가 일하시는 공장이 문을 닫게 되었습니다.

우리 가족은 넓은 아파트에서 작은 연립주택으로 이사를 갔고, 나는 친구들과 헤어지게 되었어요. 낯선 동네 낯선 학교에서 난 외톨이가 되었습니다.

"이사를 가려거든 빚을 갚고 가야 할 것 아냐! 어서 돈 갚으란 말이야!"

빚쟁이들이 갑자기 들이닥쳐서 아빠의 멱살을 움켜잡았습니다.

"죄송합니다! 조금만 기다려 주세요! 형편이 나아지면 바로 갚겠습니다!"

무섭게 생긴 사람들이 아빠한테 발길질을 했습니다. 수염이 덥수룩한 아빠는 고개를 수그린 채 아무 말도 못했어요. 사람들은 그런 아빠한테 욕설을 퍼부으며 집 안에 있는 물건들을 가져갔어요. 우리는 그 뒤로 두 번 더 이사를 했습니다.

'그래, 생각 나. 공사장에서 일하고 오신 아빠와 식당에서 일하고 온 엄마 그리고 나. 우리는 걱정 가득한 얼굴로 오랜만에 둘러앉아 늦은 저녁을 먹고 있었어. 빚쟁이들은 그날도 우리 집에 찾아와 벌집 쑤셔놓듯 난장판을 만들어놓았지. 아빠의 메리야스가 갈기갈기 찢겨졌어. 사납게 손자국이 난 아빠의 목과 어깨, 가슴팍…….'

나는 눈시울이 붉어졌습니다.

'아빠는 바보야! 세상에서 제일 못난 아빠야!'

나는 한마디도 못하고 힘없이 쓰러지는 아빠가 미웠어요. 아니, 갑자기 몰아닥친 고통과 슬픔이 내 작은 가슴에 철철 넘쳐서 어떻게 해야 할지 몰랐습니다.

다음 날 새벽, 아빠는 찢어진 메리야스를 벗어놓고 가을바람처럼 집을 나갔습니다.

- 나리엄마, 돈 많이 벌어서 반드시 옛날처럼 즐겁게 살자. 사랑한다, 나리야!

아빠는 엄마와 내게 달랑 쪽지 한 장만 남겨 놓고 안개처럼 사라졌습니다.

아빠가 사라진 날 아침, 나는 아빠의 찢어진 메리야스를 쓰레기통 속에 처박아 버렸습니다.

고릴라는 찢어진 메리야스를 머리에 뒤집어썼다가 목에 둘렀다가 허리에 묶어 보았습니다.

"노래야! 빨리 나와라! 듣고 싶어서 귀에 부스럼이 다 났어!"

고릴라는 메리야스에 입김을 불어넣었다가 겨드랑이 부분을 손가락으로 간질이기도 했어요.

"누가 이기나 해보자는 거냐? 이래도 안 나와?"

고릴라는 빨래를 하듯 메리야스를 박박 문질렀다가 공처럼 뭉쳤다가 다시 펼쳐서 탈탈 떨었습니다. 너덜너덜 찢어진 아빠의 메리야스는 마구 구겨져서 힘없이 흩날렸어요.

"안 되겠다. 네가 대신 불러줘."

"뭐라고?"

"네가 부르기 시작하면 메리야스에서도 노래가 나올지 모르잖아."

나는 기가 막혀서 콧방귀를 뀌었습니다.

"웃기는 소리! 네가 뭐가 예쁘다고 노래를 불러주니?"

'그럴 게 아니라……!'

바로 그때, 좋은 생각이 번개처럼 스쳐갔어요.

"네 커다란 엉덩이에 깔려서 노래가 나오겠니? 내 어깨에서 내려오면 노래를 불러줄게."

나는 고릴라의 표정을 살피면서 흥정하듯 말했어요.

한참 동안 생각한 고릴라가 슬그머니 내 어깨에서 내려오는 게 아니겠어요?

나는 미소를 지으면서 목청을 가다듬었어요.

"음! 음! 아으으으……?"

도대체 이게 어찌된 걸까요? 노래가 안 나오는 겁니다! 노랫말도 멜로디도 다 아는데, 노래는 목구멍 안에서만 맴돌 뿐 나오지 않았어요.

나는 몇 번이나 더 노래를 불러보았어요.

"왜 노래가 나오지 않지? 이렇게 말도 잘하고 꽥꽥 소리도 잘 지르면서! 아우우 아우우……!"

마법에 걸린 듯했어요. 진땀을 흘리면서 노래를 불렀지만 입에서는 괴상한 소리만 터져 나왔어요.

"더 이상 못 들어주겠군. 아휴, 피곤해……."

얼굴을 잔뜩 찌푸린 고릴라가 다시 내 어깨에 올라탔어요. 눈앞이 아찔했습니다.

나는 두 손으로 얼굴을 감싸며 흐느껴 울기 시작했어요.

'바보가 되었나 봐! 노래도 못하는 바보가 되었어!'

나는 아빠를 원망하면서 메리야스를 힘껏 집어던졌습니다.

내가 메리야스와 한바탕 몸부림을 치는 동안, 고릴라는 내 어깨 위에서 잠을 자고 있었습니다. 고릴라가 코를 골 때마다 내 작은 어깨와 머리가 파도 위의 배처럼 흔들렸어요.

나는 벽에 몸을 기댔습니다. 목이 빠질 듯이 아파서 똑바로 앉아 있기도 힘들었어요.

오후 햇살은 우리 집만 비켜 가는지 방안은 어두컴컴했습니다.

나는 저만치 떨어져 있는 찢어진 메리야스를 힘없이 바라보았어요.

'내일이 아빠 생신날인데…….'

나는 천천히 기어가 아빠의 메리야스를 펼쳐보았습니다. 목구멍에 생선가시가 박힌 것처럼 따끔거렸어요. 나는 울음을 꿀꺽 삼켰습니다.

나는 실과 바늘을 찾아 서툰 솜씨로 바느질을 하기 시작했어요.

갈기갈기 찢어진 아빠의 가슴을 한 땀 한 땀 꿰매어 갔습니다. 바늘에 찔린 손가락에서 핏방울이 솟아났지만, 기워진 메리야스에서는 아빠 냄새가 솔솔 풍겨오는 것 같았어요.

어느새 나도 고릴라처럼 잠이 들었습니다.

"나리야! 일어나! 어서 일어나!"

이른 새벽, 엄마가 나를 흔들어 깨웠습니다.

머리가 깨질 것처럼 아픈 나는 가까스로 몸을 일으켰어요. 지친 엄마는 눈물이 글썽거리는 눈으로 웃고 있었어요.

"나리야, 아빠한테 연락이 왔어! 어서 들어 봐!"

엄마는 핸드폰에 저장되어 있는 아빠의 음성 메시지를 내 귀에 들려 주셨어요.

"나리야! 잘 있지? 아빠가……, 아빠가 나리한테 많이 미안해……. 나리 목소리 듣고 싶은데, 나리 노랫소리 듣고 싶은데……. 오늘은 아빠가 나리한테 불러줄게……."

나는 꿈을 꾸는 듯했어요. 아빠의 울먹이는 목소리, 끊어졌다 이어지는 노랫소리, 눈부시게 밝은 불빛까지 모두 거짓말 같았습니다. 나는 믿어지지 않아서 다섯 번, 열 번, 메시지를 들었어요.

나는 아빠의 목소리를 들으면서 작은 창문을 활짝 열었어요. 별들이 새벽바람을 타고 어디론가 흘러가고 있었습니다.

나는 입을 크게 벌리고 시원한 바람을 한껏 들이마셨어요. 아팠던 머리와 짓눌렸던 어깨가 조금 가벼워진 것 같았어요.

나는 거울을 보았습니다.

"앗! 고릴라가?!"

거울 속에 비친 모습을 보고 나는 입을 떡 벌렸어요.

작고 날씬해진 고릴라가 목을 길게 빼고서 핸드폰에 귀를 바짝 대고 있는 게 아니겠어요?

삐뚤빼뚤 꿰매놓은 아빠의 메리야스를 입고서 말이에요! (*)

04

소재와 아이디어

1 소재와 아이디어

소재(素材)란 어떤 것을 만드는 데 필요한 재료와 원료이다. 보통 소재를 제재(題材)와 매재(媒材)로 구분하는데 표현 대상으로서의 소재를 '제재'라고 하며 수단으로서의 소재를 '매재'라고 한다. 예를 들어 인물화, 정물화, 전쟁 또는 역사의 한 상황을 표현할 때 그 대상은 제재이며, 이를 표현하기 위한 수단인 물감, 언어, 나무, 돌 등은 매재이다. 주요한 제재를 주재(主材)라고 하는데 작품의 핵심을 구성하는 재료를 말한다. 작가가 나타내려고 하는 중심생각이나 의도인 주제(主題)와 다르다는 것을 유념해야 한다.

문학에서 소재와 제재는 같은 의미이며, 매재(언어)는 동일하기 때문에 따로 언급하지 않는다. 또한 작가는 작품을 만들기 위해 다양한 재료를 선택하지만 그 자체로는 작품이 될 수 없다. 여러 가지 소재들은 작가의 주제의식과 미적 구조에 의해 일관성 있게 선택·배치되어 하나의 창작품으로 완성되는 것이다.

소재는 구체적인 사물뿐만 아니라 감정, 의식, 생각과 같은 추상적 형태와 가정, 사회, 국가, 경제와 같은 사회·문화 현상 등 일체의 삼라만상에서 취할 수 있다. 즉 소재란 예술품을 구성하고 형성하기 위한 감각적·물질적·미학적 재료를 말한다.

아이디어는 어떤 일에 대한 착상, 생각으로 작품이나 일을 형성해 내는 원동력이다. 아이디어 개발과 스케치는 특히 기획·구상 단계인 창작 초기 단계에서 충실히 이루어져야 한다.

아이디어를 얻기 위해서는 취재 및 구상 노트, 관찰, 일기, 여행, 경험, 사진, 그림, 읽기와 독서, 자료수집, 사전 등이 필요하다. 또한 손쉬운 연상, 언어유희, 관습을 깨는 새로운 사고 등으로 사물과 상황을 뒤집으면서 사고나 상상을 구체화·논리화하는 연습을 해야 한다. 그룹 토론을 통해 착상을 열거해 나가는 브레인스토밍, 문제를 여러 요소로 분석·검토하는 방법, 관련 없는 소재들을 연결하여 관련을 짓는 방법 등이 있다.

작품 감상 및 토론 1 – 음악(유튜브)

음악을 듣고 연상되는 단어를 나열한 뒤, 이를 토대로 이야기 만들기 게임을 해보자. 발표와 반응을 통해 흥미롭고 완성도 있는 이야기로 보완·정리해 보자.

하늘에서 남자들이 비처럼 내려와

버블시스터즈 노래

꿈에서라도 단 하루라 해도
내 운명의 남잘 꼭 만나고 싶어
생각만으론 싫어 남자들이 비처럼
오늘밤에 거리에 쏟아져준다면
It's raining men Hallelujah
It's raining men Amen
It's raining men Hallelujah
It's raining men Amen

TV에서도 다 떠들어대고
또 혼자인 여자들 다 기뻐하는 걸
말도 안 되는 상상 한 번쯤은 괜찮아

포기할 때도 됐지만 포기할 수 없는 걸
It's raining men Hallelujah
It's raining men Amen
창밖에 하나 둘 보이는 남자 중에 한 명쯤은 있겠지
It's raining men Hallelujah
It's raining men 이제 찾아봐
Tall blonde, dark and lean rough
and tough and strong and mean

상상 속의 하루 웃기지만 괜찮아
환상 속의 기대 가끔씩은 한번 미쳐봐
혼자라는 비애 믿을 수 있는걸
좀 더 많은 기회 속에 내 반쪽을 찾아서
It's raining men(down)
점점 커지는 저 빗소리
기회를 잡아 내 사랑을 찾아
It's raining men(down)

작품 감상 및 토론 2

다음 작품은 19세기 화가 빈센트 반 고흐의 그림이다. 작품을 감상한 뒤 소재와 주제에 대해 이야기해 보자.

<그림 감상 1> 「론 강의 별이 빛나는 밤」 - 고흐

<그림 감상 2> 「별이 빛나는 밤에」 - 고흐

론 강의 아름다움에 매료된 고흐는 낡은 모자 위에 촛불을 세워 두고 「론 강의 별이 빛나는 밤」을 그렸다. 「별이 빛나는 밤에」는 고흐가 자신의 귀를 자른 사건 이후 생레미 정신병원에 있을 때 그린 그림이다. 고흐의 전기에 나오는 말들을 생각하면서 두 작품의 소재와 아이디어 등을 비교하고, 자신의 감상을 이야기해 보자.

"별을 보는 것은 언제나 나를 꿈꾸게 한다."

"나는 내 눈앞에 있는 대상을 정확히 그리기보다는 나를 강하게 표현하기 위해 임의대로 색상을 이용한다."

"나는 해가 뜨기 한참 전에 일어나 창문을 통해 아무것도 없는, 아주 커 보이는 샛별밖에 없는 시골을 보았다."

"왜 하늘의 빛나는 점들에는 프랑스 지도의 검은 점처럼 닿을 수 없을까? 타라스콩이나 루앙에 가기 위해 기차를 타듯이 우리는 별에 다다르기 위해 죽는다."

– 고흐

<같은 소재, 다른 느낌>

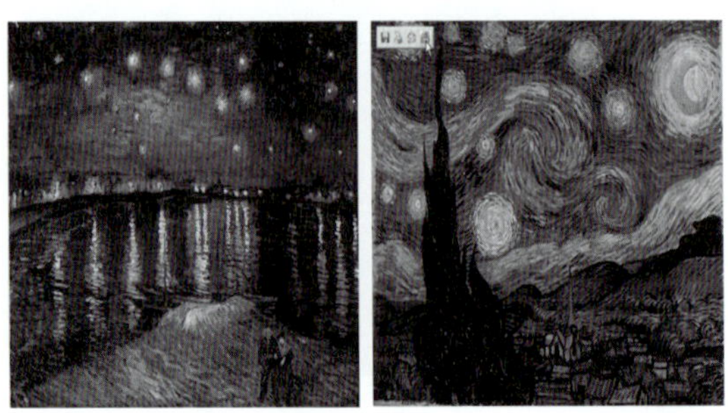

참신하고 획기적인 아이디어로 성공한 사람들은 오히려 평범한 일상에서 소재를 찾는다. 이들의 상상력은 어려운 상황에 처했을 때 더욱 빛을 발한다. 사소한 것들을 보고 느끼면서 새로운 아이디어를 얻는 것이다. 자신을 어린이, 외계인, 탐험가, 동물 등으로 치환하여 사물을 바라보거나 어린 시절의 체험을 활용하면 평범하고 흔한 소재들도 획기적인 아이템으로 바뀔 수 있다.

애니메이션 「니모를 찾아서」를 만든 앤드루 스텐튼 감독은 어린 시절 수족관을 구경하기 위해 치과를 찾았던 추억과 아이들을 구속하는 자신에 대한 반성으로부터 아이디어가 시작되었다고 한다.

작품의 주인공 멀린은 아내와 자식들을 잃는 사고 때문에 장애가 있는 니모에게 모든 것을 쏟아 붓는다. 그러나 아버지의 사랑은 지나친 관심과 간섭으로 니모의 성장을 방해한다. 사춘기 아들과 아버지의 대립, 니모의 실종, 위기와 탈출 과정을 통해 건강한 모습으로 변화하는 니모와 멀린, 광활한 바다 세계에서 펼쳐지는 뜨거운 사랑과 우정은 보편적인 테마를 다루고 있지만, 크라운 피시(광대물고기)와 호주 해협을 배경으로 새롭게 만들어져 재미와 감동을 준다.

장난감 레고의 창시자 키르크 크리스티얀센은 목수인 아버지와 함께 가구를 만들었으나 화재로 모든 것을 잃었다. 망연자실한 가족들과 달리 크리스티얀센은 성한 나무토막들을 주워서 장난감을 만들어 팔았고 조각들로 끼워 만든 장난감은 아이들한테 인기가 좋았다. 조각들을 끼워 만드는 변형 가능한 장난감은 대상과 성별, 장소 등에 구애받지 않는 획기적인 상품이 되었다.

그 뒤 크리스티얀센은 1932년 덴마크 빌룬트에 장난감 공장을 열고 '잘 논다'는 의미의 레고 회사를 창립했다. 요요, 풀 토이 등 목재 장난감이 불티나게 팔리던

소재와 아이디어 1 – **올레 키르크 크리스티얀센**

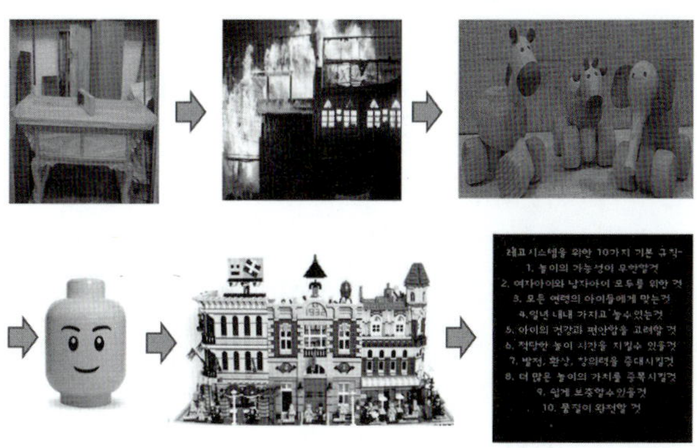

해에 또다시 공장에 화재가 났지만 이에 절망하지 않고 전화위복의 계기로 삼은 그는 목재 대신 플라스틱 장난감을 생산하기로 결정하면서 레고 장난감을 더욱 보완하여 세계적으로 사랑받는 장난감 왕국을 만들었다.

월트 디즈니는 콘텐츠와 캐릭터 산업, 디즈니랜드 등을 통해 어린이의 꿈과 희망을 구체적으로 실현한 글로벌 미디어 기업이다. 창업주 월트 디즈니는 애니메이션 연출가이자 제작자이며 스토리와 캐릭터를 구상한 작가이기도 하다.

「백설 공주와 일곱 난장이」, 「피노키오」, 「메리 포핀스」, 「인어공주」, 「라이온 킹」, 「미녀와 야수」, 「알라딘」 등 수많은 애니메이션을 제작한 월트 디즈니와 함께 언급되는 캐릭터가 바로 미키 마우스다.

어린 시절 시골에서 살았던 월트 디즈니는 그림 그리는 데 흥미와 소질이 있었지만 직업 없이 전전하던 아버지는 이를 못마땅하게 여겼다. 지독한 가난과 형의 가출, 아버지와의 소통 부재로 행복하지 않았던 디즈니는 어린 나이에 신문배달을 하면서도 늘 그림을 그렸다. 옆집에 사는 아저씨가 유일하게 자신의 그림을 보고 칭찬을 해 주었는데, 자신의 그림을 액자에 넣어 걸어 둔 걸 보고 월트 디즈니는 생애 큰 기쁨을 느꼈다고 한다.

디즈니는 종종 다락방에 나타나는 생쥐 때문에 잠을 설쳤고 생쥐를 잡으려고 기다렸는데 치즈를 갉아먹는 생쥐를 유심히 보면서 새로운 흥미가 생겼다고 한다. 살금살금 나타나 주변을 두리번거리는 몸짓, 치즈를 맛있게 먹는 모습, 가느다란 수염과 작고 날카로운 이빨, 팽팽한 꼬리의 움직임 등을 관찰하면서 섬세한 표정과 움직임이 사람과 다를 바 없으며 매일 밤 찾아오는 생쥐가 친구처럼 느껴져 그림으로 그리기 시작했다.

성장한 후에 만화 광고를 제작하던 디즈니는 애니메이션 시나리오를 만들기 위해 고군분투했는데 어린 시절 시골에서 지냈던 생활을 떠올리면서 과거에 그렸던 생쥐 그림에서 아이디어를 얻어 미키 마우스 캐릭터를 만들었다. 처음에 만든 미키 마우스는 다소 비딱하고 괴팍한 성격의 캐릭터였다고 한다. 작가의 성장과정과 성격이 투사되어 나타난 것인데 구상 단계에서 완성에 이르기까지 보다 귀엽고 착한 캐릭터로 수정·보완되었다.

또한 그는 도널드 덕, 플루토, 구피 등 어린이를 닮은 개성적인 만화 캐릭터를 지속적으로 탄생시켰다. 더 흥미로운 것은 그가 만든 만화의 세계가 더 이상 허구가 아닌 실존의 세계가 되었다는 사실이다.

"미키 마우스, 도널드 덕을 실제로 만나고 싶다."는 어린이들의 이야기를 듣게 된 디즈니는 당시 어린이들이 마음 놓고 신나게 놀 수 있는 놀이공간이 그리 많지 않다는 것을 알고 1955년에 디즈니랜드를 건설했다. 애니메이션을 통해서만 볼 수 있던 가상의 캐릭터와 공간을 만들어 어린이들이 놀 수 있도록 한 것이다.

월트 디즈니가 자신의 삶에서 찾아낸 소재와 아이디어, 상상의 힘이 구체적으로 실현되는 과정을 생각하면서 나와 주변의 삶을 돌아보자.

소재와 아이디어 2 – **월트 디즈니**

소재와 아이디어를 얻기 위해서는 신체적·정신적으로 여유가 있어야 한다. 『프랑켄슈타인』을 쓴 작가 메리 셸리는 "자유롭고 속박되지 않은 상상력이 나를 이끌었다."고 말했다. 레오 톨스토이는 "나는 언제나 아침에 글을 쓴다. 최고의 생각은 산책 도중에 그리고 침대에 누워 있는 동안 제일 잘 떠오른다."고 했다.

육체적 피로와 정신적 속박 등으로 피로하다면 주변을 돌아볼 수 있는 눈과 귀가 닫히기 마련이다. 편안한 심신을 만들고 다른 사람과 나눌 수 있는 열린 마음을 갖도록 노력해야 한다. 다양한 체험, 특히 자신을 위한 휴식과 고독의 순간을 즐길 줄 알아야 참신한 소재와 아이디어를 얻을 수 있다.

학생 창작품 감상 및 토론 — 주변 사물(소재)을 통해 이야기 만들기

나무와 돌담

김○○

나무와 돌담은 오랜 세월을 싸웠다. 처음에 나무는 혼자 있었다. 잎사귀로 따스한 햇볕을 받고 뿌리로 시원한 물을 마셨다. 그러던 어느 날, 이상한 사람들이 와서 나무의 옆에 돌담을 세웠다. 나무는 돌담이 마음에 들지 않았다. 자신의 뿌리가 뻗어 나가는 것을 방해했기 때문이다. 돌담 때문에 햇볕을 받는 양이 줄었기 때문이다.

돌담 역시 나무가 마음에 들지 않았다. 자꾸만 텃세를 부리며 자신을 싫어했기 때문이다.

둘은 겉보기에 조용했으나 실상 돌담과 나무는 끊임없는 공방전을 벌이고 있었다. 주로 나무는 공격하는 쪽이었고 돌담은 막아내는 쪽이었다. 때로는 뿌리로 집요하게 공격해 구멍을 뚫으려 했다. 때로는 자신의 몸을 흔들어 돌담을 때리려 했다. 나뭇잎으로 덮어 해를 가리려고 했다. 그러나 돌담은 모든 공격을 훌륭히 막아냈다. 그렇게 싸움으로 점철된 나날을 보내던 중, 태풍이 불어왔다. 나무는 버티지 못하고 부러졌고, 부러진 나무에 깔려 돌담 역시 무너지고 말았다.

추억 찾기

이○○

그렇게 고왔던 친구도 세월을 이겨내지 못하고 점점 가까워지는 죽음의 문턱 앞에서 그늘진 얼굴을 하고 있었다. 우린 더 늦기 전에 고향에 가 보기로 하였다. 피난 생활 중이라 춥고 배고팠던 날들이 대부분이었지만 가족들과 끓여먹던 김치국밥과 친구들과 뛰어 놀던 그 시간들이 잊히지가 않았다. 특히 친구들과 시냇물에 발을 담그며 놀았던 집 앞 시냇가가 제일 그리웠다.

비행기를 타고 도착한 부산. 정말 많이 변해 있었다. 그렇게 힘들었던 어린 시절이 꿈같이 느껴졌다. 기억을 더듬어 찾아보려 해도 예전 모습은 없었다. 밤 9시. 길을 헤맨 지 7시간 만에 어렵게 영광서점을 찾았다.

시냇가 끝에 위치하고 있었던 영광서점 앞. 60년 전과 비교도 해 볼 수 없는 많은 변화가 일어나 있었다. 영광서점이 없었다면 여기가 나의 추억의 장소라는 생각도 못해 볼 정도로 말이다. 시냇가는 다 메워져 길이 놓여 있었고 매일 아이스바를 사먹던 구멍가게도 고깃집으로 바뀌어 있었다.

'세월아, 야속하다!'

우리는 서로 말하지 않았지만 느끼고 있었다. 어릴 때의 추억 찾기는 이제 끝이 났다. 추억은 추억일 뿐 영원한 건 없다. 나도 예외는 아니었다.

민들레였던 마리화나

최○○

작년 3월. 늦추위가 계속되던 어느 봄날이었다. 유난히도 하얀 피부를 가진 여자가 이사를 왔다. 나는 그녀를 보자마자 한눈에 반해 버렸고 끊임없는 구애 끝에 만남에 성공했다. 우리는 맞은편에 살고 있었기 때문에 내가 일 나갈 때 빼고는 거의 함께 살다시피 했다.

그리고 몇 개월 뒤, 여느 때와 다름없이 그녀와의 사랑을 확인했던 날, 늘 닫혀 있던 그녀의 창고 문이 열렸다. 당황한 그녀. 그녀보다 더 당황한 나. 창고 가득 피어 있던 마리화나. 그리고 들이닥친 경찰들. 이게 무슨 일인지 이성을 찾기도 전에 나는 이미 감방에 있었다. 나는 증거불충분으로 석 달도 채 되지 않아 나왔지만 그녀는 여전히 감방에 있었다.

나는 지금 그녀의 집 앞에 서 있다. 그녀의 창고 위 벽에 피어난 풀 하나. 그게 무슨 풀인지 나는 모른다. 그러나 내 눈엔 나의 벽 같은 삶 속에서 어찌 피어난 풀, 민들레인 줄 알았는데 마리화나였던, 그런 어이없는 사실만이 내 머릿속을 엉클어 놓을 뿐이다.

플랫슈즈

정○○

그녀는 그와 오늘 결혼식을 올릴 예정이었다. 결혼식 직전에 여자 친구가 나타나지만 않았더라면, 결혼식은 순조롭게 진행되었을 것이다. 그녀는 부리나케 식장을 빠져나왔다.

그녀는 동성애자이다. 그러나 사람들의 시선이 두려워 남자와 위장결혼을 하기로 한다. 그러나 여자 친구는 자신과의 사이를 당당히 밝히지 못했던 그녀가 자신 몰래 남자와 결혼하는 것을 보고 배신감을 느낀다.

한 걸음 한 걸음 내디딜 때마다 그녀는 조심스러웠다. 웨딩드레스에 플랫슈즈를 신고 달아나기란 결코 쉬운 일이 아니었다. 그녀는 계단을 급하게 내려가다가 발을 헛디뎠다. 그 순간, 여자 친구가 나타났다. 그녀가 신고 있는 신발은 여자 친구가 1주년 기념 선물로 준 플랫슈즈였다. 더욱 화가 난 여자 친구는 권총을 꺼내 들었다. "탕!" 고막이 떨어져 나갈 듯 총성이 울리고, 계단엔 선명한 핏자국이 새겨졌다. 계단에는 플랫슈즈 한 짝이 나뒹굴었다.

2 안데르센의 삶과 동화

덴마크의 동화작가 안데르센은 가난한 구두 수선공의 아들로 태어났다. 학교교육을 제대로 받지 못한 안데르센은 점포에서 허드렛일을 하면서도 가수, 배우, 극작가가 되고 싶었다. 그가 열한 살 되던 해에 아버지가 사망했고 세탁 일을 하던 어머니는 재혼을 했다. 안데르센은 어린 시절의 가난과 새로운 가정에서의 불안, 학업과 무대에 대한 열망, 외모 콤플렉스 등으로 많은 좌절을 겪었다.

감성이 풍부하고 열정적인 안데르센은 불우한 환경, 외로움, 결핍을 창작적 열의, 자기와의 싸움, 예술적 변형을 통해 극복했으며 그의 허영심, 이기심, 열등감 등은 동화작가로서 개성과 근성의 바탕이 되었다.

안데르센의 동화는 옛이야기에 바탕을 두고 있지만 독창적인 목소리로 나약한 인간과 세상의 비정함을 상징적으로 보여준다.

「인어공주」, 「미운 오리새끼」, 「성냥팔이 소녀」, 「눈의 여왕」, 「빨간 구두」, 「크리스마스 선물」 등 168편의 동화를 남긴 안데르센은 동화라는 예술 장르를 통해 자기 존재를 규명하였으며 자기만의 방식으로 시대와 문화를 뛰어넘는 교감을 이루어 냈다. 절망하는 개인의 비극적 면모를 서민적인 분위기, 천진함, 환상적인 아름다움으로 그려낸 안데르센은 세계 아동문학 발전의 토대를 만들었다.

■ 작품의 소재와 아이디어

「인어공주」는 목소리 대신 다리를 얻었으나 사랑을 이루지 못하고 물거품이 된 인어공주의 사랑 이야기이다. 마녀와의 거래를 통해 잃은 것은 목소리이지만, 이것은 언어가 갖고 있는 무한한 힘을 잃었다는 것을 내포한다. 자신의 목소리에 남다른 애정을 갖고 있던 안데르센이 인어공주가 되어 사랑에 대한 절망감을 예술적으로 표현한 것으로 해석할 수 있다.

「미운 오리새끼」는 안데르센의 삶과 외모 콤플렉스, 잦은 실연의 아픔 등을 보편적인 정서를 통해 보여준 작품이다. 당시 유명한 문호들을 백조로 비유하면서 오리새끼 같은 처지의 자신 또한 아름다운 백조라는 작가의 의식이 투영된 작품이다.

어린 시절 체험을 바탕으로 쓴 「빨간 구두」는 동복누이 카렌과 동명인 여주인공이 등장한다. 안데르센은 가난에서 벗어나기 위해 애쓰는 동안 어디선가 카렌이 나타나 자신을 더 힘든 상황으로 내몰지도 모른다는 생각으로 두려워했는데, 그런 마음이 제멋대로이고 버릇없는 여주인공 카렌을 탄생시켰다. 또한 작품에서 새 구두를 신은 카렌이 예배에 집중하지 못하는 것은 어린 안데르센이 새로 산 장화에 정신이 팔려 예배에 집중하지 못했던 당시의 죄의식을 바탕으로 한다.

그동안 맨발로 다니거나 헐거운 나막신을 신고 다니던 카렌한테 빨간 구두는 신발 이상의 의미를 지닌다. 발을 보호해 줄 마땅한 신발이 없다는 것은 보호자 역할을 해 줄 사람이 없다는 것을 내포하지만 부정적 이미지의 빨간색 구두는 불길함을 암시한다.

세례식에서 빨간 수염의 병사가 카렌의 구두를 만지면서부터 생기는 일들은 의미심장하다. 무도회에서 춤추는 데 정신이 팔린 카렌은 할머니의 병환도 돌보지 않고 제어할 수 없는 욕망에 이끌린다. 자신의 의지로 멈출 수 없는 카렌은 공포를 느끼고 사형집행인에 의해 결국 발을 절단하게 된다. 이는 욕망 제거를 위한 형벌이며 잘린 발과 신발의 춤은 참회와 용서를 의미한다.

안데르센의 동화 「성냥팔이 소녀」, 「인어공주」, 「빨간 구두」, 「장난감 병정」, 「벌거숭이 임금님」 등은 각기 다른 이야기이지만 목소리, 발, 구두, 빨간색, 죽음과 같이 중요한 소재들이 공통적으로 나온다. 작가는 구두수선공인 아버지의 영향을 받고 자랐으며 사회 빈곤층에서 체험한 잔혹한 현실, 귀족들의 위선과 어리석음 등을 주변 소재들을 이용하여 일관성 있게 엮었다. 아동문학의 거장 안데르센은 꿈과 욕망, 결핍, 부정적 욕망에 이끌리는 인간의 본성 등을 일상적인 소재와 참신한 아이디어를 통해 극적 긴장과 아름다움이 있는 예술 작품으로 탄생시켰다.

창 작 연 습

안데르센의 동화와 전기(자서전, 평전 등)를 읽은 뒤, 작품 한 편을 정하여 뒷이야기를 창작해 보자.

05

주제와 작가의식

1 작가와 욕구, 주제의식

작가는 호기심과 예술 창작을 통한 표현의 욕구가 강한 사람이다. 즉 작가는 인간에 관한 이야기를 새롭게 들려주고자 혼신의 노력을 다하는 사람이며, '하고 싶은 말'이 곧 작품의 주제가 된다.

주제는 작가가 드러내고자 하는 의미로서 작가의 인격과 연관이 있으며 주제의 표현은 작가의 상상력과 기술적 역량에 따라 달라진다. 작품에서 주제는 인생에 대한 이해를 더해 주고 그 이해로부터 어떻게 살아야 하는지 행동 규칙을 유도해 내기 때문에 작가의 정신적 성숙과 철학이 기본이 된다.

좋은 작가가 되기 위해서는 예리한 감수성과 관찰력이 필요하다. 감성뿐만 아니라 논리적인 사고와 이성도 갖추어야 한다. 보이는 것 이면의 본질적인 것을 파악하는 능력을 필요로 하기 때문이다. 유추와 인과관계, 독창성, 탐구와 훈련, 인내력, 인생과 창작에 대한 진정성이 있어야 한다.

2 예술가의 정체성

정체성(政體性)이란 아이덴티티(identity)와 같은 의미로 존재의 본질을 깨닫는 성질, 그 성질을 가진 독립적 존재를 뜻한다. 심리학에서는 타인과 구별되는 한 개인으로서 현재의 자신은 과거의 자신과 같으며 미래의 자신과도 이어진다는 자기동일성의 의미를 갖는다.

예술가의 정체성은 작가의 기질과 자전적 경험에 의해 형성되는데 일반적으로 호기심, 지적 목마름이 창조력의 원천이 된다. 이는 작가 내면의 미완의 과제를 풀기 위한 탐구활동의 원동력이 되는데 체험 속에서 입은 상처와 심리적 갈등을 해결하고자 하는 욕구가 있을 때 작품의 방향성이 결정된다.

작가의 정체성은 작품의 주제(theme)와 관련이 있기 때문에 자신에 대한 이해가 우선되어야 한다. 기억과 경험의 문을 열고 들어가 아직까지 해결하지 못한 것들을 직시하여 그것들을 해결하라고 요구하는 내적 주체를 찾아야 한다.

예술은 픽션(fiction)이라는 위장술을 높이 평가하는 흥미로운 세계이다. 작가의 금기 사항을 위장하여 얼마든지 새롭고 재미난 이야기로 변형할 수 있다.

의식의 심연(深淵)에 도사리고 있는 관심사를 치환(置換)하거나 혼합할 수 있는 것이 바로 허구성이다. 작가는 자유로운 실험의 창작과정을 통해 욕구를 분출하고 개별적 특수성을 보편적 정서로 끌어올려 타인과 교감할 수 있게 된다. 이때 자서전이 되는 함정에 빠져서는 안 된다. 창작은 개인의 역사를 기록하고 위로받기 위한 것이 아니라, 창작한 인물과 상황 속에 숨어 있는 진실을 찾아내는 매력적인 수수께끼이다.

아이들과 교사, 학부모가 다 같이 읽으면 좋은 동화 『지각대장 존』은 간결하고 쉬운 글, 소박한 그림을 통해 동심의 세계를 생생하게 보여준다. 존 버닝햄의 그림책에는 현실과 상상을 넘나드는 주인공이 자주 등장하며 환상적인 사건이 펼쳐진다. 『지각대장 존』은 풍부한 유머와 매력적인 주제로 어린이 그림책의 본보기가 되고 있다.

어린 시절 존 버닝햄은 세일즈맨인 아버지의 직업 때문에 자주 이사를 다녔으며 학교도 열 군데나 옮겨 다녔다. 학교생활에 적응하지 못했던 존 버닝햄은 혼자만의 세계에 빠져서 지냈는데 대안학교에서의 자유로운 교육이 그의 예술 활동에 큰 영향을 미쳤다고 한다. 그는 어린이를 억압하는 어른들과 사회·제도적 모순을 비판적으로 바라보면서 어린이의 자유와 자율에 대해 일관되게 그려오고 있다.

존이 학교 가는 길에 만난 무시무시한 악어와 사자, 파도는 학교생활이 즐겁지 않은 아이들의 심리를 환상을 통해 보여준다. 그러나 아이의 마음을 헤아리지 못한 교사는 규칙과 규율만을 강조한다. 아이의 내면에 귀 기울이지 않는 교사의 모습은 교육과 학습의 본질에 대해 고민하게 한다.

『지각대장 존』은 존이 겪는 상상의 세계와 학교라는 권위적인 어른의 세계를 존과 교사의 극적 대비를 통해 재미있게 보여준다. 교사는 현실에서, 존은 상상에서 각각 힘을 갖는데 존이 속한 상상의 세계가 어른의 세계를 벌주는 전복의 결말은 통쾌하고 짜릿하다.

학교 가는 길에 아이들이 장갑을 잃어버리고, 바지가 찢어지고, 옷이 흠뻑 젖는 두려운 상상에 빠지는 것이 아니라 맛있는 과일을 먹고 신비로운 동물을 만나서 노는 즐거운 상상을 하기를 바라는 마음, 신바람 나게 학교에 가기를 바라는 작가의 마음이 자연스럽게 담겨 있다.

3 박완서 소설에 나타난 체험과 작가의식[1)]

1) 한국전쟁과 오빠의 죽음

소설가 박완서는 갈등과 고통을 겪으며 살아가는 소시민의 모습, 특히 여성문제를 관심 있게 다룬 작가이다. 박완서 소설에 나타난 갈등은 주로 한국전쟁 체험에서 비롯된 문제들이다. 작가는 전쟁 체험과 그로 인해 파생된 현실의 문제들을 작품 속에서 다루어 왔다.

1) 이은하, 『소설 창작의 갈등구조 연구』, 새미, 2009, pp.31-51의 내용을 재구성하여 수록함.

등단작 『나목』을 비롯하여 많은 자전작은 전쟁 발발과 오빠의 죽음, 그로 인한 가족의 죄의식과 피해의식 등을 숨김없이 드러냈다.

전쟁은 삶의 터전 및 경제적 기반을 잃게 하지만, 이러한 외형적인 피해는 시간을 두고 복구될 수 있거나 새롭게 생산 가능하다. 반면 의미 없는 희생과 혈육의 죽음을 목격한 자는 한으로 남아 전쟁이 끝난 후에도 고통을 겪는다.

박완서는 전쟁으로 인해 한 가족이 겪어 내야 하는 상처와 혼란 그리고 그것을 치유하는 힘겨운 과정을 그리는 데 주력하였다.

등단작 『나목』(1970)에서는 이경의 두 오빠가 행랑채에 숨어 있다가 폭격을 당해 사망한 것으로 그려지고, 『목마른 계절』(1971-1972, 「여성동아」에 연재)에서는 의용군에서 탈영하여 숨어 지내다 극도의 불안과 공포로 정신이상 증세까지 보이다가 후퇴하는 인민군의 총에 맞아 즉사하는 것으로 그려진다. 『부처님 근처』(1973)에서는 좌익 동무와 함께 온 총잡이에게 반동으로 몰려 총살당하며, 『엄마의 말뚝 2』(1981)에서는 의용군으로 끌려갔다가 돌아온 오빠가 피난길 대신 숨어든 현저동에서 보위군관의 총에 다리를 맞고 사망하는 것으로 그려진다. 『카메라와 워커』(1983)에서는 생후 4개월 된 조카를 두고 오빠와 올케가 참혹한 죽음을 당하고, 『그 산이 정말 거기 있었을까』(1995)에서는 의용군으로 끌려갔다 돌아온 오빠가 오발사고로 다리에 총상을 입은 채 서울에 남아 있으면서 8개월 동안 폐인이 되어 서서히 죽어갔다. 주인공들이 오빠를 우상과 같이 여기며 따랐기에 오빠가 죽는 사건은 더 큰 상처로 남게 되었다.

> 나는 처음으로 오빠를 딴 사람과는 다르다고 생각했고 거기에 대해 묘한 긍지를 느꼈다. 나야말로 무엇을 알아서라기보다는 전형적인 속물의 세계에서 별안간 우뚝 솟은 어떤 정신의 높이를 본 것 같은 환각이었다. 그런 건방진 느낌은 그 무렵 왕성해진 독서체험과도 무관하지 않을 듯하다.
>
> – 『그 많던 싱아는 누가 다 먹었을까』 중에서

오빠는 어려운 이웃을 돌볼 줄 아는 인정이 있으며 폐결핵에 걸린 여인을 헌신적으로 사랑할 줄도 아는 멋진 인물이었다. 유년 시절 '나'는 오빠를 "우뚝 솟은 어떤 정신의 높이"로까지 인식하였을 만큼 오빠는 특별한 존재였다. 아버지를 일찍 여읜 주인공은 어려서부터 오빠를 아버지처럼 따랐고, 어머니 또한 아들을 삶의 희망으로 여겼다. 이처럼 오빠가 죽는 사건은 주인공에게 고통과 갈등을 겪게 한 요인이 되는데, 남성이 부재한 삶은 여성들의 삶에 또 다른 갈등을 불러일으킨다.

주인공 '나'는 아들을 잃은 후 딸에 대한 애정이 결여된 어머니의 모습을 보면서 두 오빠의 죽음이 자기 때문이라는 죄의식을 갖게 된다. 그러나 20대 초반의 '나'는 어머니의 "회색빛 고집" 때문에 활기찬 삶을 살 수 없어 어머니를 미워한다. "마지못해 죽지 못해 살고" 있는 어머니는 딸의 존재 자체를 인정하려 들지 않기 때문에 '나'는 재미나게 살고픈 욕망을 펴지 못한 채 어머니를 증오하게 된다. 결국 어머니로부터 벗어나고 싶은 심리적 고통으로 이어진다. 이렇듯 주인공은 오빠의 죽음으로 인해 모녀간에 대립과 갈등을 겪게 되는데, 이는 박완서 소설에 나타나는 갈등 구조의 특징이다.

2) 모녀의 대립

전통적으로 아버지는 한 집안의 중심인물로 주춧돌 역할을 하는 존재이다. 그런데 박완서의 소설에는 이런 아버지가 처음부터 부재한다. 박완서 소설은 모계 가족 소설이라고 할 수 있는데, 그녀의 소설은 주인공에 의해 전쟁 체험을 증언하는 방식으로 기술된다. 대부분의 작품이 자전적이라는 것과 그 주체가 여성이라는 점도 다른 작가의 작품들과 구별되는 점이다. 작가는 여성을 주체로 지독하게 힘겨운 생존의 서사를 그려내고 있다.

이렇듯 박완서는 『엄마의 말뚝』 연작에서 자전 소설 『그 많던 싱아는 누가 다 먹었을까』에 이르기까지 모녀의 삶을 다루었으며, 주인공 딸에게 어머니는 절대 뛰어넘을 수 없는 타자의 모습으로 등장한다.

아버지가 부재한 가정에서 아들의 죽음은 가족의 붕괴를 의미하는 것과 마찬가지여서 남은 모녀의 삶은 정신적으로나 경제적으로나 비참할 수밖에 없다. 이런 현실에서 모녀는 억척스러운 여성으로 변모하게 되는데, 서로를 위로하기보다 증오하고 적대시하는 것이 공통적이다. 딸과 어머니의 복잡한 심정, 모순된 욕망이 중첩되어 있음을 알 수 있다.

전쟁 당시의 격동기를 살아가면서 어머니는 강해질 수밖에 없었다. 전쟁 중에는 생존을 담당하는 어머니로서, 이후에는 가정 경제를 일으키는 주부로서 여성의 지위는 그 어느 때보다 확고해질 수밖에 없다. 이처럼 박완서 소설의 어머니는 이를 악물고 억척스럽게 살아가지만 아들의 죽음이라는 상처만은 극복하지 못한 채 비극적인 삶을 사는 인물로 그려진다.

『나목』의 어머니는 두 아들이 죽은 후 말을 잃고 스스로 "회색빛 고집" 속에 자신을 가둔 채 죽어 있는 것과 다름없는 삶을 살다 죽고, 『목마른 계절』에서 어머니는 폐인이 되어 돌아온 아들이 총살당하자 실성하여 "허구한 날 아들이 묻힌 땅을 쓰다듬으며" 자장가를 부른다. 『엄마의 말뚝 2』에서 어머니는 아들이 죽은 지 30년이 지났지만 고통과 상처를 씻지 못한 채 살다가 수술 후 광기와 같은 모습으로 과거의 기억을 고스란히 드러내고, 『부처님 근처』의 어머니 또한 20여 년이 지난 현재까지 억울하게 죽은 남편과 아들의 망령에 얽매여 살고 있다. 이런 어머니는 "아직은 젊고 발랄함을 즐기며 행복을 꿈꾸는" 딸과 의식의 차이를 빚을 수밖에 없다.

『나목』은 전쟁을 겪었던 시절의 뼈아픈 상흔과 젊은 시절의 고뇌와 방황, 애절한 사랑이 담겨 있으며, 오빠의 죽음과 황폐화된 삶에서 벗어나고자 하는 딸의 모습을 보여준다. 두 오빠의 죽음 이후 어머니는 완전히 달라지는데, 생계를 꾸려가는 딸과의 관계마저 단절한 채 고립되어 살아간다. 극심한 우울 증세를 보이는 어머니의 모습은 『목마른 계절』에서 실성한 어머니의 모습과도 유사하다. "손질 안 한 회색빛 머리가 이마며 귓바퀴에 함부로 늘어진 모습"이나 "마치 잘못 꿰맨 상처 자국처럼" 의치를 빼놓은 어머니의 입은 굳게 닫혀 있으며 먹는 것조차 거부하면서 고가(古家)에서 칩거와 같은 생활을 한다. 어머니는 정돈되지 않은 모습으로 생기라곤 전혀 없다.

딸의 성격은 『목마른 계절』에서 죽은 오빠와 실성한 어머니를 곁에 두고도 올케에게 "나는 행복해지고 싶다는 욕망이 너무 강하니까 딴 행복을 발견할 수 있을 거예요."라고 말하는 장면을 통해서도 나타나는데, "죽은 고가처럼 회색빛"으로 묘사되는 어머니와 대조적이어서 더 많은 갈등이 야기된다. 이렇듯 주인공 '나'는 어머니와의 단절로 인해 죽고 싶으면서도 살고 싶은 욕망이 간절한 인물이다.

> 나는 "말예요" "말예요"에 힘을 주다 못해 그만 기타를 쳐들고 방바닥에 내동댕이쳐서 산산이 부수고 싶은 광폭한 충동을 느꼈다.
> "이놈의 기타 소리가 아니었단 말예요."
> 드디어 나는 기타를 높이 쳐들었다.
> "안 된다, 안 돼!"
> 별안간 어머니의 목소리가 이십 년은 젊어진 듯 쇳되게 울리더니 기타를 빼앗으려고 나에게 달려들었다. 나는 더욱더 안 뺏기고 부숴 놓고야 말겠다는 강한 충동으로 몸을 떨며 기타를 높이 쳐든 채 맴을 돌았다.
> 어머니도 지지 않고 덤볐다. 어머니는 이미 그림자가 아니었다. 힘찬 맥박이 뛰는 뜨거운 여인이었다.
> 드디어 내 팔을 할퀴다시피 매달린 어머니의 손에 기타의 한쪽이 잡혔다. 나도 필사적으로 기타의 대가리를 부둥켜안고 당기다가 어머니가 힘차게 나꾸치는 바람에 방바닥에 동그라졌다. 그래도 나는 놓지 않았다.
> 우리 모녀는 기타를 사이에 놓고 미친 듯이 방바닥을 뒹굴고 짐승처럼 씨근대며 자신의 육신을 돌보지 않고 처절한 싸움을 했다.
> 한참 만에 나는 가쁜 숨을 몰아쉬며 빈손으로 물러났다. 이긴 쪽은 어머니였다. 모처럼 시도해 본 과거와의 단절은 이렇게 해서 수포로 돌아갔다.
> 다시 기타와 유도복이 제자리에 걸리고 앨범이 꽂히고 평상시와 똑같은 모양이 되자 우리 모녀는 마주앉아 아무 일도 없었던 것처럼 다 식은 김칫국을 후룩후룩 마시며 덤덤히 저녁 식사를 했다.
>
> –『나목』 중에서

위의 장면은 모녀가 대립하는 상황으로 모녀간의 갈등을 구체적으로 보여주고 있다. '나'는 죽은 듯 살아가는 어머니에 대해 분노를 터뜨린 것인데 굉장한 힘으로 달려드는 어머니와 몸싸움을 하면서 죽은 아들에게 지독하게 묶여 있는 어머니를 발견해 더욱 좌절한다. 이처럼 어머니는 젊은 딸의 삶을 이해하기보다는 죽은 아들에 매여서 비극적으로 변해 간다.

다시 말하자면 아들은 어머니의 의식 전체를 사로잡을 만큼 강한 힘을 지닌

'절대적 타자'의 존재이며, 남편이 죽은 후로 아들이라는 타자성에 자신의 모든 것을 걸었던 어머니는 두 아들이 죽음으로써 자신의 삶을 더 이상 영위하지 못하고 삶을 거부하고 있는 것이다.

> (1) …… 나는 미치지 않을 자신이 있었다. 나는 내 속에 감추어진 삶의 기쁨에의 끈질긴 집념을 알고 있다. 그것은 아직도 지치지 않고 깊이 도사려 있으면서 내가 죽지 못해 사는 시늉을 해야 하는 형벌 속에 있다는 것에 아랑곳없이 가끔 나와는 별개의 개체처럼 생동을 시도하는 것이었다.
>
> –『나목』 중에서
>
> (2) 나는 곧장 건넌방에 가 누웠다. 기침 소리는 자꾸 반복되었다. 늘 귀에 익은 목기(木器)를 두드리는 것 같은 공허한 소리가 아닌 탁하고도 고통스러운 울림이었다. …… 나는 숨을 죽이고 어머니가 나를 부르기를 기다렸다. 하다못해 물을 달라든가 고통을 호소한다거나 하기 위해 딸을 부름직했다. 그러나 육성이라고는 아이고 소리 하나 들리지 않았다.
>
> –『나목』 중에서

주인공 딸은 "미치지 않을 자신이" 있다고 말하면서도 실은 어머니처럼 될 것 같은 두려움에 떨고 있는 장면이다. 흔히 딸은 어머니와의 관계에서 자유롭지 못하다. 딸은 모녀라는 관계 속에서 자신도 모르게 어머니와 비슷하게 닮아간다고 볼 수 있다. 어머니의 부정적인 면에 대하여 딸은 적대감을 드러내지만 딸은 무의식중에 어머니에 대한 동질성을 갖게 된 것이다. 박완서 소설에서, 특히 오빠의 죽음으로 특수하게 맺어진 어머니와 딸의 관계는 어머니를 거부하면서도 동일시하는 감정과 행동을 읽을 수 있다.

문학에서 어머니는 비옥함과 풍요로움을 상징하기도 하지만 아이에게 어머니는 무섭고 부정적인 존재이기도 하여 무덤이나 죽음과 같은 두려움, 공포감의 상징이 되기도 한다. 그래서 '나'는 어머니처럼 살게 될지도 모른다는 두려움을 갖는 것이다. 그렇지만 식욕처럼 청춘의 욕망을 느끼고 또 그런 자신을 주눅 들게 하는 어머니에 대한 복잡한 심정은 '나'를 한없이 고통스럽게 한다. 두 오빠가 죽었던 장소인 동시에 어머니가 살아계신 고가(古家)에서의 삶은 바로 '나'가 불행한 삶을 살고 있는 현실이자 그렇게 될 수밖에 없는 이유이다. 자신과 어머니가 살고 있는 집은 과거와의 싸움이 멈추지 않고 계속되는 고통스런 장소인 것이다.

어머니가 죽음으로써 모녀간의 갈등은 일단락 지어진다. 어머니라는 대립항이 사라진 '나'는 자신의 욕망대로 생기 있는 삶을 살기 위해 노력한다. 그러나 '나'는 결혼하고 안정적인 일상 속에 안주하고서도 "끊임없이 나를 아프게" 하는 생활을 하게 되고 "아직도 해체되지 않은 한 모퉁이가 내 은밀한 곳에 남겨진 것"을 알게 된다. 어머니가 안 계시지만 모녀 사이를 가로막았던 견고한 벽은 허물어지지 않고 여전히 '나'의 내부에 남아 있는 것이다. 이러한 결말은 전쟁으로 인한 오빠의 죽음은 주인공의 삶을 "폐허가 된 고가"처럼 만들어 행복을 영위할 수 없게 만들고 있다는 것을 보여주면서, 오빠가 죽은 상처는 쉽게 치유되거나 회복될 수 없음을 비극적으로 보여준다.

3) 기억의 반복

『나목』과 『목마른 계절』이 오빠의 죽음을 목격한 직후의 갈등 이야기라면, 『부처님 근처』, 『카메라와 워커』, 『재이산』, 『엄마의 말뚝』 시리즈는 이십여 년이 흐른 뒤에도 전쟁으로 인한 정신적 외상과 죄의식에 시달리는 주인공의 비참한 삶을 다룬다.

『부처님 근처』의 주인공 '나' 역시 전쟁 당시 아버지와 오빠를 잃었다. 부자가 빨갱이여서 죽은 사실을 감추기 위해 남은 모녀는 "앙큼하고 태연하게 한 죽음을 꼴깍" 삼켜 행방불명으로 만들었다. 그 후에 '나'는 결혼도 하고 자식도 낳았지만 과거에서 벗어나지 못해 괴로워하다가 이기심의 굴절까지 보인다.

> (1) 내가 삼킨 죽음은 여전히 내 내부의 한가운데 가로 걸려 체증처럼 신경통처럼 내 일상을 훼방 놓았다. 나는 여전히 사는 게 재미없고 시시하고 따분하고 이가 들끓는 누더기처럼 지긋지긋해 벗어 던질 수 있는 거라면 벗어던져 흠뻑 방망이질해 주고 싶었다.
>
> – 『부처님 근처』 중에서

(2) 나는 그것들을 삼켰으니까. 나는 망령들을 내 내부에 가뒀으니까. 망령은 언젠가는 토해내지 않으면 치유될 수 없는 체증이 되어 내 내부 한가운데 가로놓여 있을 수밖에 없었다. 차차 더 묘한 걸 깨닫게 되었다. 내가 망령을 가둔 것이 아니라 실상은 내가 망령에게 갇힌 꼴이라는 것을. 나는 망령에게 갇힘으로써 온갖 사는 즐거움, 세상 아름다움으로부터 완전히 격리당하고 있다는 것을.
나는 늘 죽음을 억울하고 원통한 것으로 생각해 왔는데 그 생각조차 바뀌어 갔다. 정말로 억울한 것은 죽은 그들이 아니라 그 죽음을 목도해야 했던 나일지도 모른다 싶었다. 그 나이에, 내 인생의 가장 빛나는 시기에, 가장 반짝거리고 향기로운 시기에 그런 것을, 그 끔찍한 것을 보았다니, 그리고 그것을 소리 없이 삼켜야 했다니! 정말이지 억울한 것은 그들이 아니라 나인 것이다.

– 『부처님 근처』 중에서

『부처님 근처』의 주인공 '나'는 처녀시절 아버지와 오빠의 죽음을 목격한 후 "무서운 게, 무서워하며 사는 게 지긋지긋할" 정도로 충격의 고통에서 벗어나지 못하며 살고 있다. 그리고 충격에서 벗어나는 길은 "처자식만 아는 착실한 남자"와 결혼해 계속해서 출산을 하는 것이라고 생각한다. 그러나 "처자식만 아는 남편과 많은 아이들"도 '나'를 행복하게 만들지 못한다. 모녀는 겉보기와 달리 '망령'에 시달리면서 살고 있기 때문이다.

아버지와 오빠의 부재는 모녀에게 불안정한 삶을 남겨준 셈인데, 전쟁과 가족의 죽음이 가정과 개인의 삶에 얼마나 끈질긴 갈등을 불러일으키는지 실감나게 보여준다.

『부처님 근처』의 모녀와 조카도 "주말이면 카메라 메고 야유회 나가는" 안정된 직업을 갖도록 집요하게 애쓰는 『카메라와 워커』의 '나', 승진에서 밀려난 원망으로 폭력을 휘두르는 남편 앞에서도 분단 현실(6·25 때 의용군으로 끌려간 오빠가 간첩으로 남파될지도 모른다는 두려움)과 사회적 제약을 탓하며 꼼짝달싹 못하는 여주인공은 자신이 처한 불행을 극복하지 못하는 인물들이다.

지랄같이 무책임한 전쟁이 만들어 놓은 고아인 저 녀석(조카)을, 온 정성을 다해 남부럽지 않게 키운 게 결코 내 어머니를 떠맡기고자 함이 아니었음을 어떻게 납득시킬 수 있담.

제가 잘되고 잘사는 것으로, 다만 그것만으로 나는 내가 겪은 더럽고 잔인한 전쟁에 대해 통쾌한 복수를 할 수 있고 그때 받은 깊숙한 상처의 치유를 확인받을 수 있다는 걸 어떻게 저 녀석에게 알릴 수 있을 것인가.

–『카메라와 워커』 중에서

예문을 통해 알 수 있듯이 '나'는 조카가 무사 안일한 삶을 살게 하는 것으로 죽은 오빠에 대한 죄의식을 씻으려 하기 때문에 조카와 대립하게 된다. '나'와 어머니는 조카가 원하지 않는 공과대학에 입학시키고, 의지를 꺾어서라도 "착실한 직장 가지고 결혼해서 일요일 날 처자식 데리고 카메라 메고 놀러나가는" 안정된 직장을 갖게 하려고 애를 쓰면서 조카와의 갈등이 심화된다. 이는 주인공이 죄의식과 피해의식에 사로잡혀 살다가 세속적인 이기로 이어져 상처를 씻고자 하는 왜곡된 모습을 보여준다. 전쟁이 끝난 후에도 여전히 기억과 회상을 통해 갈등을 일으키고 의미를 발생시키는데, 이는 가족 상실로 인해 상처받은 딸의 고통스런 몸부림이라 할 수 있다.

주인공 또는 작가의 반복적인 회상과 글쓰기는 트라우마를 유발했던 순간으로 되돌아가고자 하는 움직임이다. 이러한 반복을 통해 얻을 수 있는 것은 상실된 정체성을 재발견할 수 있다는 점이다. 기억과 회상을 통해 재생되는 과거는 주인공이 갈등의 요인을 여실히 보여주며 작가는 이를 통해 고통을 피력한다. 또한 과거에 해결하지 못하고 의식 내부에 가두었던 기억을 현재화하여 당시의 상황을 탐색하고 더불어 현재의 모순된 자신을 탐색하는 행위이다. 현재 고통스러운 '나'를 과거를 통하여 정립하고자 하는 자기와의 힘겨운 싸움인 것이다.

『엄마의 말뚝 2』는 지금까지 살펴본 작품들과 달리 모녀간의 대립이 점차 긍정적으로 변한다. 모녀는 공동의 상처를 안고 있는 유일한 가족이라는 사실을 매개로 공감대를 갖게 되어 연민을 느끼는 유대관계로 발전한다. 대립관계가 점차 회복되는 계기는 어머니가 내지르는 광기서린 울부짖음 때문이다.

"안 된다 이노옴"이라는 호통과 "군관 나으리, 군관 선생님, 군관 동무"라는 아부를 번갈아 하며 몸부림치는 서슬에 마침내 링거 줄이 주사바늘에서 빠져버렸다. 혈관에 꽂힌 채인 주사바늘을 통해 피가 역류해 환자복과 시트를 점점 물들였다. 피를 보자 어머니의 광란은 극에 달했다.

– 『엄마의 말뚝 2』 중에서

어머니는 세월이 많이 흘러 "부처님을 닮은 곱고 자비롭고 진지한 얼굴로" 늙어갔지만 여전히 원한과 독기를 품은 채 고통스런 기억에 시달리고 있다. 이런 모습을 통해 '나'는 감춰왔던 자신의 모습을 보게 되어 진정으로 어머니를 위로하게 된다.

오빠의 죽음과 전쟁을 겪은 당시의 기억 때문에 환각 증세를 보이던 어머니는 의식을 회복한 후에 딸에게 유언을 한다. 그 유언은 아들의 죽음을 처리했던 것처럼 자신도 죽으면 화장해 주길 바란다는 것이다. 오빠가 죽었을 당시 어머니는 무덤을 만들어 주는 대신 가족의 선영이 지척에 보이는 강화도 앞바다에 훨훨 날렸었다. 오빠처럼 화장을 원하는 어머니의 행동은 "한 줌의 먼지와 바람으로서 너무도 엄청난 것과의 싸움"을 시도한 것이며, "어머니를 짓밟고 모든 것을 빼앗아간, 어머니가 도저히 이해할 수 없는 분단이라는 괴물을 홀로 거역할 수 있는 유일한 수단"으로 어머니는 아들의 뒤를 따르기로 마음먹은 것이다. 이는 분단의 문제가 개인의 의지와 희망으로 해결될 수 없는 문제라는 것까지 시사한다.

이처럼 박완서 소설에서 인물들이 겪는 갈등은 전쟁으로 인해 오빠가 죽게 된 사건에서 비롯되며 남성의 부재로 인해 모녀의 삶에 또 다른 갈등을 야기했다. 아들 잃은 어머니에게는 삶의 의미를 사라지게 했고 딸에게는 살아남았다는 죄의식을 갖게 하여 모녀는 끊임없이 서로를 증오하며 서로를 동일시하면서도 적대시하는 이중감정을 지닌 채 대립하게 되었다.

주인공 딸이 겪는 갈등의 심화를 통해 오빠의 죽음이 개인의 삶에 얼마나 치명적인 상처를 주었는지 보여주면서 작가는 전쟁과 분단의 폭력성을 고발하였다.

결국 모녀의 삶을 통해 드러나는 오빠의 죽음은 단지 전쟁으로 인한 비극에 그치는 것이 아니라 그 비극을 환기시킴으로써 분단극복에 대한 인식의 확대라는 작가의 의지까지도 표출하고 있다.

4) 글쓰기를 통한 승화

박완서 소설의 주인공은 전쟁체험, 특히 오빠의 죽음으로 인해 극심한 고통과 갈등을 겪으면서 글 쓰는 행위에 매달린다. 글을 쓰는 반복적 행동은 주인공이 고통을 해소하려는 시도로서 남다른 의미가 있다.

(1) 내가 삼킨 죽음은 여전히 내 내부의 한가운데 가로 걸려 체증처럼 신경통처럼 내 일상을 훼방 놀았다. 나는 여전히 사는 게 재미없고 시시하고 따분하고 이가 들끓는 누더기처럼 지긋지긋해 벗어던질 수 있는 거라면 벗어던져 흠뻑 방망이질해 주고 싶었다.
간혹 꿈에서 피 묻은 얼굴이라도 보면 식은땀이나 실컷 흘리고 깨어나서는 오늘도 재수 옴 붙었어, 퉤퉤, 하루를 살기도 전에 내던지고 그러다가도 문득 6·25 때 말야, 사실은 말야, 우리 아버지는 말야, 하고 이야기가 하고 싶어졌다. 나는 그 이야기가 하고 싶어 정말 미칠 것 같았다. 나는 아직도 그 이야길 떼놓길 단념 못하고 있었다. 어떡하면 그들이 내 얘기를 끝까지 들어줄까, 어떡하면 그들을 재미나게 할까, 어떡하면 그들로부터 동정까지 받을 수 있을까. 나는 심심하면 속으로 내 얘기를 들어 줄 사람의 비위까지 어림짐작으로 맞춰 가며 요모조모 내 이야길 꾸며 갔다. 나는 어느 틈에 내 이야기로 소설을 쓰고 있었던 것이다. 토악질 하듯이 괴롭게 몸부림을 치며, 토악질하듯 시원해하며.

－『부처님 근처』 중에서

(2) 그때 문득 막다른 골목까지 쫒긴 도망자가 획 돌아서는 것처럼 찰나적으로 사고의 전환이 왔다. 나만 보았다는데 무슨 뜻이 있을 것 같았다. 우리만 여기 남기까지 얼마나 많은 고약한 우연이 덮쳤던가. 그래, 나 홀로 보았다면 반드시 그걸 증언할 책무가 있을 것이다. 그거야말로 고약한 우연에 대한 정당한 복수다. 증언할 게 어찌 이 거대한 공허뿐이랴. 벌레의 시간도 증언해야지. 그래야 난 벌레를 벗어날 수 가 있다. 그건 앞으로 언젠가 글을 쓸 것 같은 예감이었다. 그 예감이 고통을 몰아냈다.

－『그 많던 싱아는 누가 다 먹었을까』 중에서

(1)의 주인공 '나'는 가장이 없는 집에서 가장 역할까지 하면서 힘겹게 살다가 착하고 성실한 남자와 결혼하여 편안하게 살지만, 여전히 전쟁 때문에 죽은 오빠의 망령에게 시달리며 살고 있다. 아들을 잃고 괴로워하는 늙은 어머니의 삶과 같은 것이다. 그렇게 고통을 겪고 있는 '나'는 "토악질 하듯이 괴롭게 몸부림을

치면서" 과거의 이야기를 증언하면서 고통을 견뎌나간다.

(2)의 주인공 역시 어머니와의 갈등을 풀기 위해서 새로운 일을 찾아 나섰지만 쓰라린 좌절의 경험 때문에 고통을 겪을 수밖에 없다. '나'는 어느 날부터 글을 쓸 것 같은 예감을 느끼게 되어 글을 쓰기 시작하는데, 이것은 갈등을 해결할 수 없는 주인공이 극심한 고통에서 벗어나기 위한 몸부림으로 갈등 치유의 행동임을 알 수 있다.

특히 박완서의 자전적 소설을 보면 주인공은 전쟁체험의 시간을 "벌레의 시간과 벌레의 체험"이라 하면서 그 당시 상황을 증언하고 싶은 동기에서 글쓰기가 시작되었다고 말하고 있다.

(1) 그들은 나를 빨갱이 년이라고 불렀다. 빨갱이고 빨갱이 년이고 간에 그물만 들었다 하면 사람도 아니었다. (중략) 그들은 나를 함부로 욕하고, 위협하고, 비웃었다. 그러나 그들의 눈빛에 비하면 그 정도는 인권침해도 아무것도 아니었다.
그들은 마치 나를 짐승이나 벌레처럼 바라다보았다. 나는 그들이 원하는 대로 돼 주었다. 벌레처럼 기었다. 정말로 그들에겐 징그러운 벌레를 가지고도 오락거리를 삼을 수 있는 어린애 같은 단순성이 있었다. (중략)
나는 밤마다 벌레가 됐던 시간들을 내 기억 속에서 지우려고 고개를 미친 듯이 흔들며 몸부림쳤다. 그러다가도 문득 그들이 나를 벌레로 기억하는데 나만 기억상실증에 걸린다면 그야말로 정말 벌레가 되는 일이 아닐까 하는 공포감 때문에 어떡하든지 망각을 물리쳐야 한다는 정신이 들곤 했다.

– 『그 많던 싱아는 누가 다 먹었을까』 중에서

(2) 나는 그들(죽은 오빠의 망령)이 있는 곳을 명치 근처에서 체증을 의식하듯이 내 내부 한가운데서 늘 의식해야만 했다. 그 느낌은 아주 고약했다. (중략) 자업자득이었다. 나는 그것들을 삼켰으니까. 나는 망령들을 내 내부에 가뒀으니까. 망령은 언젠가는 토해내지 않으면 치유될 수 없는 체증이 되어 내 내부 한가운데에 가로놓여 있을 수밖에 없었다. (중략) 나는 그들로부터 자유로워지고 싶었다. 삼킨 죽음을 토해내고 싶었다.

– 『부처님 근처』 중에서

글을 쓰고 싶다는 욕망은 화자의 어두운 기억으로부터 시작되는데, 벌레처럼 취급당했던 시간들을 잊고 싶어서 몸부림치다가도 자신만 잊고 다른 사람들은 여전히 기억한다면 그야말로 자신의 존재가 벌레가 될 것 같은 두려움과 공포가 생겨 오히려 그 시간들을 잊지 않고 기억해내려고 애를 썼다는 것이다.

글을 쓰고 싶은 주인공의 욕망에 대한 다음의 언급을 통해 박완서 작품 속의 인물과 작가의 글쓰기 과정을 이해할 수 있고 글쓰기에 따르는 또 다른 갈등과 고통을 짐작할 수 있다.

> 자신을 불행한 사람으로, 다시 말해 찢긴 사람으로 느끼면서부터 글 쓰는 사람은 개성을, 상상력을 그들의 중요한 탐구 대상으로 설정하고 그것을 대담하게 노출시킨다. 누구를 위하여, 왜 써야 하는지를 알 수 없다면 자신을 위해서, 즉 자기 개인을 드러내기 위해서 써야 하며 그것을 보편적인 것처럼 믿게 하기 위해서는 자기의 불행한 의식을 보편화시켜야 한다고, 다시 말해서 보편적인 틀 속에 가두어야 한다고 믿기 시작한 것이었다.[2)]

가라타니 고진은 이와 같은 여성의 고백적 글쓰기 태도에 대하여 현실의 삶에서 자신은 약한 존재이지만 자신의 삶을 책임지는 주체로서 존재하고 싶은 욕구가 분출된 것이라고 말한 바 있다.[3)] 이와 마찬가지로 주인공의 글쓰기 행동은 외부 세계가 아닌 자신이 스스로를 지켜 내리라는 의지의 표출이다. 그런 과정의 글쓰기는 주인공의 내적 갈등을 일으키는 또 하나의 사건이 된다.

안니 르끌렉도 “여성이 말을 시작해 보기란 얼마나 어려운지, 그건 너무나 새로운 말이어서 나는 내 열 손가락이 서로 비틀리고 움켜지기를 바랄 정도”라고 언급하면서 말하기의 두려움과 글쓰기의 어려움을 토로했다. “그런데도 왜 이야기를 하려 하는가?”라는 질문에 존재의 긴급성, 여성만의 경험에서 비롯된 자기반성과 자기진술의 절실함 때문이라고 덧붙여 설명했다.[4)] 그러나 실제로 글을 쓴다는 의미는 ‘말할 수 없는 것’들로서 자신의 경험과 욕망을 감추는 기능도 한다.[5)]

일상사가 자전적 글쓰기에 많이 반영되는 것이 사실이지만 여기서 ‘개인적인

2) 김현, 『한국문학의 위상』, 문학과지성사, 1996, p. 43.
3) 가라타니 고진, 박유하 역, 『일본근대문학의 기원』, 민음사, 1997, p. 116.
4) 안니 르끌렉, 『이제 여성도 말하기 시작한다』, 태학사, 1990, pp. 17-25 참조.
5) 김성례, 『여자로 말하기, 몸으로 글쓰기』, 또하나의문화, 1999, pp. 123-124 참조.

것'의 의미는 '말할 수 없는 것'들로서 자신의 경험과 욕망을 감춰주는 역할을 하기 마련이다. 실제로 여성의 글에서 서술하는 자아는 자신의 내밀한 것에 대해서는 독자에게 침묵의 소리로 전해진다. 자기감시적인 화자는 마음의 진실을 폭로하느냐 은닉하느냐 하는 두 가지 상반된 충동을 상황에 따라 결정하는 셈이다. 말한 만큼 말할 수 없는 부분, 더 중요하고 모호한 비밀이 존재하는 것이다. 여성의 개인적인 혹은 친밀한 자기진술은 감추어진 자아의 기록이면서 진실과 은폐 사이에서 고뇌하는 불안정한 자아의 자화상이다. 다시 말해 여성의 자전적 글쓰기는 자아의 재발견이라는 내적 욕망이 숨어 있다.

또한 내적 고통과 갈등을 동반하는 글쓰기 행동은 단순히 복수심의 발로에 그치는 것이 아니라 타인과 외부 세계와의 화합을 원하는 성숙의 단계로 발전하면서 진정한 예술로 승화된다. 다음 예문은 그 과정을 상세히 보여주고 있다.

> "임금님 귀는 당나귀 귀"라고 대나무 숲에서 외친 이발사의 행복을 나도 누리는 듯했다. 그러나 이발사의 행복도 대나무 숲으로 하여금 임금님 귀는 당나귀 귀라는 요란한 공명을 얻어 냄으로써 완벽했던 것이지 그 스스로의 외침만으론 미흡했던 게 아닐까?
> 그런 뜻에서도 나는 내 소설을 활자화하기를 결심했고 그것은 이루어졌다.
> 내 글이지만 활자가 되고 나니 원고지에서 육필로 대할 때보다 객관성을 가지고 읽을 수 있었고, 읽고 난 나는 거짓말이라고 외칠 수밖에 없었다. 이 경우 거짓말이란 사실이 아니란 뜻보다 소설적인 진실이 아니란 뜻이었음직하고 하여튼 나는 기가 팍 죽었다.
> 이런 나의 실패는 나의 능력 부족 탓도 있었고 내 이야기를 들어줄 사람과 내가 사는 시대의 비위를 지나치게 의식한 탓도 있었겠지만 가장 큰 이유는 두 죽음이 내가 작품화할 수 있을 만큼, 즉 여유 있게 전모를 파악할 수 있을 만큼의 거리로 물러나 주지 않고 너무 나에게 바싹 붙어 있기 때문이기도 했다.
>
> –『부처님 근처』 중에서

작가이자 화자는 글쓰기를 통해 '과거'와 '상처'라는 대상과 거리를 유지해야 한다는 생각을 점차 갖게 되고 작품으로 형상화된 기억을 보면서 자신 안의 모순까지 객관적으로 들여다보게 된 것이다.[6)]

6) 박완서는 작가 인터뷰에서 "나 같은 경우에도 내 얘기가 아니더라도 주인공을 자기화해야 잘

> 아물었으되 피 흘리고 있음을, 딱지 앉았으되 곪고 있음을, 잘 차려입었으되 헐벗었음을, 춤추고 있으되 몸부림치고 있음을 보고 느끼고 말하는 것도 문학이 숙명처럼 걸머진 형벌이자 자존심이라면 저도 잠시 한낱 비통한 가족사를 폭로한 것 같은 부끄러움에서 벗어나 늠름해지고자 합니다.[7)]

박완서가 말한 것처럼 결국 주인공은 피가 흐르는 상처를 글로 옮겼고 그 과정을 통하여 어느 순간 상처와 고통으로부터 거리를 가질 수 있게 되었으며 예전보다 자유로울 수 있게 되었다. 이처럼 예술로 승화된 모습은 현실의 갈등을 피하는 것이 아니라 현실에 직면하여 자기와 싸움으로써 얻게 된 결과이다.

이처럼 참담한 고통을 예술로 승화시키는 모습은 『나목』에서 인간으로서의 존재감을 상실한 채 생계를 위해 그림을 그리는 화가 옥희도 씨를 통해서도 드러난다. 태엽을 감아주어야만 술을 마시고 북을 치는 장난감 침팬지를 보면서 자신의 모습을 본 옥희도 씨는 진정한 삶의 가치를 찾고자 그림에만 몰두하면서 점차 환희에 찬 삶을 살게 된다. 옥희도 씨의 모습은 작가가 원하는 모습이며, 욕망을 이룬 작가 자신의 모습이기도 하다. 이것이야말로 문학의 존재 의미, 글쓰기의 의의이자 예술로 승화된 아름다운 모습이라 할 수 있다.

작가가 글쓰기에 대한 욕망을 "어떡하든 진상을 규명해 보려는 집요하고 고약한 성미"라고 말하면서 "훗날 글을 쓰게 했고 문학정신의 뼈대"가 되었다는 이야기는 의미가 더욱 남다르다. 인간은 좌절, 갈등, 불안 등의 어려운 상황에 직면하면 스스로를 보호하기 위해 무의식적으로 방어반응을 한다. 주인공이 글을 쓰는 행위는 문제를 극복하기 위한 인물의 자기방어기제인 것이다.

이렇듯 인물이 현실의 고통을 이겨내기 위해 글쓰기와 그림을 그리면서 예술로 승화하는 모습은 현실의 갈등을 피하려는 것이 아니라 현실을 직면하여 성숙

써져요. 그게 나쁜 것 같지는 않아도, 나와 대상과의 거리를 유지해야겠다는 생각을 합니다. 제가 일인칭을 즐겨 썼던 건 내가 느끼는 것과 똑같이 독자도 절실하게 느끼게 하겠다는 욕망이 아니었을까 생각합니다."라고 말하였다. 또 『부처님 근처』의 화자는 "듣는 사람이 없는 곡성이 무슨 의미가 있을까? 상주도 문상객이 있어야 곡을 할 게 아닌가?"에서 알 수 있듯이 타인과의 관계를 의식하게 되면서 반복된 글쓰기를 통해 갇혀 있던 과거로부터 점차 외부 세계와 소통, 화합되어 가는 과정을 보여주고 있다.

7) 박완서, 『그 많던 싱아는 누가 다 먹었을까』, 웅진출판사, 1992, p. 240.

하게 하는 행동 양태이다.

또 작가는 주인공을 통해 끊임없이 상처를 드러내고 "글을 쓸 것 같은" 예감을 암시적으로 이야기하는데, 이는 상처를 치유할 수 있을지도 모른다는 기대감을 보여주는 것이기도 하다.

인간은 잠재능력을 개발하고 자아실현을 위해서 갈등의 순간과 그로 인한 고통을 성장의 기회로 삼고 새로운 환경에 적응하도록 노력하는 존재이다. 결국 인물들의 글쓰기는 전쟁의 기억과 상처로부터 자유로워지기를 갈망하는 작가의 행동이며 성숙된 글쓰기로 나아가면서 진정한 삶의 의미를 찾고자 하는 작가의식을 담고 있다.

4 정체성 탐구와 집필 목표에 대한 조사

창작 활동에서 중요한 것은 '마음의 파문(波紋)을 일으키는 것'이다. 성장하면서 겪었던 크고 작은 갈등이 무엇이었는지, 새로운 시각으로 세상을 보게 된 계기가 무엇이었는지 생각하면서 내가 다루고 싶은 스토리와 인물, 테마가 무엇인지 구체적으로 나열해 보자. 감동받았던 영화나 소설을 떠올리면서 독자나 관객을 감동시킬 수 있는 방법도 구상해 보자.

예시

1) 과거 자신에게 중요했던 사건은? 현재 흥미로운 기사나 화제(스토리)는? (육하원칙을 바탕으로 구체적이면서 요약적으로, 결과에 중점을 두고 서술하라.)
2) 생활 및 감정이입을 잘할 수 있는 인물 유형을 찾고, 이를 변형한다면? (외로움을 떨치기 위해 여러 마리의 애완견을 키우면서 밤마다 채팅을 하는 여자, 자식을 위해 헌신적이지만 정작 희생적 삶을 보상받기 위해 아들을 구속하는 중년 여자, 가난의 굴레에서 벗어나기 위해 돈을 쫓지만 돈의 노예가 된 기업가 등)

3) 등장인물에게 투영하고 싶은 중심 소재와 테마는?
(혀, 가위, 욕조, 그네 등/배신의 대가, 참회와 용서, 숭고한 사랑 등)

작품 감상 및 토론

『지각대장 존』의 작가 존 버닝햄은 영국을 대표하는 그림책 작가이다. 대안학교로 유명한 서머힐 스쿨에서 교육을 받은 그는 어린 시절의 체험을 바탕으로 많은 작품을 남겼다. 그림책을 읽고 주제와 작가의식을 살펴보자.

학생 창작품 감상 및 토론 — 창작 동화

다음은 어린이가 학교에서 붕어 모빌을 만든 후 직접 제작한 그림책이다. 동화를 감상하면서 체험과 창작, 주제에 대해 이야기해 보자.

붕어 작명소

이한솔(염경초교 4학년)

(1)
오늘, 친구들이 붕어를 만들었어요.
친구들은 열심히 색칠하고 잘랐어요.
게다가 더 귀엽게 만들려고 속을 빵빵하게 채웠지요.
그렇게 완성된 붕어들은 창가에 달렸어요.
붕어들은 낮 동안 아주 심심하게 쥐 죽은 듯이 있었어요.
곧 친구들이 하교하고 떠들썩하던 교실은 조용해졌어요.
학생들은 돌아가고 선생님만 남으신 거죠.
붕어들은 더욱더 심심해졌어요.

(2)
사실 붕어들은 사람들이 없으면 말을 할 수 있었어요.
심심하지만 계속 참았는데 그나마 떠들고 있던 학생들이 가니까 지루할 만도 하지요.

드디어 선생님이 가시고 붕어들만 빈 교실에 남았어요.
그러니까 붕어들이 말을 할 수 있게 된 거예요.

(3)
"선생님이 가셨어!"
"휴, 심심해서 혼났네!"
오랫동안 기다렸던 붕어들은 시끄럽게 떠들었습니다.
교실은 곧 떠들썩해졌어요.

(4)
한솔이가 만든 한솔이 붕어는 다른 붕어들과 막 떠들다가 갑자기 생각에 잠겼어요.
그러다가 말했어요.
"우리도 이름을 좀 만들까? 더 친근하잖아."
"맞아! 만들자!"
한솔이 붕어의 의견에 모두가 동의했어요.
그러자 한솔이 붕어는 작명소를 지었어요.

(5)
한솔이 붕어의 작명소에는 많은 붕어들이 찾아왔어요.
한솔이 붕어는 붕어들의 특징을 살려 알맞은 이름을 지어주었어요.
화려한 붕어에게는 '공주 붕어', 무지개 색 붕어에게는 '무지개 붕어'라는 이름을 주었답니다.
모두들 한솔이 붕어에게 고마워했어요.

(6)
며칠 후, 거의 모든 붕어가 이름을 가지게 되었어요.
그래서 붕어들은 더 친하고 편하게 되었어요.
모든 붕어들은 이름 덕분에 조금 더 행복해졌어요.
하지만 한 붕어는 이름이 없었어요.
그는 바로 한솔이 붕어였어요.
다른 붕어들은 한솔이 붕어를 '한솔이 붕어'나 '작명가 붕어'라고 불렀어요.
하지만 한솔이 붕어는 제대로 된 이름은 없었어요.

(7)
친구들은 한솔이 붕어에게 '똑똑이 붕어', '알록달록 붕어' 등을 추천해 주었지만, 한솔이 붕어는 다 마음에 들지 않았어요. 그러고는,
"나한테는 한솔이 붕어가 제일 잘 어울려. 난 한솔이 붕어야!"라고 했어요.
이제 한솔이가 만든 붕어는 진짜 '한솔이 붕어'라는 이름을 가지게 된 거예요.

(8)
그 후로 붕어들은 모두 행복하게 살았답니다.
작명가 한솔이 붕어의 의견이 모두를 행복하게 하는 데 큰 도움이 된 거예요.

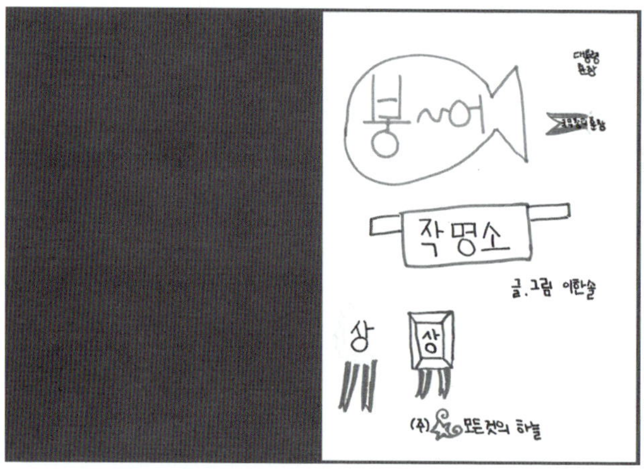

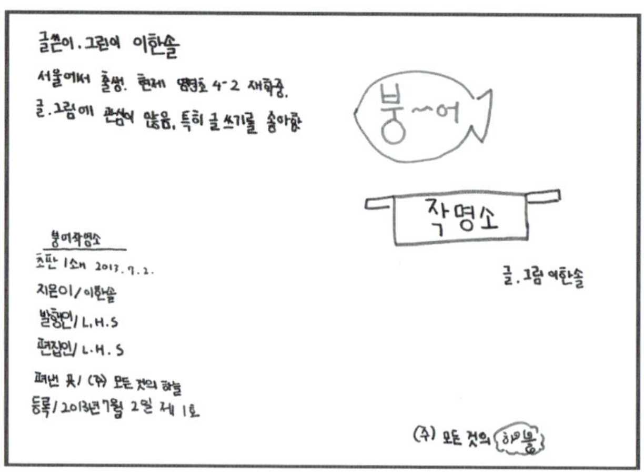

오늘, 친구들이 붕어들을 만들었어요. 친구들은 열심히 색칠하고 잘랐어요.
게다가 더 귀엽게 만들려고 속을 빵빵하게 채웠지요. 그렇게 완성된 멋진 붕어들은 창가에 달렸어요. 붕어들은 낮에는 아주 심심하게 지루한 듯이 있었어요. 곧 친구들이 하교하고 떠들썩하던 교실은 조용해졌어요. 학생들은 돌아가고 선생님만 남으신 것이죠. 붕어들은 더욱더 심심해 졌어요.
1
사실, 붕어들은 사람들이 없으면 말을 할 수 있었어요. 심심했지만 계속 참았는데 그나마 떠들고 있던 학생들이 가니까 지루할 만도 하지요. 드디어 선생님이 가시고 붕어들만 빈 교실에 남았어요. 그러니까, 붕어들이 말을 할 수 있게 된 거예요.
2

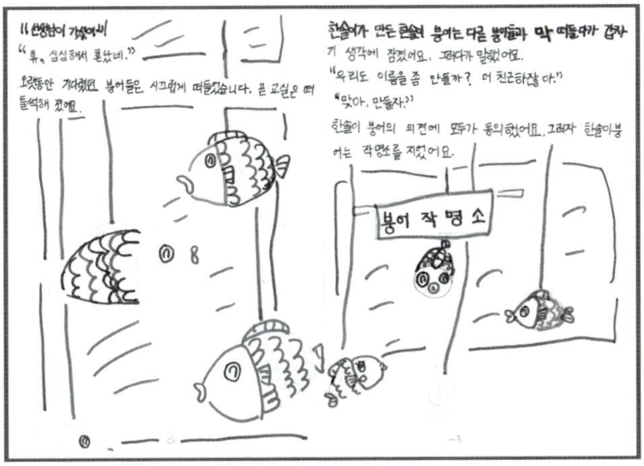
"선생님이 가셨어~"
"휴, 심심해서 혼났네."
오랫동안 기다렸던 붕어들은 시끄럽게 떠들었습니다. 곧 교실은 떠들썩해 졌어요.
한솔이가 만든 한솔이 붕어는 다른 붕어들과 막 떠들다가 갑자기 생각에 잠겼어요. 그러다가 말했어요.
"우리도 이름을 좀 만들까? 더 친근하잖아."
"맞아, 만들자."
한솔이 붕어의 의견에 모두가 동의했어요. 그러자 한솔이 붕어는 작명소를 지었어요.
붕어 작명소

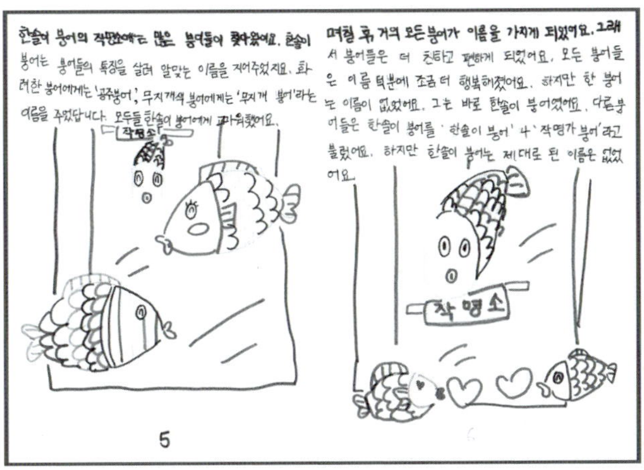
한솔이 붕어의 작명소에는 많은 붕어들이 찾아왔어요. 한솔이 붕어는 붕어들의 특징을 살려 알맞는 이름을 지어주었지요. 화려한 붕어에게는 '공주붕어', 무지개색 붕어에게는 '무지개 붕어'라는 이름을 주었답니다. 모두들 한솔이 붕어에게 고마워했어요.
작명소
며칠 후 거의 모든 붕어가 이름을 가지게 되었어요. 그래서 붕어들은 더 친하고 편하게 되었어요. 모든 붕어들은 이름 덕분에 조금 더 행복해졌어요. 하지만 한 붕어는 이름이 없었어요. 그는 바로 한솔이 붕어였어요. 다른 붕어들은 한솔이 붕어를 '한솔이 붕어' 나 '작명가 붕어'라고 불렀어요. 하지만 한솔이 붕어는 제대로 된 이름은 없었어요.
작명소
5

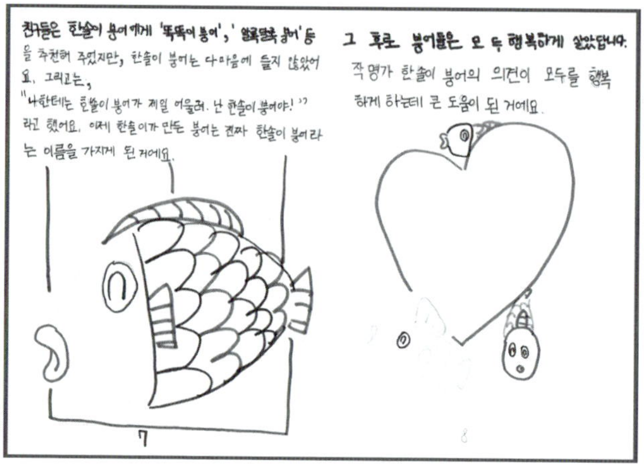
친구들은 한솔이 붕어에게 '똑똑이 붕어', '알록달록 붕어' 등
을 추천해 주었지만, 한솔이 붕어는 다 마음에 들지 않았어
요. 그리고는,
"나한테는 한솔이 붕어가 제일 어울려. 난 한솔이 붕어야!"
라고 했어요. 이제 한솔이가 만든 붕어는 진짜 한솔이 붕어라
는 이름을 가지게 된 거에요.
7
그 후로 붕어들은 모두 행복하게 살았답니다.
작명가 한솔이 붕어의 의견이 모두를 행복
하게 하는데 큰 도움이 된 거에요.

창작연습

자신의 체험과 관심사를 바탕으로 짧은 그림동화를 창작해 보자.

06

인물의 형상화 방법

1 인물의 형상화

인물의 형상화(形象化)란 형상이 없는 것을 형상이 있는 것으로 만드는 것을 말한다. 주로 소설이나 희곡 같은 서사문학의 요소로 생각되지만 모든 문학 작품의 필수불가결한 요소이다. 문학은 갈등을 겪는 인간의 모습을 보여주며, 사람의 본성과 행동은 긴밀한 관계가 있기 때문이다.

특히 현대 소설은 인물의 성격 창조와 묘사에 더욱 치중하는데, 인물은 소설에서 사건의 주체이며 작가의 주제의식을 담는 중요한 요체이기 때문이다. 좋은 작품은 독자와 인물을 가까워지게 만들고 마침내는 하나의 공통된 의식으로 동일화하게 만든다. 즉 인물을 통해 독자를 납득시키고 감동시키기 때문에 인물에 대한 고찰은 창작을 위한 필수조건이다.

성격을 구현한다는 것은 인물을 허구적으로 창조한다는 뜻이며 성격 구현은 크게 두 가지로 나뉜다. 인물을 직접 소개하고 설명하는 직접한정의 방법과 인물의 행위와 내면을 보여주는 간접제시의 방법인데 이를 적절히 사용하여 인물을 구체화한다.

일반적으로 '직접한정 말하기(telling)', '간접제시 보여주기(showing)'라고 하며 한 편의 작품에서 간접제시가 직접한정보다 많은 부분을 차지한다. 보여주기는 긴장을 유발하고 독자 스스로 인물의 성격을 파악할 수 있는 장점이 있어 현대소설에서 즐겨 다루는 방법이다. 독자가 인물을 파악하는 데 시간과 노력을 필요로 하나 실존하는 인물처럼 생생하게 묘사하는 데 적절하다. 작가는 인물의 말과 행동, 심리 등을 제시하면서 행동의 동기와 문제, 기질을 독자들로 하여금 추론하도록 맡긴다.

인물의 유형은 평면적/입체적, 전형적/개성적, 주동/반동, 희극적/비극적 인물로 나뉜다.

평면적 인물은 일관성 있는 동일한 성격으로 제시되고, 입체적 인물은 내면을 다각적으로 제시하면서 새로운 면모를 드러낸다. 신부나 형사, 학생처럼 직업, 나이, 지역 등 그 전형성이 드러나면 전형적 인물이라 하고 상식이나 관념을 벗어난 새로운 면이 드러나면 개성적 인물이라고 한다. 주동인물과 반동인물은 주인공과 이를 방해하는 인물을 구분한 것이며, 주인공의 욕망 성취와 행·불행으로 구분할 때 희극적 인물, 비극적 인물이라고 한다.

인물의 성격은 일관성뿐만 아니라 독특성이 필요하다. 많은 사람들이 수긍할 수 있는 보편성과 개별적 인간이라는 특수성을 보여줄 수 있어야 한다. 결국 인물의 성격 구현은 보편과 특수, 추상과 구상의 융합으로 가능하다.

「쓰리, 몬스터」는 2002년 아시아 최초로 한국, 중국, 일본이 만든 합작영화로 증오, 탐욕, 질투를 주제로 한 옴니버스 형식의 이야기이다.

박찬욱 감독의 「컷」에는 촉망받는 영화감독 류지호와 그의 아내, 괴한과 아이가 등장한다. 류지호는 부와 명성과 미모의 아내까지 둔 인물로 착한 성품의 인물이다. 괴한은 감독이 착하다는 이유로 범죄를 저지른다. 한때 류지호의 영화에서 엑스트라로 출현했던 괴한은 착하고 완벽한 류지호가 괴물로 변하는 모습을 보기 위해 연극적 상황을 만든다. 괴한의 덫에 걸린 류지호를 통해 박찬욱 감독은 다면체적인 인간의 본성을 여실히 보여준다.

류지호의 아내 또한 아름답고 우아한 피아니스트이지만 괴한에게 납치당해 손가락을 잘리는 과정에서 이성을 상실한다. 공포와 두려움, 잔학성이 류지호와 대비적으로 나타나며 내연의 관계가 폭로되기도 한다. 그녀의 괴물성은 자신의 손가락이 믹서에 갈리는 상황에서 극에 치닫는다.

괴한은 인간 내면에 숨겨진 괴물의 본성을 끌어내기 위해 연극적인 상황으로 몰고 간 장본인이다. 어린 시절 부모의 학대, 가난과 외로움, 엑스트라로 살 수밖에 없는 사회적 현실 등이 분노와 증오를 낳고 완벽한 인간상인 류지호를 대상으로 표출된다. 엑스트라가 연극의 주인공이 된 듯 상황을 연출하고 주도해 나가는 모습, 느릿느릿한 충청도 말씨와 순박한 얼굴, 잔인함 속에 웃음을 유발하는 코믹함 등은 무거운 주제, 그로테스크한 상황과 상반되어 극적 긴장감을 고조시킨다.

아이 또한 관객의 관념을 깨뜨린다. 아이를 구하기 위해 엑스트라를 죽인 류지호는 아이의 실체가 드러나면서 딜레마에 빠지고, 아이는 복수를 다짐하며 또 다른 악마 탄생을 예고한다. 이 영화는 끔찍한 딜레마에 빠진 주인공들을 통해서 인간 내면에 존재하는 괴물성에 대해 인상 깊게 보여준다.

2 인물 구현 단계

다음 제시된 그림을 보고 공통점과 차이점을 이야기해 보자.

인물의 형상화 단계 보기

①

②

③

①, ②, ③은 모두 사람이며 개별적인 특성을 지닌다. 무엇보다 실재하지 않는 허구의 인물이라는 공통점이 있다. 차이점을 살펴보면 다음과 같다.

①은 두상만 있을 뿐 온전한 인물이 아니며 성별, 표정을 판단하기 어렵다. 그에 비해 ②는 신체, 성별, 표정 등이 명확하게 구분된다. 무엇보다 농구를 하고 있는 구체적 상황을 알 수 있으며 역동적인 움직임이 있다. 인물마다 옷과 피부색, 헤어스타일 등 개성이 있으며 인물의 배치를 통해 주인공과 주변인물의 관계, 배경을 유추할 수 있다. ②는 ①에 비해 구체적이며 생동감이 있다.

③은 영화로 제작된 『해리포터』 시리즈의 포스터로, 마법학교와 비구름을 통해 시간적·공간적 배경이 제시되어 있고 배우가 직접 연기했기에 보다 사실적이며 인물에 동화되기 쉽다. 소설이나 영화 속의 인물이 살아 있는 것처럼 느끼는 것은 ③의 인물이 ①, ②에 비해 생명력이 있기 때문이다.

다시 말하자면, 인물을 형상화하는 단계는 크게 세 가지로 나누어진다.

① 구상, 스케치 단계 → ② 구성 단계 → ③ 생명력을 불어넣는 단계이다.

작품을 다 읽었는데도 주인공이 제대로 그려지지 않는다면 구상의 단계부터 다시 점검해야 한다. 인물이 시각적으로 그려지나 어떤 상황에서 다른 인물들과 구별되지 않는다면 구성 단계에서 보완해야 한다. 인물이 구체적으로 제시되었는데도 쉽게 잊힌다면 매력이 없거나 공감할 수 없는 인물이기 때문이다. 우리 주변에 있는 많은 사람들 중에 내 마음을 사로잡는 사람, 마음을 열게 하는 사람을 찾아보면 도움이 된다. 텔레비전, 영화, 기사를 보면서 나를 감동시킨 사람이 있다면 바로 그 사람이 생명력 있는 인물이다.

다음은 인물의 형상화에 성공한 맹구와 대장금이 짧은 대화를 나누는 장면이다. 맹구와 대장금이 된 것처럼 역할을 나누어 상황을 연출해 보고 어떤 정보를 얻을 수 있는지 이야기해 보자.

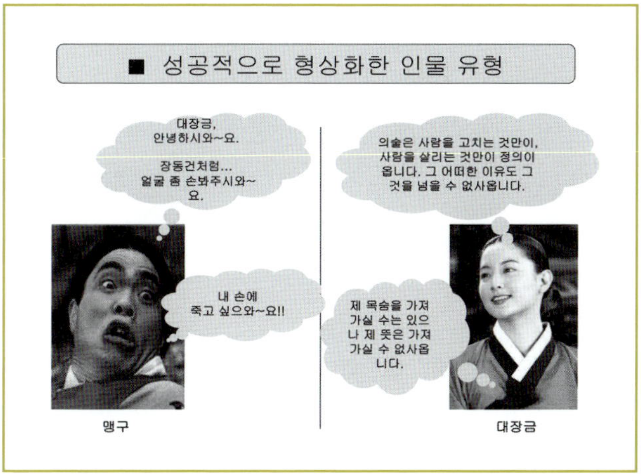

짧은 대화를 통해 우리는 두 사람의 말투(말씨, 억양 등), 이름, 직업, 학업의 정도, 욕구, 성격, 직업관, 가치관 등을 파악할 수 있다. 첫인상도 중요하지만 누군가와 대화를 나누어 보거나 어떤 상황을 함께 겪고 나면 그 사람의 성격, 환경, 습관, 가치관, 가능성 등을 엿볼 수 있게 된다. 인물에 대한 정보와 내면은 대화 및 뜻밖의 상황을 통해 자연스럽게 드러난다.

3 인물의 형상화 방법

1) 육체적 외모

허구의 인물이라 할지라도 그 인물은 작가가 관찰하고 탐구하여 탄생시킨 인물로 특수성과 보편성을 동시에 갖는다.

육체적 외모는 유전적으로 만들어진 신체와 후천적으로 표현하는 겉모습을 말하는데, 독자는 외모를 통해 이미지를 그리기 시작한다. 그러나 인물을 시각적으로 뚜렷하게 인식시키기 위해 일반적인 신체 묘사를 너무 상세히 하게 되면 독자는 그것들을 다 기억할 수 없으므로 획일적인 상상만 가능케 하는 묘사는 오히려 인물의 개성을 해칠 수 있다.

소설에서 인물의 외양은 성격과 관련이 있다. 특히 독특한 외양이나 신체적 특징은 독자의 머릿속에 구체적으로 그려져 생생히 기억될 뿐만 아니라 앞으로 벌어질 사건과 갈등을 짐작케 하므로 작가는 사건과 주제를 암시할만한 인물의 특징적인 부분을 강조하여 묘사하거나 희화화한다.

(예시 1) 이십대 중반 정도의 젊은 남자는 벌써 삼십 분이 지나도록 렌즈 하나를 제 눈에 끼워 넣지 못하고 있었다. 실패할 때마다 렌즈를 식염수에 헹궈준 것이 벌써 스물다섯 번이 넘었다. 드물기는 하지만 한 번에 잘 착용하는 사람이 있는가 하면 이 젊은 남자처럼 수십 번을 해도 잘 끼지 못하는 사람들이 있다. 눈이 작고 속눈썹이 많은 사람들일수록 그렇다.
남자는 내가 제 얼굴에 손을 댔을 때부터 땀을 흘리기 시작하였다. 에어컨을 틀어놓은 지금, 실내온도는 이십사 도를 넘지 않을 것이다. 만약 내가 여자 안경사가 아니었다면 어쩌면 남자는 땀을 흘리지도 않고 단번에 렌즈를 꼈을지도 몰랐다. 떨려고 그러는 게 아닌데, 하면서 남자는 아래위 속눈썹과 두 손을 파르르 떨었다. 내 예감이 틀리지 않는다면 결국 저 남자는 집에 가서 연습하고 올 테니 식염수나 많이 달라고 하면서 가게를 나가버릴 것이다. 쪽문을 밀고 부엌으로 가 냉장고에서 박카스 한 병을 꺼내왔다. 남자는 박카스 한 병을 두 모금에 다 마시더니 다시 얼굴을 거울로 들이밀었다. 나는 아침에 본 신문을 펴고 소파에 앉아서 거울을 깨고 안으로 들어가 버릴 듯한 남자의 흰 등을 곁눈질해 보았다. 청바지를 입고 있는 의자에 눌린 엉덩이가 럭비공처럼 단단해 보였다. 나는 와락와락 소리를 내서 자꾸만 신문을 넘기고 또 넘겼다. 서른이 넘은 여자의 예감은 그 적중률이 매우 높다. 그것은 어쩌면 변형된 다른 형태의 삶의 기술일지도 모른다. 남자는 럭비공처럼 탄탄한 엉덩이에서 손수건을 꺼내 얼굴을 문질러대더니 집에 가서 해보고 내일 다시 오겠다고 했다.

– 조경란 『블란서 안경원』 중에서

(예시 2) H의 자유분방한 태도는 흔히 말하는 개방된 사고방식에 의한 것이 아니라 어렸을 때부터 외국에서 살아온 습관에 의한 것이었다. 처음 만난 여자와 잠자리를 같이 할 수 있는 게 개방된 사고방식이라면 그는 가장 개방된 사고영역을 가진 인물이었으며 그 분야에서 최고의 능력을 보유한 자라고 할 수 있었다. 그렇게 잘생긴 외모는 아니었지만 긴 머리와 비싼 옷이 어느 정도 그를 커버해 주고 있었다. 그러나 조금만 유심히 살펴본다면 부주의하게 뻗어 있는 눈썹이나 약간 균형을 잃고 한 쪽으로 쏠려 있는 눈동자를 볼 수 있었는데 그 눈동자엔 부르주아 특유의 빛이 어려 있었다. 그 눈빛은 한없이 너그러울 때도 있었지만 대부분은 상대를 의심스럽게 쳐다보고 있었다.

신촌 철길 옆 삼겹살 골목에서 돼지 목살이라도 몇 근 구워 먹는 날이면 우적우적 씹어대는 H의 뒤틀린 입술 언저리로 식용유 기름처럼 돼지기름이 흘러내리는 것을 볼 수 있었다. 그것은 마치 링고 스타의 투명한 콧수염처럼 보이곤 했다.

– 장혜련『구멍』중에서

2) 명명(命名)

작가는 인물에 이름이나 별명, 애칭 등 호칭을 부여하는데 이를 통합적으로 명명(命名, Appellation)이라 한다. 이름을 짓는 것은 인물의 형상화에 있어 가장 단순한 형식이지만, 이름을 통해 많은 연상이 일어나기 때문에 유의해야 한다.

명명은 한 인물의 과거의 일부인 동시에 그 인물 존재의 확실성을 부여하는 장치이기 때문에 인물의 성격과 사건, 소설의 분위기, 주제 등과 잘 어울리는지 고민해야 한다.

(예시 1) 뱀잡이. 그게 군대에서의 나의 별명이었다. 어느 봄날, 작업장에서 돌아오다가 볕을 쬐러 나와 바위 위에 몸을 사리고 있는 꽃뱀을 한 마리 만났었다. 나는 그놈의 가죽을 벗기어 고운 나무토막에다 입혔다. 그것을 소대장에게 지휘봉으로 바친 것이 내가 정말 뱀잡이가 되어 버린 인연이었다. 중대장이 그 지휘봉에 눈독을 들였다. 중대장에게도 하날 새로 만들어 선물했다. 그랬더니 온 대대 안의 장교와 고급 하사관들이 그 뱀가죽 지휘봉을 갖고 싶어 했다. 나는 매일 틈만 나면 회초리를 저으며 뱀을 찾아 다녔다. 만나는 놈마다 가죽을 벗겼다. 특히 빛깔이 좋은 놈을 만나는 날은 하루 종일 기분이 좋아서 뱀을 더 찾지도 않고 놀았다. 그중에서도 살모사의 가죽은 일품에 속했다. 이놈의 가죽은 대대 안에서도 꼭 대대장 같은 한 사람의 지휘봉밖에 입혀 주지 못했었다. 다른 장교들이 얼마나 그것을 갖고 싶어 했을 것인지 나는 지금 상상할 수도 없다. 살모사를 찾기 위해서 나는 동삼을 찾는 제약사처럼 산이란 산 숲이란 숲은 모조리 뒤지고 돌아 다녔다. 이 살모사가 특히 환영을 받는 데는 또 한 가지 이유가 있었다. 나는 뱀을 잡으러 나갈 땐 반드시 항고를 휴대했다. 가죽을 벗긴 뱀의 고기를 항고에 담아 오면 사병들에게 큰 선심을 쓸 수 있었다. 살모사라는 놈은 고기 또한 진미였다. 쇠고기에 비할 바가 아니라고 했다. 그래서 이놈의 고기는 사병에게까지 차례가 가지 않았다. 대대장의 지휘봉을 장식한 놈의 살집은 중대장이 먹었다. 나의 선임하사는 다음부터 살모사의 고기는 아무 말 말고

자기에게 가져오라고 했을 정도였다. 그러지 않으면 다시는 뱀잡이를 내보내지 않겠다는 것이다.

– 이청준『퇴원』중에서

(예시 2) 하나코. 그것은 그들만의 암호였다. 한 여자를 지칭하기 위한 그들 사이의 암호. 물론 그 여자에게도 이름이 있었다. 그 이름은 그들의 도시적 감성에는 그다지 매력적으로 다가오는 이름이 아니었다. 그렇다고 그 때문에 암호를 사용한 것은 아니다. 그리고 하나코 앞에서 그녀를 별명으로 부른 적도 없다. 그들끼리만 모였을 때, 지루하고 전망 없는 하루 저녁 술자리에서 그녀를 지칭하느라 우연히 튀어나온 농담조의 이 별명이 암호가 되었다. 그들은 암호 만들기를 좋아하는 삶의 그리 밝지 못한 단계를 지나고 있었다. 약간씩의 차이는 있지만 그들은 대충 스물 네댓 정도의 나이를 먹었고 모두들 대학 졸업을 앞둔 상태였다. (중략)

그래, 그녀는 코가 아주 예뻤다. 그녀의 용모가 그다지 눈에 띄지 않는 어떤 분위기를 전달하는 반면, 그녀의 코 하나는 정말 예뻤다. 정면에서 보건, 옆에서 보건 일품인 코를 가진 여자. 그래서 붙여진 별명, 하나코. 그러나 이 암호는 그들과 어울려 다니던 시절에 만들어진 것은 아니었다. 그리고 이 별명이 붙여지기 전에, 그녀를 생각하면서 맨 먼저 떠올리는 것이 그녀의 코는 분명 아니었다. 그녀의 별명이 하나코가 된 데는 숨기고 싶은 그들 모두의 실수가 있었다. 아무도 꼼꼼히 되돌아보고 싶지도 않으며, 더욱이 인정하기 싫은 취기 속에서 일어난, 많은 사실들을 숨기고 있었던 작은 실수. 이렇게 별명으로 불러야 마음이 편한 상대를 누구나 한 명쯤 숨겨 가지고 있다면 그들에게 그 대상은 하나코였다.

– 최윤『하나코는 없다』중에서

3) 말씨(speech)

사람마다 억양과 말투, 빠르기, 즐겨 쓰는 어휘 등이 조금씩 다르며 대화를 통하여 출생 지역이나 직업, 교육의 정도와 인품, 현재의 심리나 성격 등을 짐작할 수 있다. 그러므로 작가는 인물을 형상화하기 위하여 말씨(speech)의 방법을 사용한다.

말씨는 대화(중얼거림이나 독백을 포함하여), 즉 담화로 제시되기 때문에 극적인 재미를 더할 수 있고 인물의 개인적 특성뿐만 아니라 사회적 국면까지 보여주기 때문에 인물 형상화에 있어서 중요한 위치를 차지한다.

(예시 1) "성님, 말도 마이소. 인자 우리는 우예 살꼬. 밉든곱든 서방인데 저래 죽고 나면 초롱같은 세 자슥 데불고 우예 살꼬……"
마침내 어머니는 징징 울기 시작한다. 나도 갑자기 서러워진다. 눈에 눈물이 핑글 돈다. 콧마루가 시큰하다.
"네 형부가 지서로 가긴 갔구마는 그 큰 죄를 지었으니 무슨 할 말이 있겠노. 시집 한 번 잘못 가서 니가 이 험한 꼴 안 당하나."
이모는 측은한 목소리로 어머니를 달랜다.
"아이구, 내가 전생에 무슨 죄가 많아서 이 고생이고. 성님 성님, 내 팔자 와 이래 험한교. 오메는 살아생전에 내 귓밥 커서 잘살끼라 카더마는 와 이래 요모양 요꼴로 지지리 가시밭길인교."
어머니의 울음소리가 점점 높아진다.
"오메."
나는 어머니를 부른다. 괴죄죄한 광목치마자락으로 눈두덩을 훔치던 어머니가 나를 본다. 울상이던 어머니의 얼굴에 노기가 서린다.
눈을 부릅뜬다. 어머니는 눈이 크다. 그래서 겁이 많다. 나는 어머니의 눈을 닮았다. 그래서 겁도 많다. 어머니의 날카로운 고함이 내게 떨어진다.
"이노무 빌어묵을 자슥아. 집에 처박혀 있잖고 머하러 왔노?"

– 김원일 『어둠의 혼』 중에서

(예시 2) "무슨 일입니까?"
오빠가 묻자 늙은 형사는 방에서 나오는 여자애를 힐끗거리며 대답했다.
"신고가 들어왔어. 청소년 성매매 사범이라고."
오빠의 미간이 좁혀졌다.
"뭐요? 그러니까 원조교제라 이겁니까? 스무 살짜리하고 열일곱 살짜리하고 원조교제하는 거 봤어요? 돈을 줘야 원조교제죠. 내가 왜 돈을 주고 걔랑 잡니까? 미쳤어요?"
형사는 볼펜으로 머리를 긁적였다.
"그럼 미성년자 약취 유인이겠지. 저 여자 어디 다방에라도 팔아먹으려고 하는 거 아냐? 어쨌든 따라와 봐."
고개를 갸웃거리면서도 순순히 따라가려던 오빠는 문득 무슨 생각이 났는지 형사를 노려보며 물었다.
"누가 신고한 겁니까?"
형사는 무심한 얼굴로 아무 대꾸도 하지 않았다. 그렇지만 오빠는 뭔가 감을 잡은 듯 아빠 방으로 가 문을 두들겼다. 문은 안에서 잠겨 있었다. 머리 나쁜 아빠는 문을 잠금으로써 자기가 신고자라는 걸 인정하고 있었다.
"그놈 그거 얼른 잡아가슈. 거 아주 나쁜 놈입니다."

아빠는 문 저쪽에서 문고리를 잡은 채 외치고 있었다. 결국 오빠와 여자애는 아닌 밤중에 경찰서까지 끌려가서 곤욕을 치러야만 했다. 원조교제, 그러니까 청소년 성매매는 오고간 돈이 없으니 말이 안 되는 거였고 미성년자 약취 유인인가 하는 것도 둘이 합의 아래 동거하는 게 분명하였으므로 성립하지 않았다. 그렇지만 오빠와 여자애는 거의 밤새도록 경찰에게 시달리고 나서야 집으로 돌아올 수 있었다. 오빠는 집에 돌아오자마자 손도끼를 치켜들고 아빠의 방으로 돌진했다. 문이 잠겨 있자 방문을 찍어댔다. 결국 방문은 안이 들여다보일 정도로 부서져버렸다. 아빠도 가만히 앉아서 당하지는 않았다. 야전침대 다리를 들고 침대 위에서 기다리다가 오빠가 방으로 들어오는 순간 고함을 치며 덮쳤으나 이번에도 역시 오빠의 승리였다. 오빠는 간단하게 아빠를 제압하고는 방 안 구석구석을 때려 부쉈다. 철거촌이 따로 없었다. 분풀이를 끝내고 나가는 오빠의 뒤통수에 대고 아빠는 욕을 퍼부어댔다.

"에라이, 이 탈레반 같은 새끼야!"

오빠는 가소롭다는 듯 피식 웃고는 자기 방으로 들어가 버렸다.

– 김영하 『오빠가 돌아왔다』 중에서

4) 버릇과 습관

버릇이란 오랫동안 반복하여 몸에 익어버린 습관을 말한다. 틀에 박힌 일상에 빠져버린 매너리즘(mannerism) 같은 것이든 살면서 무심결에 얻어진 자질 같은 것이든 인간은 누구나 자기만의 버릇을 갖고 있다. 불안하고 초조할 때 손톱을 물어뜯거나 다리를 떠는 것과 같이 버릇과 습관은 의식 깊숙이 깔려 있는 무의식의 세계와 심리를 드러낸다.

특히 위급하거나 긴박한 상황에서는 이를 자제하기 어려워지므로 인물의 겉치레를 벗겨 내면을 폭로하거나 인물의 진실한 감정을 드러낼 수 있다. 즉 습관적인 행동이나 사소한 버릇을 통하여 인물의 본색, 그의 실상, 세계를 대하는 태도가 밝혀지는 것이다.

(예시 1) 남자는 지난겨울부터 지금까지 통틀어 100개가 넘는 쓰레기봉투를 뒤졌다. 쓰레기를 뒤지는 동안 자연스럽게 이 아파트에 사는 90가구의 취향을 조금씩이나마 알게 되었다. 15평의 이 작은 아파트에는 두 부류의 사람들이 산다. 남자처럼 독신이거나 아니면 신혼부부인 한 부류와 자식들을 모두 출가시키고 난 후 큰 집을 되팔고 이사를 들어온 노부부가 그 한 부류이다. 텔레비전에서 선전하는 신제품의 상품들에 민감한 것은 언제나 젊은 사람들이다. 그들에게는 아직까지 모험심이 남아 있다. 포장이 화려하고 열대 지방의 과일이 섞인 펀치류의 음료수도 망설이지 않고 구입한다. 양이나 크기에 비해 값비싼 물건들을 구입하는 것도 그들이다. 그 동안의 자료를 가지고 통계를 낸 적도 있다. 이 아파트에 사는 여자들은 손을 보호하는 성분이 들어간 고급 트리오를 쓰고 직장 여성이 많은 까닭인지 샴푸와 린스 겸용의 샴푸를 쓰며 양 날개가 달린 생리대를 쓴다.
남자는 욕조 안에 흐트러진 쓰레기를 다시 봉투 안에 쓸어 담는다. 물기가 빠진 쓰레기는 그사이 더욱 부피가 줄어 있다. 매듭을 묶은 쓰레기봉투를 들고 다시 일층으로 내려가 쓰레기통 안에 집어넣는다. 바지 주머니에서 담배를 꺼내 문다. 그 여자의 쓰레기를 볼 수만 있었다면 남자는 그 여자의 숨은 성격에 대해서 알 수도 있었을 것이다. 그렇다면 그 여자는 까닭 없이 코발트색에 약하고 입심이 좋고 단정한 옷차림의 남자에게 끌린다는 것을 알아낼 수도 있었을 것이다.

– 하성란 『곰팡이꽃』 중에서

(예시 2) 그날 이후, 이따금 베란다에 나와 앉아 담배 피우는 그 여인의 모습을 보곤 했지요. 대체로 저녁이었습니다. 앞치마를 입고, 머릿수건을 쓰고, 금방 파를 다듬거나 생선을 굽다가 나온 것 같은 모습으로 그 여인은 담배를 피우곤 했습니다. 쇠창살에 기대앉아 발끝을 내려다보거나, 유리문에 기대서서 먼 산을 바라보면서 말입니다. 산이, 점차 어두워지는 산이 웅크린 짐승의 모양으로 보일 때까지, 그 여인은 꼼짝없이 서 있기도 했습니다. 한 달에 한 번쯤은 그런 날이 있는 모양입니다. 달이 부풀어 오르고, 바닷물이 차오르고, 고기들의 배 속에서도 노랗고 토실토실한 알들이 자라나는, 그런 날이 있지요. 남자들은 대체로 밤늦게까지 술집이며 홍등의 거리를 방황하고, 집안에만 있는 여자들도 문득 베란다 밖으로 나와 하아, 깊이 숨을 들이쉬는 그런 날이 있는 모양입니다. 제가 베란다 문을 열고 나갔을 때 그 여인이 먼저 저쪽 베란다에 나와 있었습니다. 그 여인은 쇠창살 난간에 온몸의 체중을 실은 채 잠든 듯 웅크린 산의 등허리를 건너다보고 있더군요. 푸르스름한 달빛에 목덜미가 희게 두드러져 보였습니다. 그 흰 살빛이 기화하여 날아오르듯, 여인의 주변으로 희고 푸르스름한 기운이 퍼지고 있었지요. 여인은 제게 고개를 돌리더니 연기처럼 푸슬푸슬한 웃음을 지어 보였습니다.
"때로, 담배 한 대로 위안이 되는 일도 있지요."

바람처럼 스쳐 지나가는, 그러나 무언가 절박함의 기미가 묻어나는 그런 말투였습니다. 그 여인도 알고 있었나 봅니다. 제가 그 여인이 담배 피우는 모습을 지켜보곤 했다는 사실을 말입니다. 여인은 다시 산 쪽으로 고개를 돌려, 쓰다듬는 듯 한 눈빛으로 산의 등허리를 훑으며 담배 연기를 뿜어냈습니다.

– 김형경 『담배 피우는 여자』 중에서

5) 직업과 취미

사람은 누구나 자신의 취미와 능력을 살려 직업을 갖기를 희망한다. 단순히 돈을 벌어 살아가기 위한 수단으로 직업을 선택한다 할지라도 직업은 그 사람과 무관할 수 없기에 직업과 취미는 한 개인을 알아가는 중요한 정보가 된다.

(예시 1) 자, 오른쪽 둘째손가락에 렌즈를 올려놓고 왼쪽 손가락으로 윗 눈꺼풀을 당겨서 눈을 크게 뜨세요. 네, 그렇게요. 그리고 오른쪽 셋째 손가락으로 아래 눈꺼풀을 아래로 당기면서 이렇게, 이렇게 렌즈를 검은 동자 위에 가볍게 붙이세요. 이때 가까이, 살짝 밀어준다는 느낌으로 하세요. 눈썹이 하나라도 걸리면 안 들어갑니다……. 후후후, 처음엔 땀나지요. 자, 다시 해보세요. 왼손으로, 그렇지요. 그렇게 조금만, 조금만 더 가까이……, 잠깐 쉬었다 할까요? 땀을 너무 많이 흘리시네요. 긴장하지 마세요. 긴장하면 더 안 들어갑니다. 제가 끼워드릴 수도 있지만 본인이 해야 눈이 더 벌어지거든요. 자, 다시 해 볼까요……? 그렇게 네, 네, 조금만 더 가까이……, 이러다 오늘 집에 못 가시겠네요. 골 때린다구요? 골 때리면 아프기만 하죠. 그럼 저는 저기 앉아 있을 테니 혼자 해 보시겠어요? (중략) 렌즈를 제거할 때는 왼쪽 가운뎃손가락으로 아래 눈꺼풀을 당긴 후 엄지와 검지로 살며시, 렌즈를 잡으면 부드럽게 빠집니다. 세척할 때는요, 이 클리너 한두 방울을 떨어뜨린 후에 이삼십 초 가량 그대로 두세요. 이때 단백질 제거까지 다 되는 거예요. 그리고 식염수로 미끄럽지 않을 때까지 닦아주세요. 참, 그리구 렌즈를 착용할 때나 제거할 때 무엇보다 중요한 건 제일 먼저 깨끗하게 손을 씻는 거예요.

– 조경란 『블란서 안경원』 중에서

(예시 2) 누구를 미워하다가 지치게 되면 그 사람이 되게 늙는 모양이다. 어머니는 해묵은 마당의 늙은 안주인처럼 홀로 앉아 언젠가 오기로 한 손님이나 맥없이 기다리는 듯싶었다. 이 늙은 여주인은 화투로 하루의 운을 점쳐 보곤 했는데 '우산을 든 손님'이 떨어지지

않으면 그날도 그가 오지 않을 모양이라고 심란한 표정으로 고개를 주억거렸다.
어쩌면 한참 후에야 올 그 '손님'이 어머니의 애간장을 다 녹이고 대신 단풍 같은 '근심'만 어머니의 마음을 울긋불긋하게 어지렵혀 놓는 것 같았다. 탁. 탁. 기어이 '손님'의 멱살이라도 잡아끌고 오려는 듯 집요하게 화투를 쳐대는 어머니 때문에 나는 밤마다 두통에 시달렸다. 그 소리는 선명했던 내 기억을 함부로 뭉개 버려서 나는 역사를 잃은 식민지의 후예처럼 앓았던 것이다. 나는 그때마다 아버지가 몹시 그리웠다.

– 이혜진 『소인국』 중에서

(예시 3) 오늘 또 한 개의 구멍을 뚫는다. 살갗을 파고드는 금속성의 차가움. 미간을 찌푸릴 때마다 텅스텐 조각은 눈썹 위에서 반짝인다. 언제나 이곳에 달고 싶었다. 드디어 뚫었다는 희열감에 녀석의 이름까지 날려 버린다. 별 볼 일 없는 녀석이었지만 이 정도 위치쯤에는 뚫어 줘야지. 눈썹 위에 작은 구멍만을 남긴 채 H는 내 머리 속에서 지워진다.
얼음을 띄우고 소금을 조금 뿌린 코카콜라를 단숨에 들이켠다. 언젠가 녀석을 만나면 웃으면서 콜라 한 잔쯤 같이 마실 수 있으리라. 목구멍을 타고 내려가는 알싸한 액체 속에 묻어 비릿한 것이 스멀스멀 올라온다. 마른 갈증이 혓바닥에 달라붙는다. 얼음 알갱이를 우적우적 씹으며 J에게 고맙다는 윙크를 해준다. J는 내 몸의 구멍을 대부분 뚫어 주었다. 일본에서 옷 만드는 걸 배웠다는 그는 드럭 한 구석에서 표 받는 일을 하고 있다. 아르바이트로 피어서 일도 하는데 사실 어느 게 그의 진짜 일인지 구분이 가지 않는다. J에게 구멍 뚫는 기구 따위는 필요가 없다. 피어싱 끝을 갈아 손으로, 그냥 압정 꽂듯이 푹푹 몸 어느 곳이던 피 한 방울 나지 않게 구멍을 뚫을 수 있었다. 살갗을 이완시키는 그의 손놀림은 부드럽다. 그러나 무엇보다 그가 인기 있는 이유는 일본에서 직접 가지고 온 특이한 모양의 각종 귀걸이 때문이다.
오늘 나는 별 모양의 바벨을 꽂았다. 남들이 다 하는 둥근 바벨은 성미에 안 맞는다. 눈썹 위에서 반짝이는 별. 지구로부터 수억 년 떨어져 있는 혹성 49라는 외계 별. 계단 밑의 지하에서는 기타줄 위로 K의 손이 빠르게 질주하고 있다. 곧이어 드럼이 바닥을 기어가며 기타를 뒤쫓는다. 40초가 넘는 전주는 광폭하게 외계별을 선회하며 끊임없이 송신전파를 내보내고 있다. 뇌파를 타고 흐르는 전자기타와 드럼의 울림. 크래쉬 심벌을 치고 있는 호두나무 스틱과 86년 산 깁슨 줄을 퉁기는 분홍색 피크가 금방이라도 부러질 것 같다. 여섯 개의 구멍이 뚫린 내 왼쪽 귀는 예민해진다. 귓바퀴의 연골을 타고 둥 둥 흘러 들어오는 신호를 놓치지 않기 위해 귀를 바짝 세운다. 내 귀는 남들과 조금 다르게 살아 움직인다. 그러니까 신경 하나하나가 귀까지 끊어지지 않고 이어져 높은 청음력을 갖게 된 것이다. 까맣고 작은 구멍 안으로 수많은 소리들이 쏟아지지만 어떤 것이 진짜 음악인지는 달팽이관에 걸려 달그락거리는 것을 들어보면 금방 알 수 있었다. 목소리가 들린다. K의 속삭이는 듯한 인트로 부분이 시작되고 있다. '혹성 49'의 나머지 멤버들은 숨을 죽이며 K의 입술만을 뚫어지게 쳐다보고 있을 것이다.

– 장혜련 『구멍』 중에서

6) 타인에 대한 태도

소설에서 사건(accident)은 인물(character)에 의해 이루어지므로 인물과 행동(action)은 분리할 수 없으며, 인물의 형태를 통하여 소설의 구조를 고찰할 수 있다. 속내를 감추거나 허세와 위장으로 가식적인 행동을 하더라도 인물이 예기치 못한 상황, 중요한 선택을 해야 하는 경우에는 자신도 모르게 성격이 노출되기 마련이다.

이렇게 인물은 타인에 대한 태도를 통해서 행동의 동기가 되는 원인을 제시한다. 이때 중심인물에 대한 타인들의 태도도 나타나게 되는데, 이 또한 인물을 형상화하는 좋은 방법이다. 타인들의 태도는 관찰되는 인물이나 관찰자 자신을 객관적으로 볼 수 있도록 하면서 독자로 하여금 인물과 상황을 선명하게 통찰할 수 있게 해 준다.

(예시 1) 이발소에서였다. 키가 작아 의자에 널판자를 얹고 앉아 나는 어머니가 일러 준 대로 말했다.
상고머리예요. 가뜩이나 밉상인데 됫박머리는 안 돼요.
그런데 다 깎은 뒤 거울 속에 남은 것은 여전히 됫박머리였다.
이왕 깎은 걸 어떡하니, 다음번에 다시 잘 깎아 주마.
그러길래 왜 아저씨는 이발만 열심히 하지 잡담을 하느냔 말예요.
나는 바락바락 악을 썼다. 마침내 이발사는 덜컥 의자를 젖히며 말했다.
정말 접시처럼 발랑 되바라진 애구나, 못쓰겠어, 엄마 뱃속에서 나올 때 주둥이부터 나왔니?
못 쓰면 끈 달아 쓸 테니 걱정 말아요. 아저씨는 손모가지에 가위부터 들고 나와 이발쟁이가 됐단 말예요?
이발소 안이 와아 웃음바다가 되었다. 나는 의기양양해서 사람들을 둘러보았다. 웃지 않는 건 이발사와 구석자리의 의자에 턱수건을 두르고 앉은 젊은 남자뿐이었다. 그는 거울 속에서 물끄러미 나를 보고 있었다. 나는 문득 그가 중국인 남자라고 생각했다. 길 건너 비스듬히 엇비낀 거리에서만 보았을 뿐 한 번도 가까이서 본 적이 없었으나 그 알 수 없는 시선의 느낌이 그러했다. 나는 목수건을 풀어 탁 거울 앞에 던져 놓았다. 그리고 또각또각 걸어 나가 두 손으로 허리를 짚고 문께에 서서 말했다.
죽을 때까지 이발쟁이나 해요!

– 오정희 『중국인 거리』 중에서

(예시 2) "성이 완전히 빈껍데기라고 해도 그렇죠. 처음부터 여자는 제 속으로 낳은 자식에게 제 성을 따르게 하지 않고 남자 성을 따르도록 한 것은 여자가 그만큼 못났다는 증거 아녜요?"
"사람이 이름 외에 성을 갖게 된 역사는 인류의 역사에 비하면 아주 짧은 거니까, 성은 굉장히 문화적인 거고 확실히 여자의 경제적 열등과 관계가 있겠지요. 그렇지만 남자가 잘나서 그 권리를 차지했다기보다는 여자는 처음부터 자식에게 자기 성을 따르게 하고 싶은 욕심을 부릴 필요가 없었다고 생각하는데요. 여자에겐 자기 자식이라는 게 너무도 분명하니까요. 애를 배고 낳는 여자의 수고를 남자는 동정도 하지만 질투하는 마음도 있거든요. 어미는 제 자식이라는 걸 의심할 필요가 없으니 얼마나 좋을까 하고요. 그만큼 아비의 의식의 저 밑바닥엔 과연 내 자식일까 하는 의구심이 도사리고 있다는 얘기가 되겠지요. 그걸 꿰뚫어본 여자는 아이가 아빠 닮은 걸 강조하고 한편 부계의 성으로 네 자식이 틀림없다는 걸 문서화까지 해 주고 대신 부양의 의무를 씌운 게 아닐까요."
"그럴듯하군요. 그렇지만 인간이 동물과 다른 게 뭔데 문화적인 걸 무시할 수가 있습니까?"
"무시하자는 게 아니라 더욱 문화적이 돼야죠. 후손의식을 확대시키는 것입니다. 딸도 아들과 마찬가지로 혈통을 이어 간다, 정도로도 사실은 부족합니다. 딸도 못 가진 사람에게도 후손의식은 있고 제도적으로 자식을 가질 수 없는 성직자라도 제대로 된 성직자라면 반드시 후손의식이 있을 겁니다. 내가 죽은 후에도 세상은 이어져야 한다는 믿음이 오늘을 함부로 살 수 없게 하는 후손의식이고, 민족애 더 나아가서는 인류애가 되는 거 아니겠어요."
나는 한숨을 쉬었다. 그에 대해 말할 수 없는 연민을 느꼈다.
"그렇게까지 치밀하게 딸을 안 섭섭해 할 구실을 준비해 가지고 있는 걸 보니까, 도대체 얼마나 섭섭했으면 저 정도가 된 걸까 되레 동정이 갑니다."
약을 올리고자 한 것은 아니었다. 솔직한 내 심정이었고 이제 그만 듣고 싶다는 표시이기도 했다.

– 박완서 『꿈꾸는 인큐베이터』 중에서

7) 과거와 의식의 흐름

과거와 의식의 흐름(stream of consciousness)은 인물의 현재를 말해 주는 가장 강력한 근거가 된다. 인물이 현재 어떤 결정이나 행동에 문제가 있다면 그 원인과 동기를 과거에서 찾을 수 있고, 갈등을 겪는 심리 상태 또는 내면세계가 의식의 흐름을 통해 드러나기 때문이다.

의식의 흐름 기법은 미국의 심리학자 윌리엄 제임스(W. James)가 사람의 정신

속에서 생각과 의식이 끊어지지 않고 연속된다는 견해를 말하면서 사용한 용어에서 비롯되었다.8)

작가가 상실의 상처를 안고 살아가는 인물의 내면화 경향을 드러내기 위해 발휘한 의식의 흐름은 주로 내적 갈등을 다룬 심리소설에서 많이 사용된다. 이 기법은 감정, 기억, 생각, 특히 예측할 수 없는 자유 연상, 비논리적인 환상의 장면들이 뒤섞여 나타나기 때문에 작품을 이해하기가 쉽지 않으나 인물의 정신적 과정과 무의식의 세계를 사실적으로 드러낼 수 있어서 독자를 인물의 의식 속으로 들어가게 해 주는 장점이 있다.

(예시 1) 남들은 그럴 리가 없겠지만 나는 푸른 빛깔을 띤 라면을 본 기억이 있다. 쑥이나 차로 만든 풀색의 것이 아니라 푸른빛으로 된 라면, 이를테면 남빛 벨벳 커튼 자락에 조용히 스민 오후의 햇빛 같은, 혹은 인디고블루의 시폰 블라우스가 살갗에 닿아 있을 때 볼 수 있는 그런 색으로 된 라면 말이다. 아마 아버지가 죽은 지 보름만의 일이었을 게다. 그날은 사막에서 걸려 온 감이 먼 전화를 받고 거기로 갔던 어머니가 돌아온 지 열흘만이었으며 내가 막 초경(初經)을 겪은 날이기도 했다.

밥 때도 아닌데 어머니는 라면 두 그릇이 오른 칠이 벗겨진 마호가니상 앞으로 나를 불러 앉혔다. 가난한 제사라도 지내듯이 김치보시기 하나 없는 상차림이었지만 퍽 엄숙한 분위기를 연출하고 있었다. 말없이 나를 보는 어머니의 눈길은 또 얼마나 단호해 보였던가. 그런데 그런 상황에서도 나는 주책없이 식욕이 발동해 이미 젓가락으로 라면을 휘젓고 있었다. 그때 어머니가 이러고 물었다. 우리도 죽을까? 그래서 나는 이랬다. 엄마, 나는 아직 죽기 싫어! 순간 어머니의 얼굴에서 핏기가 가시는 듯싶었다. 그리고 라면을 먹으려고 한껏 입을 벌렸을 때 내게 날아든 것은 어머니의 매운 주먹이었다. 맙소사! 얼얼해진 턱을 감싸 쥐고 멍하니 어머니와 라면을 번갈아 보고 있을 때, 그때 내 눈에 얼른 잡혀든 라면 빛깔이 바로 그러했다는 것이다.

— 이혜진 『소인국』 중에서

(예시 2) 검표원은 나의 허락도 없이 쑥 들어왔다. 나는 그에게 누구냐고 물어 보았다.
"나? 너 같은 어린애를 잡아먹는 호랑이."

8) 의식의 흐름(자유 연상)을 내적 독백이라고도 하는데, 직접적인 내적 독백과 간접적인 내적 독백으로 구분하기도 한다. 전자는 작자의 관여나 중재 없이 작중인물의 사고 내용을 제시하는 방법으로 눈앞에 독자가 없는 것처럼 보다 솔직하게 제시된다; 이상섭, 『문학비평용어사전』, 민음사, 1999. pp. 228-229.

그는 나에게 다가와 내 가슴을 손바닥으로 천천히 쓸었다. 나는 어릴 때 들었던, 문둥이가 어린아이의 간을 꺼내먹는 얘기를 생각해 내고는 오싹해서 뒷걸음질 쳤다. 그러는 내 모습이 그를 화나게 했는지 그가 다짜고짜 내 뺨을 때렸다. 그러고는 내 머리채를 잡고 탁자 위에 몇 번이나 찧었다. 입 안에서 피비린내가 났다. 이마도 찢어졌는지 탁자 위로 피가 흘렀다. 나는 무서워 아래턱을 달달 떨며 소리를 쳤다.

"저, 도, 돈 없어요. 저, 저, 정말이에요."

그는 깊숙한 동굴에서 울려나오는 듯한 소름끼치는 소리로 말했다.

"지금부터 말 한마디도 하지 마. 넌 이제 벙어리가 되는 거야. 알겠어? 숨소리도 크게 내지 마. 만일 한마디라도 네 입에서 나오면 그땐 끝장이야."

어느새 그는 칼을 내 목에 들이밀었고 나는 공포에 떨며 고개를 끄덕였다. 탁자 위에 엎드려 있는 나의 등 뒤에서 그는 바지 혁대를 풀었다. 그리고 내 혁대에도 그는 손을 뻗쳤다. 탁자 위에 깔아놓은 두꺼운 유리에 짓이겨진 내 얼굴이 비쳤다. 유리에 비친 얼굴은 이미 내가 아니었다. 나는 눈을 질끈 감았다. 팬티까지 벗긴 그는 11시 6분을 가리키는 시침과 분침의 내각만큼 나의 두 다리를 벌리게 했으며 이윽고 자신의 성기를 나의 항문에다 쑤셔 넣으려 했다. 나는 기겁을 하고 몸을 움직이려 했지만 두려움과 그의 완력에 옴쭉도 하지 못했다. 실내로 들어온 햇빛이 나의 동공을 찌르고 들어오는 것과 거의 동시에 나의 항문에 그의 것이 박혔다. 호흡이 턱 막혔다. 그리고 잠시 아무 소리도 들리지 않았다. 나는 초점 없는 눈을 하고 그 날카로운 햇살을 멍하니 받아들일 뿐이었다.

이윽고 시끄러운 소리에 정신을 차려 보니 그가 형의 멱살을 잡고 있었다. 형이 이제야 왔구나. 형, 나 좀 구해 줘, 도저히 걸을 수가 없어. 그러나 나는 입 밖으로 내지 못하고 마음속으로만 외치고 있었다. 아냐 형, 도망가. 도망가야 해. 나는 혼신의 힘을 다해 일어나려 했다. 일어나서 어떻게 해보겠다는 생각이 있었던 건 아니었다. 그냥 움직여야 안전할 것 같았다. 그러나 다리를 조금이라도 움직일라치면 항문 입구에 여러 개의 면도날을 꽂아놓은 것처럼 아팠다. 찢어지는 통증에 당장 기절할 것 같았지만 탁자에 의지해 간신히 섰다. 피가 섞인 끈끈한 액이 허벅지를 타고 거실 바닥에 떨어졌다. 바닥에 떨어진 액은 서로 다른 간격의 점과 선으로 이루어져 일자 모양으로 늘어섰다. 그것은 마치 모스 부호처럼 보였는데, 그 기호들은 익명의 누군가에게 위급을 알려 구원을 요청하는 나의 SOS 신호였을 것이다.

– 강만진 『앵무새의 죽음에 관하여』 중에서

4 천운영 소설에 나타난 인물의 형상화 방법9)

1) 육체적 외모

천운영 소설의 인물들은 독특한 외양을 갖는다. 온전한 육체가 아닌 추하고 불완전한 육체의 소유자들로 결핍과 불구 이미지의 여성들이다.

"툭 튀어나온 광대뼈와 꼽추를 연상케 할 정도로 둥그렇게 붙은 목과 등의 살덩이, 눈살을 찌푸리게 하는 목소리, 뭉뚝한 발가락……."(『바늘』), 결핵보균자였던 아버지로부터 결핵균을 물려받아 "사막의 비밀을 간직한 낙타의 등"을 가진 '곱사등이'(『포옹』), "천 년을 견뎌낸 미라 같은 왜소한 몸"에 "풍성한 육감을 가진 반백의 머리털"을 가진 여든을 넘긴 여인 역시 "좁은 어깨를 가리고 있는 머리털 속에 도드라진 등뼈"가 숨겨져 있다(『숨』). 성장이 멈춘 채 머리통만 자라는 기형적인 여자(『월경』), "동그랗게 솟은 어깨뼈와 새가슴"의 "뼈가 유난히 도드라진 여자"(『등뼈』)와 "칠면조의 쭈글쭈글한 살갗"과 "넓고 뭉툭한 코와 그를 도드라지게 하는 편편한 얼굴, 고춧가루가 묻은 발랑 까뒤집힌 입술"의 아내(『행복고물상』), "흰 머리칼을 딱 목선까지 자르고 가운데 가르마를 타 귀 뒤로 넘긴" 백발의 여자(『유령의 집』) 등 늙거나 어린, 추하거나 기형적인 주인공들이 등장한다.

일반적으로 독자는 신체적 특성을 인물의 정신적·도덕적·정서적인 면과 연관하여 생각한다. 열등한 육체와 특이한 신체적 조건을 통해 가족의 계보를 읽을 수 있고, 기이한 육체 묘사는 그로테스크한 분위기와 함께 인물의 과거, 현재, 직면하게 될 사건과 해결의 방향 등의 근거가 되는 심리적·환경적 문제를 짐작케 한다. 특히 작가는 이분법적으로 구분할 수 있는 대조적인 인물을 연장선상에 놓고 묘사하면서 인물의 성격과 주제를 긴밀하게 엮어 나간다.

---

9) 이은하, 『천운영 소설에 나타난 인물의 형상화 방법』, 한국문예비평학회, 2009, pp 152-165를 재구성하여 수록함.

(1) 단단하고 둥긋한 등뼈의 외양은 네 발을 땅에 짚고 사냥하는 육식동물의 그것과 닮았으며 몸의 가장 위쪽에 등뼈를 두고 급격한 각도로 떨어지는 날렵한 몸체. 공기저항에 구애받지 않고 초식동물을 향해 돌진할 수 있는 몸이 그녀에게는 필요한지 모른다. …… 골탕을 향한 그녀의 눈 속에는 먹잇감을 공격하기 위해 적절한 시기를 고르는 포식자의 집요함이 들어 있다.

– 『숨』 중에서

(2) 미연은 서른넷의 나이에도 소녀의 수줍음을 간직하고 있다. 속눈썹이 살갗에 닿으면 내 몸이 눈두덩이라도 된 듯 간지러워지곤 한다. 이렇게 위안과 안도를 느끼게 하는 눈이 또 있을까? 그녀의 눈에는 초식동물에게서만 볼 수 있는 목신의 여유가 있다. 미연의 커다란 눈이 반짝 빛났다.

– 『숨』 중에서

위의 예문은 『숨』에서 화자인 '나'가 할머니와 연인의 외모를 묘사한 부분이다. (1)에서 보는 것과 같이 부재한 부모 대신 '나'를 양육해 준 '그녀(할머니)'는 육식동물의 이미지로, "세월의 풍화에도 결코 공격받지 않는" "천 년 미라보다도 단단한" 불변성이 강조되어 나타난다. 그녀의 육체적 외모는 시간마저 거스르는 듯하다. 맹렬함과 민첩함, 지독한 야수성을 상징적으로 보여주며 종속적·수동적인 삶을 사는 주인공이 할머니와 미연의 사이에서 어떤 심리적 갈등을 겪게 되는지를 암시적으로 보여준다.

육체적 외모를 대비하는 방식은 『바늘』과 『월경』 등에서도 나타난다.

『바늘』에서 곱사등이이고 말더듬이인 여주인공의 외모는 한복을 짓던 "부드럽고 고운" 엄마와 "복숭앗빛 피부"의 현파 스님, "쌀밥처럼 하얗고 말끔한" 801호 남자의 아름답고 순결한 외모와 상반된다. 『월경』에서도 주인공 '나'는 기형적으로 큰 머리 때문에 "계단을 내려가거나 갑자기 일어설 때면 균형을 잃고 넘어지기 일쑤"이고, 생리마저 멈춘 생식기가 "듬성듬성 제멋대로 뻗은 털들 사이로 보이는 누렇게 질린 두덩과 밋밋하게 뻗은 얇은 틈"과 같은데 "서른이 넘은 은하수 계집"의 성기는 "두덩에서 안쪽으로 결을 고른 풀들은 윤기가 흐르고 진한 색"을 띠고 있다. 성장이 멈춘 '나'와 생명력이 넘치는 은하수 계집의 육체, 추한 곱사

등이 여자와 아름다운 801호 남자, 육식동물의 표상 같은 그녀(할머니)와 초식동물 같은 미연 등의 외모의 대조는 작가가 강조하려는 인물의 특성을 강화시킨다. 그리고 인물의 성격이 차츰 밝혀져 감에 따라서 육체적 특징이 인물 본성의 어떤 기본적인 것을 가리키는 요소임을 알게 된다.

2) 명명

천운영 소설의 인물들은 명명(命名)에 있어서도 공통점을 보인다.

화자 및 주요 인물들은 인상적인 이름 대신 '나'(『바늘』, 『숨』, 『당신의 바다』), '남자'(『바늘』), '사내'(『바늘』), '당신'(『당신의 바다』), '그'(『월경』), '여자'(『등뼈』), '아내'(『행복고물상』), '그녀'(『숨』, 『유령의 집』), '계집'(『월경』), '소녀'(『눈보라콘』), '할머니'(『숨』), '할멈'(『행복고물상』)으로 불린다.

'미연', '용수', '하봉'처럼 이름이 있는 주변인물도 있지만 주인공 용수(『눈보라콘』)가 자신의 이름에 대해 "명쾌하지도 매혹적이지도 않은 시시한 이름"이라고 말하는 바와 같이 평범한 이름들뿐이다. 이발사 밑에서 잔일을 하던 아버지가 지어준 "얼굴 용(容), 지킬 수(守)"의 '용수'는 이발사가 꿈인 아버지의 소망이 담겨 있으며, '용수(容守)'하지 못하는 소년의 성장통(成長痛)을 역설적으로 보여준다. 그렇다면 작가는 독특한 인물들에게 왜 그에 맞는 명명(命名)을 하지 않았을까, 생각하게 된다.

현대소설에서 '그'와 '그녀', '김씨', 'K' 등과 같은 명명은 일반적으로 개성을 갖는 인물의 존재가 의미를 상실했음을 나타낸다. 천운영 소설에서 늙고 추한, 더럽고 뒤틀린 인물들은 본성을 억누르고 개성을 상실한 보편적 인간의 대표자로 우리와 함께 위험하게 묻혀 있는 것이다. 작가가 인물의 성격과 상반되는 명명을 부여한 것은 관습적인 사고와 편협한 시각을 뒤엎으면서 일반적인 여성성에서 빗겨난 인물들의 특성을 더욱 강조하기 위한 것으로 볼 수 있다.

3) 버릇과 습관

천운영의 소설 속 인물들은 공통적으로 육식에 탐닉하는 남다른 식습관과 폭력성을 보인다. 남다른 욕구나 외상(外傷)을 가진 인물일수록 버릇과 습관은 그 내면세계를 드러내는 요소가 되므로 작가가 인물의 본성을 어떻게 표출하고 있는지 살펴보는 것은 매우 중요하다.

(1) 나는 양념하지 않은 고기를 먹는다. 손가락 두께로 썰어서 피가 살짝 날 정도로 구운 쇠고기나 마늘과 양파를 많이 넣고 삶은 돼지고기를 좋아한다. 상추와 같은 야채를 곁들여먹지도 않는다. 구운 고기에 가장 잘 어울리는 것은 채소류가 아니라 하얀 쌀밥이다. 쌀눈이 살짝 비치도록 말간 밥알에 약간 검어진 육류의 핏물이 스며들 때, 고기의 맛은 정점에 이른다. …… 당장이라도 자리에 주저앉아 비닐포장을 뜯고 맨손으로 날고기를 집어먹을 수 있을 것 같다. 들짐승처럼 입가에 피를 묻힌 채 허겁지겁 먹을 것을 해치우고 포만감을 느끼고 싶다.

– 『바늘』 중에서

(2) 할머니는 모든 병을 육식으로 치료한다. 머리가 어질어질하고 빈혈기가 있다 싶으면 생간을 찾는다. 무릎이 시큰거릴 때 우족이나 스지를 고아먹으면 씻은 듯이 낫는다고 그녀는 믿고 있다. 속이 편치 못할 때는 소화제보다 된장을 풀어 끓인 내장탕을 먹는다. 내장에 밀가루를 넣고 바락바락 문지르는 동안 그녀는 이미 소화를 시키고 있는지 모른다.

– 『숨』 중에서

(1)에서 보는 것과 같이 문신사인 여주인공은 문신을 끝낼 때마다 "핏물이 흐르는" 육류를 찾고, (2)의 그녀(할머니)는 소의 내장과 골뿐만 아니라 마장동에서조차 구하기 어려운 "송치(어미 배 속에 들어 있는 송아지)"에 대한 맹렬한 식욕을 보인다. "마귀 같은 식충이 노인네"라고 말하는 손자의 눈에 할머니의 식탐과 식욕은 "진정한 육식동물인 호랑이"로 비유되며, "내 목덜미를 물어버릴 것 같은" 난폭한 야수성에 길든 나약한 남성(손자) 이미지가 자연스럽게 드러난다. 이는 모성이 부재한 손자에게 있어 할머니의 지독함과 끈질긴 모성이 억압의 힘으로 상징화되는 부분이기도 하다.

독특한 식성을 통해 성격을 구현하는 방식은 『등뼈』에서도 일관되게 나타난다. 닭과 생선 등을 유난히 좋아하는 여자는 "남자가 먹고 내려놓은 닭다리를 손에 들고 뼈 사이의 연골이나 발목 근처 오돌뼈들을 발라먹는" 독특한 식습관 때문에 남자가 진저리를 쳤지만, 정작 여자가 떠난 뒤 남자는 자신의 어긋난 척추뼈를 통해 여자를 떠올리고 뼈에 대한 여자의 집착처럼 남자에게 강렬한 집착을 보였던 여자의 의식을 추적해 나간다.

『월경』의 여주인공은 "손톱 자른 것, 빠진 머리카락, 상처에서 떼어낸 딱정이들을 모아두고" 계집의 몸을 탐하는 등 식욕보다는 육체에 집착하는 모습을 보이고, 『행복고물상』의 아내는 상습적으로 남편을 구타한 뒤 "무서울 정도로 식욕이 왕성해진다." 남편은 소진된 에너지를 위해 막무가내로 먹어대는 아내의 몸에 "사나운 이빨을 가진 맹수"와 "성난 발길질을 하는 암말과 살진 들소가 산다."고 생각하는데, 이는 『숨』에서 손자가 할머니를 '진정한 육식동물인 호랑이'로 비유한 것과 같은 의미이다.

즉 운명적으로 기형적인 육체를 갖게 된 여자들이 육식에 대한 맹렬한 식욕과 육체에 대한 집착, 폭력적인 모습을 보이는 것은 현실에서 억누르고 억압되어 있던 본능적인 욕구가 동물적인 식욕으로 분출된 것이며, 부재한 가족, 세계에 대한 두려움과 적의가 방어를 넘어 폭력적인 공격성향으로 나타난 것임을 알 수 있다.

4) 직업과 취미

(1) 나를 찾는 대부분의 사람들은 나에게서 협각류의 단단한 외피를 얻으려 한다. 인간의 살갗은 협각류보다는 과일에 가까워 쉽게 상처가 나기 때문이다. 하지만 연약하기 때문에 오히려 쉽게 인간의 살에 거미의 외피를 그릴 수 있다. …… 남자의 성기는 내가 바늘을 댄 순간부터 조금씩 단단해지기 시작해 밑그림이 끝날 즈음이면 주체할 수 없을 정도로 성이 나게 마련이다. 그러나 내가 문신을 시작한 이래 내게 성적인 행위를 요구하는 일은 아직까지 단 한 번도 없었다. …… 남자의 말을 들으면서 나는 추하다는 추상어가 명백히 눈앞에 펼쳐져 구체성을 획득하는 것을 느꼈다. 거기에 나는 말까지 더듬는다. 그러나 누구도 내 바늘 끝에서 나오는 문신을 보고 추함과 연결시키는 사람은 없다.

— 『바늘』 중에서

(2) 살에 꽂는 첫 땀. 나는 이 순간을 가장 사랑한다. 숨을 죽이고 살갗에 첫 땀을 뜨면 순간적으로 그 틈에 피가 맺힌다. 우리는 그것을 첫 이슬이라고 부른다. 첫 이슬이 맺힘과 동시에 명주실이 품고 있던 잉크가 바늘을 따라 천천히 흘러 내려온다. 붉은색 잉크는 바늘 끝에 이르러 살갗에 난 작은 틈 속으로 빠르게 스며든다. 마치 머릿속에서 맴돌던 말들이 입 밖으로 시원하게 나와 주는 듯한 기분. 바늘땀을 뜰 때 나는 더 이상 말더듬이가 아니다.

– 『바늘』 중에서

작가는 '문신사'라는 독특한 직업을 통하여 문신 작업이 얼마나 섬세하고 극도의 긴장을 요하는 일인지, 주인공이 그런 직업에 얼마나 자부심을 갖고 있는지를 보여주고 있다. 그뿐만 아니라 육체와 바늘, 피와 잉크로 점철된 섬뜩한 작업을 통하여 아름다움과 힘이 탄생된다는 인물의 자의식을 드러내면서 작지만 치명적인 '바늘'로 독자의 시선을 집중시킨다.

추한 여주인공이 바늘로 심약한 남자들에게 힘을 불어넣어 주고, 아름다운 여인(주인공의 엄마)은 바늘 끝을 갈아 현파 스님을 살해하는 아이러니한 설정으로 작가는 문신사라는 직업과 상징적인 소도구를 통하여 아름답고 추함, 강하고 약함의 가치를 전복시키면서 주제를 집약적으로 응축하고 있다.

또 문신사라는 직업은 현파 스님이 죽은 뒤 자살한 엄마의 직업과도 연관이 있다. 곱고 단아했던 엄마는 바늘로 한복에 수를 놓았고, 엄마에게 버려진 말더듬이 딸은 사람의 육체에 수를 놓는 문신사가 된 것이다. 미술적 감각과 재능, 섬세한 성격이 어떻게 유전·변형되었는가를 보여주어 인과성을 획득하는데, 엄마와의 동일시를 추구하지만 운명적으로 뒤틀려버린 '나'와의 차이는 어떤 유사성으로 의미를 획득할지 흥미와 긴장감을 높인다.

한편 "소골의 핏물을 손질하는" 할머니의 직업은 초식성을 꿈꾸는 손자에게 "육식 속으로 몰아넣고 속박하는 늙은 마녀"로 느껴질 만한 야수성과 공격성을 드러내고(『숨』), 트럭운전사인 아버지와 고속도로에서 "뭇 사내들의 농을 받으며 음식을 나르던" 어머니의 직업 역시 '길'과 '떠남', 잠시 쉬어가는 '은행나무집'의 이미지와 잘 어울린다(『월경』). 공사장에서 "육체노동"을 하는 남자가 허리를 다쳐 엑스레이를 찍고, 어긋난 요추뼈를 보면서 "뼈에 집착하던" 여자를 떠올리고 "조그만 뼈로 분리되어" 여자의 입술을 비집고 나왔던 뼈들처럼 남자의 현실은 뼛살이 발라지고 토막 나 혼란스럽기만 하다(『등뼈』). 작가는 남자의 직업과 어긋난 등뼈의 상관성을 표면적인 문제로 설정하면서 떠난 여자에 대한 남자의 회한이라는 심층적 문제를 보여주고 있다.

이처럼 인물의 직업은 앞에서 살펴보았던 육체적 외모나 버릇, 습관 등과 관계를 맺으며 인물의 성격을 좀 더 깊이 제시하는 데 당위성을 부여한다.

5) 과거와 의식의 흐름

먼저 천운영 소설의 인물들은 부성이나 모성이 부재하고 신체적 결함 등 결핍된 성장기를 겪은 공통된 과거가 있음을 살필 수 있다.

『바늘』에서는 주인공이 아버지 없이 어머니와 살다가 간질병으로 미륵사에 머물면서 요양했던 과거가 나온다. 엄마가 현파 스님과 차를 마시고 머리를 깎아주던 기억이 있고, 미륵사의 새끼고양이를 변기통 속에 집어던졌던 일도 있었다. 간질병이 나아 집으로 돌아왔지만 엄마는 딸을 버리고 다시 미륵사로 떠났다.

『숨』에서는 부모가 연탄가스 중독으로 한 날 한 시에 죽었고, 『눈보라콘』에서도 아버지는 "내가 태어난 지 이태 만에 교통사고로 세상을 떠났다". 『월경』에서 '나'는 어머니의 부정을 목격하고 그런 어머니를 아버지가 죽이고 떠난 충격으로 인해 성장이 멈춰버렸다. 『당신의 바다』에서도 "노름에 미친 아버지"가 보증금을 들고 떠나려다 화물차에 치여죽었고, 『포옹』 역시 소싸움 훈련꾼이었던 아버지의 폭력을 견디다 못해 부친을 살해하고 만다. 이와 같은 과거는 인물들에게 치명적인 상처로 남아 성장에 지배적인 영향을 미친다. 기형적인 육체뿐만 아니라 심리적으로도 뒤틀려 버려 세상으로 나아가지 못하고 자기 안에 갇혀 사는데, 바람직한 여성성, 남성성의 모델이 부재한 탓에 자기를 긍정하지 못하고 자신의 성(性)마저 불모화시키려 하는 것이다.

(1) 나는 온 힘을 다해 뛰기 시작한다. 갑자기 사방이 가시덤불과 이파리들로 우거진 밀림이 된다. 어디선가 사냥을 알리는 북소리가 들리는 듯하다. 점점 더 강렬해지는 북소리가 내 뒤를 집요하게 쫓는다. 거대한 들소 떼가 마구 날뛰며 나를 짓밟고 간다. 먹이를 찾아 이동하는 것인지, 맹수로부터 도망을 가는 것인지, 나는 방향감각을 잃은 채 허둥거리며 밀림 속을 헤맨다.

— 『숨』 중에서

(2) 그(아버지)를 만나기 위해서는 철로를 건너야만 한다. (중략) 철로를 향해 걸음을 떼어 본다. 철로에 가까이 갈수록 강한 전류가 느껴진다. 철로를 밟는 순간 몇 만 볼트의 전기에 감전돼 새카맣게 타버릴 것 같다. 철로는 강력한 힘으로 나를 밀쳐내고만 있다.

— 『월경』 중에서

(1)은 단속반에게 쫓기는 주인공의 모습이다. 마장동 골목을 정신없이 달리다 마구 날뛰는 들소 떼에게 짓밟히는 연상에 사로잡히는데, 방향감각을 잃고 헤매는 인물의 급박한 상황과 심리를 보여주면서 동시에 '맹수(단속반-할머니)'와 '먹이(송치-나)'라는 아이러니한 상황과 인물의 역설적 관계, 비운한 주인공의 삶이 상징적으로 드러난다.

(2)에서도 집 앞의 철길을 바라보는 여주인공의 남다른 의식이 나타난다. 간통한 어머니와 집을 떠난 아버지, 가부장제의 금기를 깬 어머니와의 동일시를 거부하는 딸은 기차에 머리가 짓이겨지는 꿈으로 원죄의식이 반복되고 여성성을 거부하는 억압은 월경이 멈추고 성장이 멈추는 신체 이상으로 나타난다. 아버지를 찾고 싶어도 스스로 금(철로)을 그어 자신을 가두었던 '나'는 아버지를 향한 끝없는 갈망으로 고통을 겪고 있음을 알 수 있다.

이처럼 의식의 흐름은 과거와 연관되어 감정, 기억, 생각, 특히 예측할 수 없는 자유 연상, 비논리적인 환상의 장면들이 뒤섞여 나타나기 때문에 작품을 이해하기가 쉽지 않으나 인물의 정신적 과정과 무의식의 세계를 사실적으로 드러낼 수 있으며, 독자를 인물의 의식 속으로 빠져들게 하는 장점이 있다.

위에서 살펴본 것과 같이 독자는 퍼즐을 맞춰나가듯이 작가가 제시한 과거의 한 토막씩을 연결하여 한 인물의 세계를 구축해 낸다. 결국 독자는 후반부에서 인물에 대해 더 잘 알게 되고 인물에게서 받은 최초의 인상과 추측에 대해 확증할 수 있게 되어 인물과 삶에 대하여 다각적인 판단을 내릴 수 있게 된다.

6) 타인에 대한 태도, 과거, 의식의 흐름 등의 혼합[10)]

『당신의 바다』의 '나(아내)'와 '당신(남편)'도 현실에 적응하지 못하고 고통을 견디며 불행하게 살아가는 인물들이다. 그러면 두 인물의 갈등과 고통의 문제는 어디에서 기인하는지, 작가는 인물의 심리적 갈등과 고통을 어떤 방법으로 그려낼 것인지, 독자는 의문과 기대를 갖지 않을 수 없다.

천운영은 아내의 의식의 흐름을 통하여 남편에 대한 의문과 불안, 두려움의 증폭을 긴장감 있게 드러내면서 부부 사이에 놓인 "바다"의 실체를 밝혀나간다. 인물의 내면의식[11)]을 드러내기 위하여 타인에 대한 태도, 과거, 의식의 흐름 기법을 혼합하여 사용한 예문을 살펴보자.

> 당신은 여전히 꼼짝도 않고 누워 있다. 침묵하는 당신의 등에서 거대한 이빨을 가진 고기떼가 무섭게 튀어나와 내게로 달려들 것만 같다.
> "나 물 좀 줘."
> 침묵을 찢고 나온 당신의 목소리는 물속 곰장어의 움직임을 닮았다. 빠르지도 높지도 않은 음성. 당신에게 정말 물이 필요한 걸까? 수족관을 뛰쳐나온 물고기 같아. 맨바닥에서 몸부림치다 죽기 직전에 이른 물고기. 그 나른한 눈빛. 당신 목소리는 언제나 낮고 분명하지 않다. 가게에 드나드는 손님들도 당신의 말을 알아듣기 위해 몇 번을 되물어야 할 정도니까.

10) 이은하, 『내면세계와 파편적 단상들』, 한국문예창작학회, 2009, pp. 164-169를 재구성하여 수록함.

11) 일반적으로 내면의식은 인물이 스스로를 의식하는 자기반성적 인식에 해당한다. 반면에 천운영 소설의 내면은 인물의 자기인식을 포함하면서 동시에 인물이 무엇에 대해 의심하는 생각이나 무의식적 감각 등을 포괄한다. 필자는 드러내놓고 말할 수 있는 내면의 자기인식과 드러내지 못하고 내면에만 담아두는 생각들이나 인물 스스로도 명확하게 인식하지 못하는 생각과 느낌, 심리현상을 통틀어 내면의식이라 지칭한다.

정적을 깨며 천장에서 쥐들이 뛰어다니는 소리가 난다. 쥐들이 움직일 때마다 모래가루와 흙더미들이 벽지 틈을 타고 바닥까지 떨어져 내린다. 나무판자의 결을 단단히 움켜쥐는 날카로운 발톱이 내 머리통을 쥐어뜯는 듯하다. 신경이 곤두선 나는 기어이 당신을 향해 소리 지르고 만다.

–『당신의 바다』 중에서

위의 예문은 아내가 몽유병 환자처럼 "밤새 가게 수족관 옆 바닥에 웅크리고 누워 있다"가 아침에 집으로 돌아와 "아무것도 기억할 수 없다는 듯이 시치미를 떼고 누워 잠든" 남편을 묘사한 부분이다. 남편의 뒷모습에서 "죽은 곰장어"를 보고 그의 등으로부터 "거대한 이빨을 가진 고기떼가 달려드는" 무서운 환영에 사로잡힌 '나'는 남편의 목소리와 눈빛에서도 "수족관을 뛰쳐나온", "맨바닥에서 몸부림치다 죽기 직전에 이른 물고기"를 본다. 남편의 행동과 침묵을 이해할 수 없으며 불안과 조바심, 두려움마저 느낀다. 작가는 이러한 아내의 심리를 직접적인 말 대신 의식을 그대로 제시하려는 이른바 의식의 흐름 기법을 사용하고 있음을 알 수 있다. 그뿐만 아니라 쥐들의 "소음"을 남편의 "침묵"과 대조적으로 묘사하면서 남편과의 관계가 심상치 않음을 암시한다.

당신은 아무 대답이 없다. 어떤 일렁임도 없는 바다의 침묵. 당신은 말없이 몸을 일으켜 냉장고를 향해 걸어간다. 당신이 움직일 때마다 먼 바다에서 육지를 향해 몰려오는 묵직한 파도소리가 들리는 듯하다. 당신은 냉장고 문을 열고 물병과 컵을 꺼내 조심스럽게 물을 따르기 시작한다. 의식을 치르고 있는 듯한 당신의 움직임. 당신은 물을 다 따르고서도 한참 컵만 바라보고 있다. 당신의 눈동자는 컵에 고정되어 있는 것 같지만 어딘지 먼 곳을 향해 있는 것 같기도 하다. 도저히 당신의 시선을 따라잡을 수 없다. 당신은 천천히 물을 마신다. 목울대가 위아래로 심하게 움직이는데도 물 넘어가는 소리는 나지 않는다. 음 소거 버튼을 누른 텔레비전 화면을 보고 있는 것 같다.

–『당신의 바다』 중에서

위에서 보듯 아내는 "모든 소음을 흡수"하듯, "조금씩 채워지는 물"만 쳐다보면서 "바다의 침묵" 같은 모습으로 남편을 묘사한다. 아내가 아닌 "먼 곳"을 향하는 남편의 굽은 어깨에서 “천 길 낭떠러지”를 보는 아내의 암담한 심정은 결국 신경질적인 행동으로 나타난다. “수족관의 곰장어들만 보면 괜히 울화가 치밀어 오르고”, 빈병을 주워가는 “고물할머니의 수레를 뒤엎으며 악다구니를 치고 싶으며”, 수족관에 얼굴을 바짝 대고 보는 아이들에게 “썩 꺼져!”라고 소리를 지르며 쫓아내는 등 제어할 수 없는 악의가 솟구치곤 한다. “집을 짓고 싶어, 까마귀처럼, 벼랑이나 큰 바위 틈새 같은 곳에……”라고 말했던 남편의 말을 특별한 청혼쯤으로 받아들였던 아내는 “바위 틈새에 끼여 곧 부서질 것 같다”고 생각한다. 남편에게서 “훈훈한 체온을 느껴본 적이 없으며”, 남편의 어깨에서 “언제나 찝찝하고 서늘한 바닷바람이 불었다”고 묘사하는 부분은 “천장이 내려 앉아 가는 집”이 외형뿐만 아니라 부부관계마저 위태로운 현실을 여실히 보여준다.

이처럼 남편의 움직임과 그에 따른 아내의 태도, 의식의 흐름(연상들)은 얼핏 영화에서의 몽타주 수법처럼 장면과 장면이 무질서한 연속으로 잇달아 나타나는데, 이는 인물들이 끝도 없는 환상으로 사고를 하기 때문이다.[12)]

한편 침묵으로 일관하던 남편의 내면세계도 의식의 흐름을 통하여 점차 드러난다. 다 죽어가는 곰장어를 잡아 올리면서 꺼낸 어린 시절의 이야기는 수족관과 곰장어에 집착하듯 매달리는 남편의 기이한 행동을 파악하는 데 실마리를 제공한다.[13)]

남편은 일곱 살 때 노름에 미친 아버지를 찾으러 무작정 부산행 버스를 탔고, 운 좋게 봐준 기사에 의해 엔진 뚜껑 위에 앉혀졌다. 엉덩이가 불에 익을 것처럼 뜨거웠지만 돌려 보내질까 봐 꼼지락거리지도 못하고 고통을 참았던 과거의 모습이 떠올랐던 것이다. 순간 남편에게는 현재와 과거가 맞물리고 하나의 기억은

12) 무의식은 하나의 주제를 버리고 나서 연상에 의해 또 하나의 주제를 택하고, 그다음에 또 다른 주제를 취하기 때문이다. 이러한 연상은 시간을 휩쓸고, 거리와 지리를 무시하며, 모든 사람의 마음속에서 끝없이 유동하는 생각과 이미지, 기억과 직감의 흐름 속에 과거와 현재, 미래는 물론 눈앞의 장소와 함께 멀리 떨어진 장소까지도 한데 끌어 모은다. 의식의 흐름은 장면들이 무질서한 연속으로 잇달아 나타나는, 영화의 몽타주 수법과 비교되기도 한다; 클로드 브레몽, 최상규 역, 『현대소설의 이론』, 대방출판사, 1983, p. 383 참조.

13) 회상은 내부와 외부 사이의 분열을 화해시키고 파편화된 과거로부터 잠시 벗어나 그것을 온전하고 분명한 것으로 보이게 해 준다. 기억은 현재의 외상을 이해하기 위해 조각난 과거를 짜 맞춰 보려고 떠올리는 고통스러운 행위로, 찢기고 조각난 채 무의식 저편에 저장되었다가 계기가 주어지면 무질서인 상태 그대로 나타나게 된다; 안느 끌랑시에, 이준오 역, 『정신분석학과 문학비평』(숭실대학교 출판부, 1998), 121~123면 참조.

또 다른 기억을 불러일으켜 결국 시간과 공간, 방향이 뒤바뀌게 되는데 혼잡하게 뒤엉키는 의식의 묘사는 인물의 의식에서 무의식과 잠재의식으로까지 확산된다.

> (1) "차가 고장 나서 고속도로에 세 시간씩이나 서 있었던 모양이야. 화물칸이 얼마나 더웠겠어. 아이스박스 안의 얼음이 다 녹을 정돈데. 찬 바다에 있던 놈들이 말야……."
> "아버지를 만나긴 했냐구?"
>
> (2) 당신은 대답이 없다. 당신의 꽉 다문 입술이 더 이상 아무 말도 하고 싶지 않다고 강변하고 있다. 당신은 한줄기 빛도 들지 않는 깊은 바다 속에 들어섰고 오직 침묵만이 흐를 뿐인 깊은 심연 속에 빠져 있다. 당신의 눈. 멍한 응시. 당신의 어린 시절을 엿보기 위해 내가 할 수 있는 일이란 없다. 그저 바다 속을 들여다보듯 당신의 눈을 들여다보는 수밖에.
>
> –『당신의 바다』 중에서

(1)에서 보는 것과 같이 남편의 현재와 과거의 경험이 의식의 흐름을 통하여 동시적으로 일어나는 것을 발견할 수 있다. 뜨거운 엔진 위에서 옴짝달싹 못하고 부산까지 가야 했던 자신과 더운 화물칸에 실려 수족관까지 온 곰장어들을 동일시하는 내면의식이 단적으로 드러나는 부분이다.

한편 (2)는 남편을 바라보는 아내의 내면세계로, 아내가 기억에서 헤어나지 못하고 있는 남편을 도울 만한 이성적 사고의 인물이 아님을 짐작케 한다. 독자는 남편과 아내의 의식의 흐름이 교차하는 위의 장면을 통하여 대화와 이해가 부족한 부부의 문제를 알게 되고, 갈등 해결에 대한 물음에 부정적 확신을 갖게 되는 것이다. 곰장어 잡는 모습만큼은 아내에게 보이고 싶어 하지 않는 남편과 그런 남편의 심정을 알면서도 굳이 정면으로 보려 하는 아내의 심리도 같은 맥락으로 이해할 수 있다.

결국 남편은 아내의 요구에 물러서듯 바르르 떨리는 손으로 재빠르게 곰장어의 입에 송곳을 찔러 넣고 다시 머리에 송곳을 박은 뒤 칼집을 낸다. 펜치로 껍질을 벗겨내고 드러나는 뽀얀 살의 곰장어를 보면서 남편은 "곰장어 죽이는 기술을 전수하려는 사람처럼" 능숙한 손놀림으로 곰장어 잡는 방법을 아내에게 설명하는데, 이 부분은 예상된 악화를 한층 심화시키는 결정적 장면이다.

(1) "어릴 때 이 뽑아봤지? 잇몸에서 이가 쑥 빠질 때 소리 알아? 껍질을 벗길 때도 그런 소리가 나." (중략) "지금이야!"

(2) 크고 힘 있는 목소리에 놀란 나는 당신을 올려다보았다. 당신 얼굴이 창백해, 라고 생각하는 순간 곰장어의 꼬리에 몰린 피가 내 얼굴로 튀었다. 어깨까지 올라간 당신 손, 그 손에 단단히 쥐어진 펜치, 그리고 도르르 말려서 흔들리고 있는 곰장어의 붉은 껍질. 마치 비디오테이프의 정지버튼을 누른 것 같다. 앞으로 나아갈 듯한 등장인물들의 표정. 지지직거리는 화면. 나는 정지화면에서 혼자 나와 부엌으로 간다. (중략) 당신은 여전히 곰장어 빈 껍질을 들고 서 있다.

– 『당신의 바다』 중에서

(1)에서의 남편의 말(남편의 의식을 통한)과 (2)에 나타난 행동(아내의 의식을 통한)은 죽음 직전에 필사적으로 꿈틀대는 분신(곰장어)을 자신의 손으로 처단하는 의미심장함을 담고 있다. 작가가 화자인 아내를 통해 남편의 심리를 객관적으로 묘사하는 거리감의 유지도 탁월하지만, 부부의 상반된 의식을 대비시켜 냉담하게 그림으로써 팽팽한 긴장감을 연출하는 것도 이야기를 낯설게 하는 좋은 방법이다. 결국 "음 소거 된 텔레비전", 지지직거리는 비디오의 "정지화면" 같은 남편의 모습은 원치 않는 일을 매일같이 해야 하는 남편의 내적 고통이 절정에 이르렀음을 보여준다.

또 "석고상처럼 뻣뻣하게 앉아 있는 등", "굳은 등", "낭떠러지"로 반복되는 이미지도 경제적 이유, 결혼이라는 제약에서 자유로울 수 없는 남편의 심적 갈등과 고통을 드러낸다.

"크고 힘 있는 목소리"로 "지금이야!"를 외치며 잔혹하게 곰장어 껍질을 벗기는 행위는 "잇몸에서 이가 쑥 빠지는" 것처럼 현실로부터 홀가분하게 벗어날 수 있는 방법을 찾고 있는 남편의 심리를 상징적으로 나타내며, 그 방법은 '죽음'[14)]

14) 프로이트는 인간에게 자아 본능인 죽음에의 본능이 성적 본능과 생의 본능을 파괴하려 든다고 보았다. 그래서 인간은 상당히 비관적인 존재이며 모든 생명체의 목적은 죽음이라는 극단적인 결론을 내리기도 한다고 덧붙였다. 위의 작품에서 남편이 곰장어를 잔인하게 죽이는 파괴적 모습과 부정적 사고는 바로 죽음에의 본능이 강하게 나타났기 때문이다; 지그문트 프로이트, 박찬부 역, 『쾌락원칙을 넘어서』(열린책들, 1997), 275-277면 참조.

이라는 남편의 비관적 의식을 담고 있다.

이렇듯 작가는 불쑥불쑥 솟아나는 연상에 따라 인물 내부에 숨어 있는 생각들을 캐내고 있다. '집(가정)' 갖기를 소망했던 남편이 결혼한 후에도 집에 머물지 못하고 몽유병에 시달리며 침잠하는 갖가지 현상과 이를 이해하지 못하는 아내의 힘겨움을 의식의 흐름을 통하여 드러내고 있는 것이다.

인물의 형상화 방법

① 육체적 외모
예) 현진건 『B사감과 러브레터』, 천운영 『바늘』

② 버릇과 습관
예) 최인훈 『웃음소리』, 조경란 『불란서 안경원』

③ 명명(命名)
예) 김유정 『동백꽃』, 이청준 『이어도』

④ 말씨(speech)
예) 김동인 『감자』, 나유진 『다비식』

⑤ 직업과 취미
예) 천운영 『바늘』, 전상국 『외등』

⑥ 타인에 대한 태도
예) 이청준 『병신과 머저리』, 양귀자 『숨은 꽃』

⑦ 과거
예) 신경숙 『풍금이 있던 자리』, 김훈 『화장』

⑧ 의식의 흐름 - 자유 연상
예) 김승옥 『무진기행』, 오정희 『별사』

인물 형상화를 위해 생각해 보자!

① 주변에서 본 인상적인 사람에 대하여
② 영화, 드라마 등에서 본 매력적인 인물에 대하여
③ 소설에서 인물의 형상화가 잘된 작품과 인물에 대하여
④ 형상화에 실패한 인물을 제시하고, 문제점을 개선하기 위한 방법 연구

학생 창작품 감상 및 토론 — 인물 형상화

제임스 리

길○○

나의 아버지 이춘만 씨는 항상 자신을 '제임스 리'라며 소개했다. 아버지는 어린 나를 데리고 다방에 곧잘 다니셨다. 무스로 앞머리를 발라넘긴 아버지가 담배 연기를 뿜으면서 중저음의 목소리로 셰익스피어나 헤밍웨이에 대해 이야기를 하면 아가씨들은 커피를 젓던 손을 멈추고 아버지를 향해 무한한 신뢰와 동경의 눈빛을 보내곤 했다. 잊었던 꿈을 다시 찾고 싶다며 관심을 보이는 언니들도 있었다. 아버지는 그런 그녀들에게 글 쓰는 법을 가르쳐 주겠다며 나를 먼저 보내고 어디론가 가기도 했다. 그럼 나는 엄마가 때를 밀고 있는 목욕탕으로 쪼르르 달려가서 아빠가 없어졌다며 울고불고 떼를 썼다. 엄마는 당장 목욕탕을 나와 이불 속에서 글을 가르쳐 주고 있는 아빠를 찾아내어 "이춘만! 이 개자식아!"라고 소리쳤다. 그러면 아버지는 냉정하고 부드러운 목소리로 "순복 씨, 오해가 있는 것 같은데 집에 가서 다시 얘기합시다."라고 토씨 하나 틀리지 않고 말했다.

씩씩대고 있는 엄마를 달래서 집으로 돌아와 딱 한마디를 했다.

"나는 이춘만이 아니고 제임스 리요."

아버지의 끔찍한 제임스 사랑은 결국 나와 엄마의 인생에도 끔찍한 획을 긋고 말았다. 아버지는 제임스를 너무나 사랑해서 오드리와 도망을 쳤다.

또 아버지는 절대로 때를 밀지 않았다. 큰 소리를 거의 내지 않는 아버지가 엄마가 일을 나갈 때마다 피부의 결을 억지로 벗겨내는 일만큼 무식하게 씻는 법도 없다며 벌게진 얼굴로 열변을 토했다. 아버지는 읍내에 나가 신식 거품목욕제를 사와 욕조도 없는 우리 집 화장실에서 거품을 내어 자신의 몸을 부드럽게 닦았다. 나는 때 밀고 나서 몸에 상한 우유를 붓는 것이 최고의 호사라고 생각하는 엄마가

아빠를 왜 말리지 않는지 궁금했었다. 엄마는 내가 아빠 나이의 반만큼 컸을 때 말했다.

"느이 할머니가 그랬어. 먹을 게 없어서 흙을 파서 입에 넣는 여섯 살 배기보고 정신이 휙 하고 돌았다구. 김부잣집으로 수양아들 삼기로 하고 온 날, 니 아부지 몸을 빡빡 뱃겼대. 부잣집으로 갈려면 몸에서 뽀득뽀득 소리 나야 된다구. 그 어린 것 몸에 피가 나도록 뱃겼디야. 그러곤 생떼부리는 젖먹이 보낸 어미나, 젖먹이나 심정이 어떻것냐. 그러니 니 아부지가 나한테 그렇게 소리치고 때 안 민다고 지랄 발광을 허두 내가 뭐라 할 말이 있겄냐."

아버지는 커서도 할머니를 보려고 하지 않았다. 할머니처럼 때를 미는 엄마도 보지 않았고, 그런 엄마와 부부의 연을 맺게 한 나라는 존재도 부정하고 싶어 했다. 아버지는 제임스 리의 인생을 망쳐놓은 모든 것들을 밀쳐냈다.

세렝

김○○

나의 절친 룸메이트에 대해 이야기를 하겠다.

까무잡잡한 피부, 파마를 하고 난 후 부스스해진 머리카락, 얼굴이 길며 날카로운 눈매를 가진 그는 배가 아주 통통하게 나왔다.

그는 우리 사이에서 '세렝'이라고 불린다. 고등학교 때 그의 외모와 매우 흡사했던 선생님이 있었는데 '세렝게티 초원'에 대해 많이 말씀하셨다. 우리는 그가 그 선생님과 닮은 것을 놀리기 위해 별명을 생각하던 중에 선생님의 입버릇인 '세렝게티 초원'에서 앞의 글자를 따 '세렝'이라고 놀렸다. 그리고 그 별명이 지금까지 이어져왔다. '세렝'은 이제 본명보다 더 본명 같아졌고 우리에게 '세렝'이라는 별명이 없는 그는, 공갈빵 같은 존재가 되어 버렸다.

평소 그와 이야기할 때면 조금은 과장된 리액션을 취하고 때론 엉뚱한 소리를 하는데, 그것이 주위 분위기 또는 화제를 전환하기 위해 하는 것인지 정말 생각 없이 툭 던지는 것인지 알 수 없을 정도로 뜬금없는 이야기를 자주 내뱉는다.

처음 그를 본다면 생김새는 둘째 치고 톡 쏘아 붙이는 것 같이 단답형의 짧고 강한 말투와 사람을 퉁명스럽게 대하는 그의 행동에 처음 보는 사람들은 쉽게 접근하기 어려울 수 있다. 그러나 안면 튼 사람들과 있을 때 그는 말이 빨라지고 그와 함께 목소리 톤도 같이 높아지며 퉁명스러웠던 모습은 찾아보기 어렵다.

과거에 무슨 일이 있었는지는 모르지만 그는 친구들과의 관계를 무엇보다도 소중하게 여긴다. 그렇기에 우리는 따뜻한 그의 마음씨를 알고 마음껏 장난을 치는 것일지도 모른다. 우리의 장난을 유연하게 흘려 넘기는 그 화려한 말솜씨는 장난을 치는 이들에게 승부욕을 일으킨다. 다만 요즘에 스트레스가 많아졌는지 말보다 행동이 먼저 나온다는 것이 나에게는 매우 안타깝다.

그의 취미는 복학하기 전에 농구와 PC게임을 즐기는 것이었지만, 복학 후 취미는 공부가 되었는지 아주 가끔씩 영화와 인터넷 쇼핑을 하는 것 말고 대부분의 시간을 자신이 원하는 미래를 위해 꿈과 관련된 공부를 하면서 하루를 보내고 있다.

가끔 헛소리를 하고 매우 깔끔한 성격의 그는 같이 지낼 때 귀찮을 수도 있지만 항상 주변 사람들의 이야기를 귀담아 듣고 진심으로 상대를 신경 써 준다. 그처럼 유쾌한 친구는 없을 것이다.

내가 닮아간 사람 내 아버지

김○○

단정하게 깎은 머리 사이로 희끗희끗한 흰 머리, 아래로 쳐진 눈초리와 붓글씨를 쓴 것처럼 짙은 눈썹, 인중 아래로 턱까지 덮은 수염자국. 나와 분명히 다른 모습이지만 나는 나이를 먹을수록 그의 얼굴에서 나를 봤다.

그는 경상도 토박이 사투리를 쓴다. 평소엔 경상도 사람 특유의 무뚝뚝한 모습이지만 아는 사람 앞에서는 유쾌한 사람이었다. 장난도 치고 웃음도 많았다. 그는 유전적으로 목이 좋지 않아 기침을 달고 살았다. 새벽이면 끊이지 않는 기침 소리가 방문을 넘어 들려왔다. 한때는 그가 입만 열면 용각산 냄새가 났다.

그는 항상 신중했다. 자신이 믿지 못하면 그 자리에서 바로 거절했다. 무언가 하나 사려고 해도 그 신중함 때문에 마음이 자주 바뀌어서 어머니는 그를 '변덕쟁이'라고 불렀다. 과거에 많은 돈을 한 번에 잃은 적이 있기 때문일 것이다.

그는 평생 굴삭기 기사로 살고 있다. 그는 일을 하는 동안 다이어리에 하루 동안 작업한 것을 빠짐없이 적었다. 피곤해서 잠이 쏟아져도 그것만은 빼놓지 않았다. 또 그는 사진 찍는 것을 참 좋아했다. 노는 날이면 어김없이 가족들을 데리고 나가 여기저기에서 사진을 찍어주었다. 언젠가 밤일을 마치고 돌아와 떡국을 먹는 아버지를 본 기억이 있다. 자다 깬 나는 다시 눈을 감고 그가 맛있게 드시는 소리를 감상하듯 들었다. 그 소리는 너무나도 편안한 자장가 같았다. 그에게서 기름 냄새가 났지만 일터의 냄새까지 집으로 함께 들어오는구나, 하고 생각했다.

능력자

김○○

그녀의 키는 170센티미터이며, 얼굴은 통통하고, 검은 뿔테안경을 쓰거나 렌즈를 낀다. 단발 웨이브 머리에 앞머리를 가지런히 자른 그녀는 최근 교정기를 낀다. 키가 커서 그런지 손과 발이 좀 큰 편이다. 몸매는 보통인데 가슴이 좀 큰 편이다. 몸에 작은 상처들이 있는데 항상 그녀에게선 향긋한 냄새가 난다.

그녀는 키가 커서 '키큰애'라고 하며 우리 그룹 내에선 돈을 관리하는 사람으로 '하총무'라고 불리기도 한다. 말씨는 차분하면서도 때로는 냉정하다. 떨리면 목소리가 커지는 스타일. 말로 남을 웃길 수 있는 능력도 가졌다. 누구든 그녀 말을 듣거나 하다 보면 가끔은 무섭기도 하다. 그녀의 버릇은 지루할 때나 졸릴 땐 손톱을 손으로 뜯고 화가 날 땐 입술에 침을 바른다. 매일 안경을 쓰다 보니 안경이 없을 때도 무의식적으로 안경을 올리는 습관이 있다. 그녀는 타인과 대하게 되면 얘기를 들어 보면서 천천히 다가오는 스타일이다. 대화를 통해 이 사람이 좋은 사람인지 나쁜 사람인지 판단하고 믿을 만하다고 생각하면 자신의 이야기를 털어놓는다. 그녀는 자신을 원망하거나 비판하지 않으며 자신감이 넘친다. 남들에게 상처주는 행동은 하지 않으며 '싫으면 싫다, 좋으면 좋다'는 주관이 뚜렷하다.

그녀의 직업은 직장인이다. 잠시 대학은 뒷전으로 밀어두고 삼성 계열사로 들어갔다. 취미는 일본어에 관심이 많아서 일본 드라마나 일본 예능을 즐겨보며 시각디자인 쪽에 관심이 많아 시각에 관련된 그림을 자주 그린다. 그림 잘 그린다는 데에 자부심이 있다. 놀러 다니는 것을 좋아하고 자는 것도 좋아한다.

그녀는 사랑에 대한 상처가 있다. 지금은 괜찮다며 겉으로는 웃지만 여전히 힘들어한다. 그러면서도 목표한 일을 척척 해내는 걸 보면 외계에서 온 능력자 같다.

Ms. 분홍

이○○

우리 동네 가장 후미진 골몰의 한 허름한 약국 쇼윈도를 통해 항상 그녀를 보게 된다. 심하게 뽀글거리는 파마머리에 금방이라도 낮은 콧대를 무너뜨릴 것만 같은 검은 뿔테안경, 그녀의 약국 왼쪽 벽면에 자랑스럽게 걸린 의사자격증 속 사진은 30년이 지난 지금과 달라진 것이 하나도 없었다. 물론 그녀의 입술에 야무지게 발린 분홍 립스틱까지도 말이다. 분홍 립스틱이 너무 강렬해서일까. 동네 사람들은 이미 오래전 그녀의 이름을 잊어버린 채 그녀를 'Ms. 분홍'이라 부른다.

오늘은 또 무슨 좋지 않은 일이 있었는지 미즈 분홍의 컴퓨터 자판 두드리는 소리는 유리문을 넘어 동네 곳곳에 퍼지고, 미즈 분홍은 어김없이 주머니 속 비타민 C를 앞니로 야무지게 오도독 씹어 먹는다. 미즈 분홍의 약국은 언제나 사람이 붐빈다. 그 이유가 이 동네에 하나밖에 없는 약국이라 약을 짓기 위해 어쩔 수 없이 거쳐야 하는 곳이기 때문이라고 말하진 않겠다. 그녀의 웃는 모습을 보는 것은 하늘에 별 따기라고 할 만큼 그녀의 표정은 무엇인가 심통이 나 금방이라도 터져 버릴 것 같은 복어의 모습을 띠고 있었다. 허나 이러한 모습은 그녀와 나눈 대화 한 마디로 산산조각이 난다. 유창하게 영어를 쓰듯 서울말을 쓰다가 끝에 묻어나오는 사투리의 억양, 그로 인해 그녀의 말끝은 항상 흐려지기 마련이다. 똑 부러지는 그녀의 성격과는 어울리지 않는 이러한 모습에서 동네사람들은 그녀도 사람이구나, 라는 걸 느낀다.

그녀에게는 한 가지 특이한 점이 있다. 그것은 바로 분홍색 립스틱을 바른 사람에게는 극도로 친절하다는 것이다. 그 이유를 파헤치기 위해 30년 전 과거의 그날로 돌아간다. 과거의 그녀는 명문 약대를 졸업해 약사시험을 치렀고 그녀의 미래는 탄탄대로일 것 같았으나, 연이어 떨어지는 약사시험으로 인해 그녀는 큰 결심을 하고 그녀의 청춘을 노량진에서도 가장 싼 고시원 쪽방에서 숨어 지내며 약사시험을 준비하는 것으로 보내기로 결심한다. 사람이길 포기하고 공부만 하던 Ms. 분홍은 어느 날 우연히 유흥가 주변에서 분홍색 립스틱을 바른 술집여성과 부딪히게 되고, 그 분홍 립스틱은 그녀의 머릿속을 떠나지 않았다. 과거에 만난 분홍 립스틱을 바른 그녀를 겉으로는 자신과는 아주 다른 저급한 인간으로 취급하며 벌레 보듯 무시하지만, 내심 자신의 처지와는 상반되게 자유롭고 아름다워 보이는 그녀의 분홍 립스틱을 흠모하며 언제부턴가 분홍 립스틱을 바르기 시작한다. 이것이 바로 Ms. 분홍이 분홍 립스틱을 바르는 이유와 그녀가 분홍 립스틱을 바른 사람들에게 극도의 경계심을 푸는 이유다.

경비 아저씨

박○○

택배를 건네주는 그의 투박하고 거친 손은 한 덩이 메주 같았다. 그 손은 메주 냄새만큼이나 구수하고 정감이 갔다. 등 뒤로는 산봉우리와 같은 혹이 나 있어 허리를 펴지 못했지만 눈을 최대한 치켜들어 내 얼굴을 마주했다. 택배를 건네받고 난 뒤 나의 감사인사 한마디에 어색한 입 꼬리를 잡아당겼다. 지나가는 초등학생들 사이에서 그는 '거북이 아저씨'로 불리었다. 아래에서 올려다보는 것이 습관이 된 그는 1초에 한 번씩 눈을 감았다 떴다. 눈이 피로했던 탓일까. 나는 집에 가자마자 택배 대신 눈꺼풀을 뒤집어 까봤다. 눈알이 빠질 것 같았다.

한적한 오후, 그는 등껍질에 싸여 있다 나오는 거북처럼 경비실에서 기어 나왔다. 다른 경비들은 이미 햇볕을 쬐고 있었다. 그도 천천히 다른 경비들에게 다가섰다.

"그 병신새끼가 어디 성한 데가 있다고 경비로 들인겨?"

"아주 경비를 개똥으로 본당께?"

천천히 다가서던 거북은 다시 등껍질로 숨어들어갔다. 곰팡이가 벽지를 뒤덮은 2평 남짓한 경비실은 그에게 최고의 안식처이다. 곱추는 코를 씰룩거리며 말했다.

"더럽다."

퀴퀴한 냄새에 방향제를 뿌리자 방향제의 입자가 흩어지며 곰팡이의 흔적과 함께 그들을 없애준다. 그는 꼽추이기 이전의 자신의 모습을 추억한다. 뿌연 담배연기 속에서 그는 벗들의 얼굴을 그리고, 그들의 웃음소리를 떠올렸다.

낡은 유모차를 끄는 노모

이○○

요새 들어 군 보안 관련 교육이 많아졌다. 특히 장교들이 자주 하는 말은 간첩과 관련된 것들이 많았는데, 대략 북한의 간첩 수가 5만 명에 이르며 심지어 군 안에도 간첩들이 속속히 숨어 있을 것이란 거다. 덧붙여 군부대 주변은 말할 것도 없다고 했다.

월요일 아침. 이제는 귀에 딱지가 붙은 만큼 지겨운 정신교육의 내용을 듣다가, 위병소 근무를 나갈 시간이 되어 도중에 나왔다. 간첩을 잡으면 전역까지 휴가로 보낼 수 있을 텐데. 그 많은 간첩들은 실상 코빼기도 보이지 않는다. 김 상병은 잠시 남은 군 생활 수를 헤아리다가 한숨을 쉬곤 부사수와 함께 위병소로 향했다.

근무교대를 하고 몇 분이 지나도 차량은 드나들지 않았다. 따분한 김 상병은 위병소 모퉁이에 몸을 기대고 눈을 감았다. 그러던 중 초소 안의 부사수가 나를 불렀다.

"김 상병님, 저기 좀 보십시오."

보통 차량이 드나들 때나 어딜 보라고 하는데, 차량의 엔진소리 따위는 귀에 잡히지도 않았다. 쓸 데 없는 일이라면 화를 낼 거다. 김 상병은 기댄 벽에서 몸을 일으켜 부사수가 가리키는 곳을 예의 주시했다.

웬 노파가 낡은 유모차를 끌며 부대 주변을 배회하는 게 보였다. 대체 뭐하는 사람일까. 김 상병은 노인의 모습과 행동에서 위화감을 느꼈다. 이어 근무 나오기 전 듣고 있던 정신교육의 내용이 불현듯 떠올랐다. 김 상병은 좀 더 자세히 관찰하기 위해 쌍안경을 들었다.

렌즈를 통해 보이는 노파의 모습은 퍽이나 초췌했다. 어깨까지 내려오는 센 머리는 산발에 부스스했고 그 위에 허름한 꽃무늬 두건을 쓰고 있었다. 입은 옷은 누더기 같았고, 신발은 제 구실을 할 수 있을까 싶을 정도로 낡고 너절했다. 노파가 끌고 온 유모차는 어디서 주워온 것 같은 이불로 덮여 있어 내용물의 유무를 알 수 없었다.

혹시나, 어쩌면, 하는 생각에 김 상병은 행정반에 무전을 했다. 그 와중에도 노파는 허리가 굽은 야윈 몸으로 유모차를 끌면서 위병소로 진입해 오고 있었다. 김 상병은 총을 가로로 잡아 늙은 여인을 멈춰 세웠다.

"신분증 좀 보여 주시겠습니까?"

노파는 신분증이 뭔지 모르는 듯 했고, 대신 어딘가 모자란 어투로 자신의 아들을 찾아달라며 말을 걸어왔다. 부대의 규모가 작아 구성원들의 이름을 이미 다 알고 있는 김 상병은 노모의 부탁을 들어줄 수 없었다. 최 군이란 사람은 부대에 존재하지 않았다. 대화를 하는 동안, 부사수는 노모의 수상한 외모 및 행동거지와 어투, 신분증을 제시하지 않은 것들을 보고하고 있었다.

김 상병이 꼼짝 않고 있자 노모는 품속에서 무언가 뒤적거렸다. 노모가 꺼내든 것은 주민등록증이었다. 신분증과 주민등록증이 동일하단 것을 몰랐던 거다. 노모는 주민등록증을 내밀어 보이며, 아들의 군복을 갖고 있는데 이곳에 아들이 있을 거라고 했다. 말의 앞뒤가 맞지 않아 노모에게 물었더니, 아들이 입던 군복이 김 상병이 입고 있는 군복과 비슷하다고 말했다. 그 말에 노모에 대한 의구심이 한층 더 커졌다. 나이 지긋한 노모의 아들이 부대에 있을 거란 말도 이상했지만, 군복이 비슷하다는 것은 말이 안 되는 거였다. 옛날 군복은 지금처럼 얼룩무늬가 아닌 단색이었기 때문이다.

'그래, 간첩은 그 나이 대를 알 수 없다. 이런 노파라도 간첩이 아니라는 보장은 없지.'

김 상병은 묵묵히 입을 다문 채, 병약해 보이는 노모에게 경계 태세를 늦추지 않았다. 그러던 중 부사수가 말했다.

"행정반에서 할머니 돌려보내랍니다."

결국 노모는 그에 이기지 못하고 위태로운 모양새로 낡은 유모차를 끌며 왔던 길을 되돌아갔다.

근무를 마치고 행정반에 돌아온 김 상병은 행정보급관으로부터 노모에 대해 들었다. 유모차를 끌며 폐품을 모으는 할머니인데 아들이 군대에서 탈영해 행방불명이 되었다는 거다. 물론 그의 행방불명은 몇십 년 전의 일이라고 덧붙여 말했다.

헌데 과연, 행정보급관은 그 사연을 누구로부터 들은 것일까. 그 말을 어디까지 신뢰할 수 있을까. 김 상병은 되돌려 보낸 노모를 떠올리며 씁쓸한 침을 삼켰다.

창 작 연 습

인상적인 인물을 선택한 뒤에 인물의 형상화 방법에 대해 탐색해 보자. 이를 바탕으로 허구적 인물을 창작하고 평가·토론해 보자.

07 재미있는 스토리 만들기

1 실재하는 이야기 찾기

신문, 잡지, 방송을 통해 소개되는 이야기들은 소설이나 영화 스토리보다 재미있고 감동적이다. 세상에 둘도 없는 새로운 이야기를 만들어 내는 것보다 세계 곳곳에서 벌어지고 있는 사건, 사고 이야기에 귀를 기울여 보자. 이것이 바로 사람 사는 이야기이며 시대와 문화, 지역이 달라도 공감할 수 있는 낯선 이야기이다.

스토리는 서사문학에서 특히 중요한 구성 요소이다. 신문에 난 사건들을 보면 짧고 간단한 기사임에도 구체적인 상황을 연상하게 된다. 바로 신문기사 작성 방법인 육하원칙을 기본으로 구체적 사실을 제시하기 때문이다. 누가, 언제, 어디서, 무엇을, 왜, 어떻게 한 것인지를 언급하면 인물의 행동과 사건의 인과관계를 파악할 수 있어서 사건의 전말을 쉽게 이해할 수 있다.

다음은 황당 뉴스로 기록된 몇 가지 사건이다. 기사를 보면서 장면을 연상해 보자.

(기사 1) 수영장서 대변 보고 도망, 인분이 둥둥

수영장에서 인분이 발견돼 수영장 운영이 중단되는 소동이 벌어졌다.

15일 오전 7시쯤 모 수영장 대형 풀(가로 25m×세로 50m)에 '인분 덩어리'가 둥둥 떠다니는 것이 발견돼 수영장 이용객들이 놀라 대피했다. 수영장 측은 모든 수영강습을 중단하고, 소형 풀로 이용자들을 옮기도록 했으나 이용객들은 "인분 벼락을 맞았는데 수영장 측의 뒤처리가 너무 늦었다."고 강력 항의했다.

강습 회원 서 모(33) 씨는 "바로 알리지 않고, 물도 늦게 빼는 바람에 풀 안에 있던 많은 사람들이 봉변을 당했다."며 "수영장 측이 수영도 할 수 없는 좁은 소형 풀로 몰아넣어 콩나물시루를 만들어 놨다."고 분통을 터뜨렸다. 수영장 관계자는 "누군가 대변을 보고 달아난 것으로 보이는데 그 사람을 잡지 못했다."며 "풀 안에 있던 물을 빼 다시 채워 넣어야 하기 때문에 15일 하루는 대형 풀 운영이 불가능해 이용객들에게 불편을 줄 수밖에 없었다."고 했다.

(기사 2) 하늘을 나는 자전거 실제로 등장

체코 회사가 개발한 '하늘을 나는 자전거'가 등장해 관심이 쏠리고 있다.

최근 유튜브에 공개된 하늘을 나는 자전거 영상은 체코 회사가 만든 발명품 공개 장면을 담고 있다. 영상에 등장하는 자전거는 약 1m 높이로 떠오른 뒤 방향을 바꾸며 천천히 비행한다. 안전 문제로 사람이 아닌 마네킹을 앉혔고, 리모컨으로 원격 조종했다.

3개 회사가 합작해 만든 이 자전거는 헬리콥터 비행 원리를 적용했다. 자전거 앞뒤에 프로펠러를 장착해 본체를 띄울 수 있으며, 좌우에 따로 장착한 프로펠러로 방향을 바꿀 수 있다. 프로펠러를 구동하는 모터 4개가 들어간 이 자전거는 무게가 95kg이다.

하늘을 나는 자전거 개발 담당자는 "몇 가지 문제를 해결하면 자전거를 실용화할 수 있다. 현재 가장 먼저 해결해야 할 점은 배터리 사용시간을 늘리는 것"이라고 설명했다.

(출처: 네이버)

2 사진, 그림, 광고에서 스토리 연상하기

주변을 둘러보면 재미있고 인상적인 인물, 장소, 사진, 광고 등 재료가 아주 많다. 흥미를 끄는 자료를 모으는 것 또한 창작을 위한 좋은 소재가 된다.

수집한 소재와 관찰한 메모 등을 토대로 다음 여섯 가지 항목을 넣어 스토리텔링을 하면 구체적이면서도 일목요연한 스토리가 만들어진다.

흥미를 끄는 인물(characters), 구체적인 시간과 장소(location), 긴장과 갈등을 유발하는 상황(situation), 인물의 문제행동(act)과 이유(reason), 인물과 관련 있는 인상적인 사물(object), 작가가 고민하고 있는 주제(theme)를 서너 가지 이상 메모한 뒤에 전체적으로 잘 어울리는 것들을 선택하여 정리해 본다.

3 학생 창작품 감상 및 토론

학생들이 각자 인상적인 사진을 감상한 뒤 창작한 스토리이다. 소설이나 시나리오, 연극 등 서사문학으로 확장할 수 있는 스토리로서 가능성이 있는지 장·단점 및 보완점에 대해 이야기해 보자.

이태원 난쟁이

김○○

소인증을 가지고 태어난 부모한테 버림받은 난쟁이 여자아이는 이태원의 유흥가 마담의 손에 자라게 된다. 아이는 커서 창녀가 된다. 몸집이 작아 그곳을 찾는 사내들에게 인기가 좋다. 그러다 손님으로 온 키다리를 만나게 되고 키다리는 난쟁이에게 이곳을 떠나 같이 살자고 제안한다. 한 번도 바깥세상을 구경해 본 적 없는 난쟁이는 키다리를 따라 나가지만 따가운 시선만 있을 뿐이다. 그녀는 키다리의 품을 뿌리치고 다시 그녀만의 세상으로 돌아간다.

즐거운 오후

김○○

가난한 청년 예술가인 민석은 작업실을 구하던 중 외딴 마을에 값싸게 내놓은 작업실을 구해 정착한다. 낮에 자고 밤에 글을 쓰면서 집필에 몰두하던 민석은 어느 날 아침에 일어나 보니 자신의 소설이 완결되어 있는 것을 발견한다. 완결된 소설을 읽은 민석은 완전히 매료된다. 소설은 출판되자마자 날개 돋친 듯 팔리고 민석은 순식간에 유명한 작가가 된다. 그러나 늘 자신이 직접 쓴 글이 아니라는 죄책감에 시달리다가 오랜만에 작업실을 찾게 된다. 작업실에는 시체들이 가득 차 있다. 민석의 소설 속에 나오는 인물들과 흡사하다. 다음 날 민석의 작업실에 찾아온 독자에 의해 목이 매달린 채 죽어 있는 민석이 발견된다.

스플릿 텅(split tongue; 혀 끝 부분을 뱀의 혀처럼 두 갈래로 나누는 피어싱의 일종)

박○○

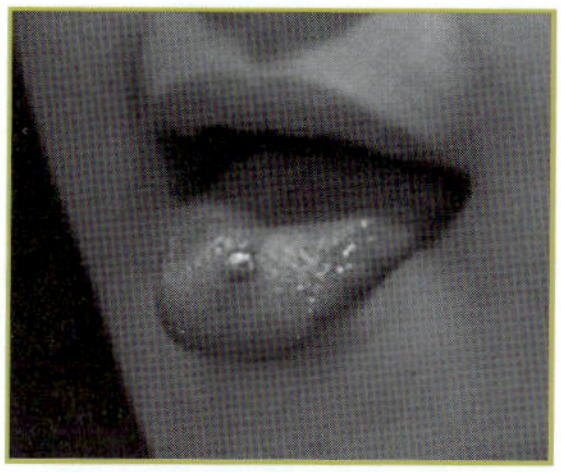

평소 피어싱은 물론 귀걸이에도 관심이 없던 남자가 있다. 그의 관심사는 오직 파충류다. 파충류를 좋아하다 못해 파충류와 결혼할 수 있다면, 하고 부르짖는 남자이다.

그는 인터넷 서핑을 하다가 한 장의 사진을 본다. 사람의 혀가 두 갈래로 나누어진 모습이다. 남자는 그에 흥미를 느끼고 좀 더 찾아본다. 스플릿 텅, 극한의 피어싱.

남자는 그것을 할 수 있는 방법을 알아본다. 혀 피어싱을 하고 그 크기를 점점 늘려가다가 혀 끝 부분이 얼마 남지 않으면 잘라낸다는 말에 그는 당장 피어싱을 하러 간다.

일 년여의 시간을 들여 드디어 혀 가르는 날이 왔다. 자신이 사랑하는 파충류처럼 두 갈래의 혀를 갖게 된다는 사실에 그간의 아픔은 사라지고 행복감을 느낀다. 마치 자신이 파충류가 된 것 같다. 스플릿 텅을 완성한 그는 이제 행동까지 파충류와 비슷하게 한다. 먹는 것까지도. 그의 주변 사람들은 그와 오랫동안 연락이 되지 않아 그의 집으로 찾아온다. 문을 열고 들어선 방 안에는 사람의 모습을 한 파충류가 기어 다니고 있다.

다음은 팝페라 가수 일 디보(Il Divo)공연을 유튜브로 감상한 뒤, 학생들이 창작한 스토리이다. 소설이나 시나리오, 연극 등 서사문학으로 확장할 수 있는 스토리로서 가능성이 있는지 장·단점 및 보완점에 대해 이야기해 보자.

소리 없는 하모니

정○○

세계적인 그룹 '아카펠라'는 불치병에 걸린 어린이들을 위해 자선 공연을 벌인다. 그러나 메인보컬은 성대 결절에 걸려 노래를 하면 안 되는 상황이다. 그러나 멤버들은 오랜 기간 준비해 온 공연을 미룰 수 없을뿐더러 자신들을 보기 위해 지구 반대편에서 온 관객도 있음을 상기시키며 작전회의를 한다.

결국 무대 위에서 가수는 립싱크를 하고, 그와 비슷한 목소리를 가진 가이드 보컬이 커튼 뒤에 숨어 노래를 하는 식으로 공연을 하게 된다. 그들의 비밀 작전은 공연 도중 조명에서 불꽃 파편이 튀어 커튼이 찢어지는 바람에 탄로 나게 되지만, 관객은 그것을 하나의 퍼포먼스로 생각한다. 오히려 더 열렬히 환호하는 관중을 보며 아카펠라는 더욱 혼신의 힘을 쏟아 노래를 하고 성황리에 공연을 마친다. 사실 관객은 소리를 듣지 못하는 청각 장애인들이었다. 관객을 인터뷰하려던 기자에 의해 진실이 밝혀지게 되고, 이 사건은 전 세계 언론에 대서특필되며 영화화된다.

여신의 심사

이○○

여신은 심사가 뒤틀린 상태였다. 자신의 신전 앞에서 요란한 쇼를 벌이고 있는 인간들 덕분에 휴식을 방해받았기 때문이다. 사유지 무단침입에 소음공해, 고성방가까지 죄목이 많군. 하나하나 손가락을 접으며 세던 여신은 마침내 자리를 털고 일어섰다. 불화의 여신 에리스의 출격이었다. 인간들에게 여신의 모습은 보이지 않는다. 여신은 신전 앞마당에서 노래를 부르는 네 명의 남자 곁으로 가서 하나하나 얼굴을 살폈다. 죄다 오징어 같군. 죄목 하나 더 추가. 안구 테러. 여신은 자기 앞에 있는 키 작은 남자의 발을 힘주어 밟았다. 고음을 향해 달려가던 남자는 난데없는 고통에 비명 같은 삑사리를 내질렀다. 이것은 불행의 시작이었다. 네 명의 가수 모두 노래를 부르는 내내 기습적인 고통에 시달려 결국 공연을 망치고 말았다.

그날 공연은 몇 달 내내 사람들의 입에 오르내렸다. 공연이 최악이기도 했지만, 문제는 공연을 갔던 수많은 관람객의 카메라 때문이었다. 관람객의 카메라 안에는 무대 위에서 가수들을 노려보는 의문의 여성의 모습이 찍혀 있었다.

하렌다 마리

유○○

공연장에 금발을 한 여성이 마지막 곡이 끝나자 피를 토하면서 죽었다. 그녀의 이름은 하렌다 마리(25세). 얼마 전까지만 해도 약품공장에서 화합물을 연구하고 조제하는 연구원이었다.

얼마 전, 그녀의 연구소에 한 회사에서 어떤 물질에 대한 연구를 의뢰했다. 화장품의 원료로 사용할 것이라며 연구소에 연구비를 지원했다. 연구가 성공하여 그녀는 피부 미백을 효과적으로 진행시키는 원료 유기물을 손에 넣었고, 이를 상품화시켜 대박 히트를 치게 된다. 얼마 지나지 않아 화장품 사용자들은 회사를 상대로 피해보상을 요구했다. 부작용이 나타난 것이다. 회사는 마리에게 다시 재소를 신청하고 책임을 모두 그녀에게 전가했다. 법원에서는 회사의 손을 들어주었고, 마리는 사용자들에게 엄청난 보상금을 지불해야 했다. 그녀는 연구원직을 내려놓고 지인의 소개로 국방부 무기개발팀에 합류하게 된다. 얼마 지나지 않아 군에서 기밀문서가 마리에게 전해진다. 신무기에 들어갈 세균병기를 조합하는 것이었다.

창작연습

다음 사진을 보고 연상되는 이미지, 아이디어를 종합하여 스토리를 완성해 보자.

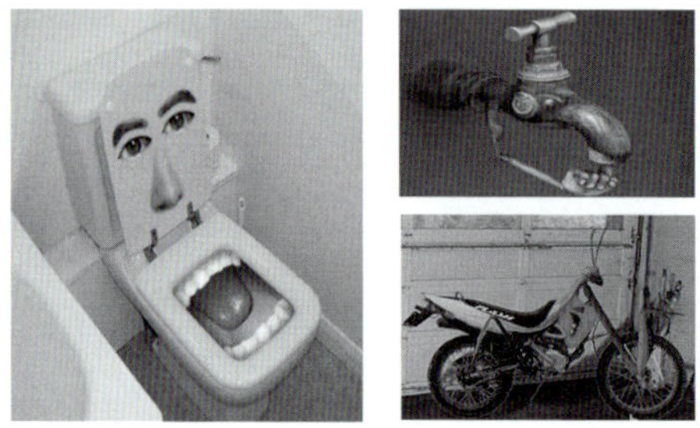

(출처: 네이버)

08

인물관계도와 역할

작가는 주인공을 비롯하여 그와 관련을 맺고 있는 인물들이 어떤 역할을 수행하는가에 대해 살펴야 한다. 보통 단편소설에서 주요 인물은 세 명이 적당한데, 한 사람은 서사를 이끌면서 흥미를 끌기에 힘이 부족하고 두 명은 가능하지만 관계가 옹색해 보인다. 세 명은 예기치 못한 일도 가능케 하며 너무 복잡하지도 않다. 일상에서도 한 명보다는 둘이 함께할 때 덜 지루하며 안정적이다. 둘보다 셋일 때 갈등과 긴장이 유발되어 긴장하게 되고 같은 일도 역동적으로 진행된다.

작품에 등장하는 인물들을 그 역할과 기능에 따라 다음과 같이 구분한다.

주인공은 주동인물과 같은 뜻으로 이야기를 주도해 가는 능동적인 인물을 말한다. 작품에 등장하는 모든 인물들은 주인공을 위해 존재하며 그와 연결되어 있다. 만일 주인공보다 그 외의 인물이 더 부각된다면 주인공을 중심으로 전개되는 이야기에 방해가 되므로 그 역할에 충실하지 못한 결과를 초래한다.

적대자는 주인공에게 갈등과 고통을 겪게 하는 반동인물로서 주인공과 적대적 관계인 인물이다. 주인공은 욕망하는 바를 이루기 위해 행동하고 적대자는 이를 방해하기 위해 대립하는데, 적대적 관계보다 그 역할이 약할 경우 방해자로 언급된다.

적대자는 주인공과 그 힘이 비슷할수록 대결구도가 팽팽해지며 극적 긴장감이 고조되어 이야기가 흥미롭게 진행된다. 살인마와 그를 쫓는 형사, 독립운동가와 일본 순사, 며느리와 시어머니 등 대립, 갈등, 복수 등을 중요하게 다루는 이야기에 어김없이 등장한다.

구조자는 적대자와 반대로 주인공이 목표를 이룰 수 있도록 구조·구원해 주는 역할이며, 위험에 처한 주인공을 돕는 정도라면 조력자에 해당한다.

대비자는 주인공과 비슷하거나 다른 사람을 끌어들여 주인공의 여러 가지 측면을 보여주는 역할을 한다. 노란색 블라우스를 돋보이게 하려면 검은색 바지를 입어야 하는 것처럼 서로 다른 색깔이 함께 있을 때 오히려 멋스럽게 보이는 대비 효과와 유사하다.

친구나 연인을 보면 가족처럼 닮은 경우가 많다. 반면 어울릴 것 같지 않는 상반된 용모나 성격의 부부들도 많이 있다. 대비자는 주인공과의 공통점과 차이점을 동시에 갖고 있는 한 사람일 수도 있고 여러 사람을 통해 주인공의 다각적인 면을 비교·대조하여 보여주기도 한다.

매개자는 주인공을 돋보이게 하는 대비자에 그치지 않고 주인공으로 하여금 중대한 깨달음과 성숙, 욕망을 갖게 하는 데 영향을 미치는 촉매제와 같은 인물을 말한다.

사회학자이면서 심리학자인 르네 지라르는 욕망하는 주체가 매개자를 통해 욕망하는 대상에 더 빠르게 다다른다고 했다. 이를 욕망의 간접화(삼각형적 욕망)라고 한다. 학창시절 같은 반의 경쟁자를 이기기 위해 밤새워 공부하다 보면 어느새 전체 등수가 오르고 좋은 대학에 갈 수 있게 된다. 거구의 여자가 다이어트에 성공한 뒤 멋진 남자와 사랑에 빠졌다면 그 여자처럼 되기 위해 다이어트에 돌입한다. 다이어트에 성공한 여자와 경쟁자는 주체로 하여금 욕망하게 하거나 그 욕망을 성취할 수 있도록 매개한 매개자가 되는 것이다.

대리자는 주인공의 내면세계를 대신하여 보여주는 인물로 대리모, 대리출석, 대리운전 등을 생각하면 이해가 빠르다. 이는 작품에서 주인공에게 쉽게 나타나지 않는 의식이나 심리를 다른 인물을 통해 보여주는 방식이다. 김승옥의 소설 『무진기행』에 나오는 미친 여자와 자살한 여자는 주인공 남자의 심리, 즉 미치거나 죽지 않고서는 살 수 없을 정도로 힘들었던 과거의 자아를 대리하여 보여준다.

선택적 화자는 극화된 화자인데, 특별한 화자가 작품에 등장하여 주인공에 대한 이야기를 실감나게 들려주는 역할을 한다. 주인공을 잘 알고 있는 사람을 끌어들여 그의 시각에서 주인공과 사건을 진행시킴으로써 작가의 개입을 줄이고 주인공을 객관화할 수 있다.

이는 시점과도 연관이 있는데, 주요섭의 소설 『사랑방 손님과 어머니』에서 옥희, 이청준 소설 『이어도』의 천남석 기자가 선택적 화자이다. 유사한 인물로 선택적 청자가 있는데 극화된 청자를 말한다.

이혜진의 『소인국』에 나오는 성물가게 여자는 주인공이 자신의 이야기를 들려주는 대상이다. 그를 청자로 세운 것은 아무도 자신의 이야기에 귀를 기울여 주지 않는 주인공의 외로운 심정을 보여주기 위한 작가의 의도가 담긴 인물 설정이며, 독자들이 성물가게 여자의 자리로 들어가 준비된 위치에서 주인공의 이야기를 실감나게 듣게 하는 효과를 준다.

유념할 것은, 한 인물이 한 가지 역할을 하기도 하지만 동시에 두세 가지 역할과 기능을 한다는 점이다.

「니모를 찾아서」에서 멀린과 니모는 주동인물이며 대비자이며 대리자이다. 아버지 멀린은 아들을 사랑한다는 이유로 니모의 자유를 구속하고, 아들 니모는 아버지로부터 벗어나기 위해 대립하며 갈등한다. 니모가 스킨스쿠버인 치과의사한테 붙잡혀 가는 사건이 벌어지고 멀린은 아들을 구하기 위해 떠나는데, 동행하게 된 도리는 멀린에게 크고 작은 도움을 주는 조력자이며 결함을 갖고 있는 주인공들과 달리 긍정적인 면모를 보여주는 대비자의 역할을 한다. 시드니를 찾는 결정적 역할을 하는 도리를 통해 장애나 결핍이 큰 문제가 되지 않는다는 메시지를 보여준다.

수족관에서 만난 길은 니모에게 조력자이며 매개자로서 니모가 위기를 극복하고 성장할 수 있도록 깨달음을 주는 중요한 역할을 한다. 치과의사와 난폭한 성격의 달리는 주인공의 욕망 실현을 방해하는 반동인물이며, 육식동물의 전형을 보여준 프롤로그에서의 상어, 본성을 억누르면서까지 채식주의자가 되려고 안간힘 쓰는 상어들, 조류를 타고 여행하는 신비의 바다거북 크러쉬, '내 거'밖에 외칠 줄 모르는 갈매기 떼, 수족관에 갇힌 채 살아가는 물고기들은 그 상징성과 관계를 통해 인간과 세계의 다양한 면모를 보여주는 대비자들이다.

결국 「니모를 찾아서」는 부모의 사랑과 관심, 아이의 성장 과정을 통해 평범하지만 소중한 진리를 새롭게 보여준다. 다양한 인물과 사건들로 치밀하게 직조된 물고기들의 이야기는 소심하고 부정적이었던 주인공의 변화 과정을 통해 용기와 도전과 사랑을 느끼게 한다.

창작연습

나를 중심으로 관련 있는 인물들을 그 역할과 기능에 따라 인물관계도를 만들어 보자.

09

배경 설정의 기술

1 시간과 장소의 설정

배경(setting)이란 이야기 속에서 인물의 행위가 일어나고 있는 시간과 공간을 말한다.

시간적·공간적 배경은 그 안에서 벌어지는 일들을 사실처럼 받아들이게 하는 리얼리티를 만든다. 인물과 사건은 배경과 밀접한 관련이 있으며, 대체로 인물이 속한 배경은 인물과 조화적인 양상을 보인다. 학생들이 주로 다니는 대학 강의실, 도서관, 카페와 직장인이 다니는 회사와 식당은 그 분위기와 용도가 조금씩 다르다. 같은 아파트인데도 노인이 사는 집과 동물을 키우는 젊은 부부의 집은 분위기가 다르다. 한 가족의 집을 보아도 부모의 방과 자녀의 방이 다른 것처럼 어떤 사람이 주로 머물고 행동하는 공간은 각기 다르다. 인물을 둘러싼 배경을 살펴보는 것은 인물을 이해하는 데 도움이 된다.

한편 작가는 인물과 어울리지 않는 배경을 설정하기도 하는데, 이는 의도한 부조화이다. 깔끔한 성격의 남자가 지저분하고 어두운 공간에서 어떤 일을 진행해야 하는 상황이라면 배경은 그 안에서 벌어질 갈등과 새로운 사건의 암시를 내포한다.

배경 감상 및 토론

아래에 제시한 배경을 보고 인상과 느낌에 대해 이야기해 보자.

* 배경 감상 및 인물 되기(1)

상단의 그림은 외부 전경이며 하단의 그림은 내부 전경이다. 상단에 비해 하단 그림은 더 구체적이며 하단 오른쪽 그림은 실제 주방으로 훨씬 사실적이다. 하단 왼쪽 그림은 창밖을 통해 밤중이라는 시간적 배경이 제시되어 있고 인물의 행동을 포함하여 흥미로운 이야기를 유추할 수 있다. 인물과 사건 없이 위의 네 가지 배경만 가지고도 한 편의 이야기를 만들 수 있다. 인물과 배경의 조화 혹은 대조적 양상을 떠올리면서 그 안에 존재하는 인물과 상황에 대해 생각해 보자.

* 배경 감상 및 인물 되기(2)

위의 사진은 앞의 그림들에 비해 사실적일 뿐만 아니라 분위기와 정서, 주제의식까지 느낄 수 있다. 시간과 배경, 그 안에 있는 사물들을 보면서 배경이 갖는 의미에 대해 이야기해 보자.

2 배경의 묘사와 분위기

일반적으로 문학 작품의 서두는 흥미로운 배경에 대한 묘사로 시작된다. 또한 독자가 쉽게 재구성할 수 있도록 섬세한 필체가 요구된다. 배경에 대한 설명과 묘사가 부족하면 구체적 사물의 세계를 연상하기 어렵기 때문이다.

한 작품에 나오는 배경은 등장인물의 심리와 정신세계, 주제를 암시하므로 서로 친화, 대조, 긴장, 혐오 등의 관계를 맺고 있다.

박완서의 『엄마의 말뚝』에 나오는 박적골(시골)과 대처(서울), 김승옥의 『무진기행』에 나오는 무진(고향)과 서울은 대조, 긴장, 혐오의 관계를 보이는데, 불행했던 과거로부터 벗어나 새롭게 출발하고자 하는 주인공의 욕망을 대비하여 보여준다.

영화 「핸섬 수트」의 주요 공간은 주인공 타쿠로의 식당과 그가 안니로 변했을 때 머무는 모델 에이전시이다. 시장 골목에 자리한 낡고 허름한 식당은 사람들의 발길이 끊이지 않는다. 외관과 달리 내부는 깔끔하고 산뜻하며 맛있는 음식이 가득한 사랑이 넘치는 공간이다. 반면 에이전시 빌딩은 높고 화려하지만 돈과 인기만을 쫓는 사람들이 모여 숨 가쁘게 살아가는 비정한 세계이다. 못생긴 타꾸로와 잘생긴 안니를 닮은 두 공간은 서로 대조, 긴장하는 관계이면서 외양과 실제의 아이러니를 상징적으로 보여준다. 좀 더 구체적으로 살펴보면 다음과 같다.

타쿠로의 가게는 알록달록한 페인트로 칠해져 있는 2층 건물로 어머니가 물려준 가게이다. 햇볕이 드는 따뜻한 실내에는 주방과 테이블이 트여 있어 손님과 요리사가 편하게 소통할 수 있다. 따뜻한 계열의 색으로 꾸며 포근하고 편안한 인상을 준다. 사람들이 부담 없이 드나들며 언제든지 맛있는 음식을 배불리 먹을 수 있는 쉼터와 같은 공간이다.

모델 에이전시는 백색 대리석으로 만들어진 높은 빌딩으로 차갑고 허황한 느낌을 준다. 회사 입구에서부터 펼쳐진 무수히 많은 계단은 끝이 보이지 않는 욕망의 계단을 상징적으로 보여주며 그 안에서 펼쳐지는 비정한 인간사, 점점 웃음을 잃어가는 모델들의 삶을 냉소적으로 보여준다. 그 안에 있는 스튜디오는 화려한 색채의 조명과 의상, 장신구 등으로 가득하다. 모델의 화려한 세계를 잘 보여주지만 실재가 아닌 세트라는 점에서 의도적으로 만든 인위적인 세계, 허구와 환상의 세계라는 점을 부각시킨다.

모토에와 타쿠로가 데이트하는 한낮의 공원은 밝고 상쾌한 자연을 그대로 보여준다. 넓고 한적한 길 주변에는 녹음이 짙은 나무들이 즐비하여 청량감을 준다. 둘은 "행복을 찾아 집으로 돌아가자"는 게임을 하면서 소소한 행복을 곳곳에서 찾아낸다. 영화 후반에 안니가 진정한 행복을 찾아서 타꾸로의 삶으로 돌아오는 결말을 암시하는 장면이기도 하다.

양복가게는 핸섬 수트 전시장으로 은밀한 비밀과 계획이 진행되는 공간이다. 각종 박제와 기이한 형태의 조각상들은 자연의 섭리를 뛰어넘어 새로운 변신을 가능케 하는 욕망이 담겨 있다.

타쿠로가 안니가 되기 위해 오가는 육교는 타쿠로의 식당과 모델 에이전시를 연결하는 길이기도 하다. 안니가 히로코에게 관심을 표현하는 날은 우중충한 날씨로 불길한 분위기를 자아낸다. 이는 외모에 의존한 용기는 진정한 용기가 될 수 없다는 작가의식을 보여준다.

타꾸로의 가게에서 자주 나오는 배경음악(revolution)은 밝고 경쾌한 가사와 멜로디로 극적 변화와 반전 등 분위기를 한층 살려준다. 타쿠로의 아침을 알리는 이 음악은 주인공의 내·외적 변화를 보여주며, 타쿠로가 핸섬 수트를 통해 혁명과도 같은 삶을 살게 되지만 자신의 있는 그대로의 모습을 사랑하게 되면서 진정한 삶의 혁명을 이루게 된다는 주제의식을 담고 있다.

거대한 바다를 배경으로 하는 「니모를 찾아서」에는 멀린과 코럴의 행복했던 신혼집과 사고 이후 멀린과 니모가 사는 집이 나온다. 탁 트인 바다를 앞에 두고 산호절벽에 자리했던 첫 번째 집과 달리 멀린과 니모의 집은 말미잘과 산호초에 둘러싸인 바위틈에 있다. 상어의 공격을 피하기 위해 은둔할 수 있는 공간을 찾은 것이며 사고 이후 멀린의 성격이 소극적·폐쇄적으로 변한 것을 알 수 있다. 이것은 멀린이 니모를 구속하는 이유가 되어 갈등을 야기하며 사건 발생의 원인으로 이어지는데, 개연성을 효과적으로 보여주는 장치가 된다. 이밖에도 치과의사의 수족관, 부르스의 파티장, 해파리숲, 동부 호주 해류, 고래 배 속, 시드니 항구 등 다양한 공간이 나오며 거대한 바다를 획일적으로 보여주는 것이 아니라 구체적으로 나누어 그 특성과 의미를 비교, 대조하여 보여준다.

또한 배경은 분위기를 자아낸다. 분위기란 시간과 공간에서 받는 느낌과 인상을 말하며, 배경의 특성이 인물한테 어떤 영향을 주었는가의 관점에서 효과적인 분위기를 연출했는지 판단하게 된다.

다시 말해 인물은 배경에서 분위기를 느끼며, 이는 인물의 행동에 어느 정도 영향을 미친다. 독자 또한 작가가 배경을 묘사한 만큼 인물과 공감하며 몰입하게 된다. 섬세한 사물의 묘사, 행위의 템포, 말투와 대화, 인물의 태도, 감정을 자아내는 문체 등이 효과적인 분위기를 만드는 방법이다.

시간과 영원성을 테마로 한 『트리갭의 샘물』은 트리갭의 숲이 주요 배경으로 나온다. 이곳에는 숨겨진 비밀의 샘이 있다. 가족의 테두리에서 벗어난 위니는 숲속에서 터크 가족을 만나게 되고 샘물에 얽힌 신비한 이야기를 듣게 된다.

위니의 집 울타리를 넘어가면 대자연을 상징하는 숲이 있고 영원히 늙지 않는 샘물이 있으며 자유롭고 소박한 터크의 집이 있다. 위니의 저택은 위니한테 새장이나 사육장과 같은 갑갑한 장소로 무한한 삶을 갈망하는 호기심 많은 소녀한테 벗어나고 싶은 공간이다. 위니는 트리갭의 샘물에서 만난 터크 가족을 통해 삶과 죽음에 대해 생각하면서 성장하게 되는데, 결국 자연의 흐름을 거스르지 않기로 결심하면서 제한된 공간의 일상(세상의 질서)으로 돌아온다.

위니의 저택과 달리 초라하고 어수선한 터크의 집은 시간의 흐름과 무관하게 살고 있는 터크 가족을 대리하여 보여준다. 영원한 삶을 사는 사람들의 세계에서 위니는 자유로움을 느끼기도 하지만 무한한 삶의 무질서함, 부정적인 면을 보게 된 위니는 다시 저택으로 돌아와 질서와 규칙 안에서 안정적으로 살게 된다.

트리갭의 숲은 계절적·시간적 변화에 순응하는 대자연의 아름다움을 보여주지만 그 안에는 비밀스러운 샘물이 존재한다. 인간을 늙지 않게 만드는 샘물은 영원성을 상징하며 이를 마신 터크 가족의 삶을 통해 유한한 삶과 무한한 삶을 대비하여 보여준다.

위니는 영원히 함께 살기를 바라는 터크의 부탁을 거절하고 샘물을 마시지 않는데, 인간의 욕망을 상징적으로 보여주는 샘물을 통해 생명의 유한성이 바로 자연의 이치이며 생이 유한하기에 아름답고 가치 있다는 주제의식을 드러낸다. 영원히 살고 싶은 인간의 욕망과 이를 통해 부를 누리고자 하는 인간의 탐욕은 샘물을 마시고 자란 나무가 벼락을 맞고 쓰러지는 비극적 장면을 통해 탐욕의 끝을 암시한다.

인물이 살고 있는 공간은 바로 그 인물의 환경이며 그 안에서 벌어지는 사건을 통해 내·외적 갈등 및 주제를 보여준다. 트리갭 숲과 샘물은 자연과 인간의 욕망이 공존하는 낯설고 신비한 세계이며, 생명이 있는 것에게 영원한 삶은 무의미하다는 것을 깨닫게 해 주는 역할을 한다.

3 배경의 구성 요소

배경을 구성하는 요소로 (1) 장소와 공간, (2) 직업과 생활방식, (3) 시대와 계절적 시간 등이 있다. 장소는 자연환경처럼 광범위한 배경을 지칭한다면 공간은 그에 비해 인공적으로 만들어진 협소한 장소를 말한다. 장소와 공간은 분위기를 자아내며 인물의 관념과 의식, 심리를 반영하고 성격과 행동을 결정한다.

영화 「아저씨」의 장소는 주인공의 입장에서 소외된 이들의 내면을 극대화하기 위해 뒷골목을 중심으로 보여준다. 이와 달리 건달, 살인마들의 탐욕과 범죄, 추악함을 보여주기 위해 나이트클럽, 노천 스파장, 실내골프장이 나오며 법과 질서로 정돈된 도시 안에서 여전히 존재하는 은폐된 곳, 개미굴 등의 장소를 통해 사건의 핵심을 보여준다.

태식이 거주하는 전당포는 상처받은 채로 숨어서 살 수밖에 없는 태식의 삶을 상징적으로 보여준다. 어둡고 삭막한 전당포는 사람들의 접근을 차단한 공간이며 철창을 두고 물건과 돈을 교환할 뿐이다. 얼굴의 반을 가린 긴 머리의 주인공은 가시 돋은 선인장을 키우며 철창과 철문을 사이에 두고 세상과 단절된 채 살고 있다. 이곳에 종종 나타나는 소녀 소미는 빛바랜 타일들과 지저분한 전당포를 보며 "감옥이 어울릴 것 같긴 해요."라고 말한다. 마음의 감옥에 갇힌 채 살고 있는 주인공 태식을 형상화한 대사이다.

감옥 같은 그의 방에 유일하게 들어선 소미, 그에게 제공되는 식탁과 베개는 다른 것들에 비해 깔끔하고 따뜻하게 연출되어 소미에 대한 태식의 관심과 배려, 열린 마음을 보여준다.

소미 모녀의 집은 전형적인 빈곤층의 생활을 보여준다. 지저분한 방안은 불안정한 생활을 보여주며 방임된 소미의 불행한 현실, 외롭고 소외된 아이가 전당포 주인을 찾아갈 수밖에 없는 상황, 카메라에 숨긴 마약 때문에 벌어지는 분규 등이 장소를 통해 개연성 있게 설정되었다.

태식과 소미가 살고 있는 동네는 주인공의 공통점을 보여주는 배경으로 어지럽고 산만하며 빈곤하다. 복잡하게 뒤엉킨 골목길로 연결된 동네는 주인공의 일상과 사건이 복잡하게 얽혀 있는 형국과 같다. 도시 이면의 어둡고 복잡한 면모는 인간 내면의 모습과 같으며 선과 악, 미와 추, 강함과 약함 등의 양면성을 드러낸다.

만석 형제가 머무는 화려한 공간, 유흥업소와 스파, 실내골프장 등은 앞서 말한 것처럼 그들의 탐욕과 범죄, 악마성을 부각시키는 장소로 죄를 짓고도 부와 편리를 누리는 모습은 관객으로 하여금 분노를 느끼게 하고 탐욕과 범죄의 비참한 말로를 통해 허망함을 강조한다.

「올드보이」는 근친상간부터 복수까지 철저한 인간심리가 반영된 영화이다.

작품 전체를 지배하는 분위기도 배경의 기능인데, 영화의 장면 하나하나에 화려한 격자무늬가 가득하다. 감금방, 미도의 아파트, 모텔의 복도와 객실 등 다양한 패턴의 무늬가 반복적으로 나타난다. 그 장소들을 연결해 보면 작가의 숨겨진 의도를 파악할 수 있다. 대수와 미도는 자각하지 못하지만 그들의 움직임은 우진의 계획에 따라 일정한 패턴대로 진행된다. 결국 대수와 미도의 세계는 복수를 위해 오랫동안 계획해 온 우진의 세계 안에 갇혀 있으며 결코 벗어날 수 없는 미로 속을 헤매는 형국이다. 화려한 격자무늬들은 미로에 갇힌 주인공의 불안한 정신세계를 상징하는 것이다.

또한 영상에서 비춰지는 색채 이미지는 작품의 분위기, 말하고자 하는 방향을 암시한다. 처음 오대수가 납치된 날 화면에 나타났던 우산, 우진의 손수건, 미도가 대수의 딸이라는 증거를 보여준 앨범, 선물상자 등에서 바로 기이한 무늬의 보라색이 사용되었다.

관습적으로 보라색은 우울, 불안, 질투, 질병 등의 병적인 기호를 발산하기도 하며, 귀족이나 양반의 계층을 상징하는 고귀한 색채로도 사용된다. 「올드보이」에서 자주 나타나는 보라색은 인물의 불안한 심리와 사건의 부정적 결말을 암시하는 전자의 기호로 사용되었다는 것을 알 수 있다.

대수와 우진이 머무는 공간, 즉 8평 감금방과 110평의 펜트하우스는 어떻게 대비되며 무엇을 의미하는지 좀 더 면밀히 살펴보자.

평범한 샐러리맨 대수와 모든 것을 소유한 집념의 남자 우진은 외모와 성격에서부터 극명한 차이를 보인다. 이들을 대비적으로 보여주는 것은 바로 그들이 머무는 공간인 감금방과 펜트하우스로서 갇힌 자와 가둔 자의 공간으로 구분할 수 있다.

대수의 비좁은 방은 감옥을 연상케 하는 철문과 음식을 넣어주는 작은 창이 있다. 침대와 텔레비전만 있는 공간은 정신병원과도 흡사하다. 미로를 떠올리는 벽지는 이유도 모른 채 감금된 대수의 복잡한 심정과 폐쇄공포를 보여주며 텔레비전을 통해 누군가 외부 세계에 대한 정보를 대수에게 의도적으로 주입한다는 것을 짐작하게 한다.

우진의 펜트하우스는 수직과 수평이 강조된 현대적 구조로 은회색의 차가운 분위기를 자아낸다. 감금방 벽지의 꽃무늬나 곡선은 볼 수 없고 직선의 날카로움, 비정함이 느껴진다. 철저한 통제와 계획대로 일을 진행하는 우진의 성격과 사건의 추이를 잘 보여준다.

한편 규격화된 공간 내부에는 수로가 설치되어 있는데 물의 관습적 상징인 시간성, 영원성을 낯설게 표현한 것이다. 우진을 괴롭히는 과거, 즉 근친상간, 누이의 죽음, 사랑과 죄의식, 복수심 등 사건의 핵심이 되는 상처가 물을 통해 인물

내부에 영원히 존재한다는 것을 보여준다.

이밖에도 이청준의 소설 『잔인한 도시』에 나오는 감옥과 공원, 방생의 집, 조경란의 소설 『불란서 안경원』에 나오는 안경원, 영화 「봄, 여름, 가을, 겨울, 그리고 봄」의 수몰된 산사는 배경 설정이 뛰어난 작품들이다.

또한 인물의 직업과 생활 방식을 통해서도 배경을 묘사할 수 있는데, 조정래, 김동리, 이청준, 공선옥 등의 작가들은 한 지방의 특성을 상세히 파악하여 그 지방 사람들이 종사하는 일과 생활방식을 담아 인물의 사고나 행동에 어떤 영향을 미치고 있는가를 잘 보여준다.

시대와 계절적 시간은 자연의 일부인 인간이 자연적 시간에 영향을 받는다는 관습적 패턴을 따르는 것이다. 노스롭 프라이가 제시한 시간의 관습적 패턴을 보면 봄은 탄생(만남), 여름은 성장(결혼), 가을은 죽음(이별), 겨울은 소멸(시련)을 의미한다. 하루, 계절 등 자연적 시간을 통해 인생의 주기, 삶의 보편적 양상을 유추할 수 있다.

소설 속에 나타난 배경 예시를 살펴보면서 배경 묘사의 방법과 의미를 생각해 보자.

(예시 1) 무진에 명산물이 없는 게 아니다. 나는 그것이 무엇인지 알고 있다. 그것은 안개다. 아침에 잠자리에서 일어나서 밖으로 나오면, 밤사이에 진주해 온 적군들처럼 안개가 무진을 삥 둘러싸고 있는 것이었다. 무진을 둘러싸고 있던 산들도 안개에 의하여 보이지 않는 먼 곳으로 유배당해 버리고 없었다. 안개는 마치 이승에 한(恨)이 있어서 매일 밤 찾아오는 여귀(女鬼)가 뿜어내 놓은 입김과 같았다. 해가 떠오르고, 바람이 바다 쪽에서 방향을 바꾸어 불어오기 전에는 사람들의 힘으로써는 그것을 해쳐버릴 수가 없었다. 손으로 잡을 수 없으면서도 그것은 뚜렷이 존재했고 사람들을 둘러쌌고 먼 곳에 있는 것으로부터 사람들을 떼어 놓았다. 안개, 무진의 안개, 무진의 아침에 사람들이 만나는 안개, 사람들로 하여금 해를, 바람을 간절히 부르게 하는 무진의 안개, 그것이 무진의 명산물이 아닐 수 있을까!

버스의 덜커덩거림이 좀 덜해졌다. 버스의 덜커덩거림이 더하고 덜한 것을 나는 턱으로 느끼고 있었다. 나는 몸에서 힘을 빼고 있었으므로 버스가 자갈이 깔린 시골길을 달려오고 있는 동안 내 턱은 버스가 껑충거리는 데 따라서 함께 덜그럭거리고 있었다. 턱이 덜그럭거릴 정도로 몸에서 힘을 빼고 버스를 타고 있으면, 긴장해서 버스를 타고 있을 때보다 피로가 더욱 심해진다는 것을 알고 있었지만 그러나 열린 차창으로 들어와서 나의 밖으로 드러난 살갗을 사정없이 간지럽히고 불어가는 유월의 바람이 나를 반수면 상태로 끌어넣었기 때문에 나는 힘을 주고 있을 수가 없었다. 바람은 무수히 작은 입자(粒子)로 되어 있고 그 입자들은 할 수 있는 한, 욕심껏 수면제를 품고 있는 것처럼 내게는 생각되었다. 그 바람 속에는 신선한 햇볕과 아직 사람들의 땀에 밴 살갗을 스쳐보지 않았다는 천진스러운 저온(低溫), 그리고 지금 버스가 달리고 있는 길을 에워싸며 버스를 향하여 달려오고 있는 산줄기의 저편에 바다가 있다는 것을 알리는 소금기, 그런 것들이 이상스레 한데 어울리면서 녹아 있었다. 햇볕의 신선한 밝음과 살갗에 탄력을 주는 정도의 공기의 저온, 그리고 해풍(海風)에 섞여 있는 정도의 소금기, 이 세 가지만 합성해서 수면제를 만들어낼 수 있다면 그것은 이 지상(地上)에 있는 모든 약방의 진열장 안에 있는 어떠한 약보다도 가장 상쾌한 약이 될 것이고 그리고 나는 이 세계에서 가장 돈 잘 버는 제약회사의 전무님이 될 것이다. 왜냐하면 사람들은 누구나 조용히 잠들고 싶어 하고 조용히 잠든다는 것은 상쾌한 일이기 때문이다…….

– 김승옥『무진기행』중에서

(예시 2) 꼭 내장까지 들여다보이는 것 같잖아. 밥물이 끓어 넘친 자국을 처음에는 젖은 행주로, 다음에는 마른 행주로 꼼꼼히 문지르며 나는 새삼 마루와 부엌을 훤히 튼, 소위 입식(立式)구조라는 것을 원망하는 시늉으로 등을 보이는 불안을 무마하려 애썼다. 그래도 가스레인지 주변의, 흘리듯 점점이 뿌려진 몇 점의 얼룩은 여전히 희미한 자국으로 남았다. 아마 지난겨울 아버지가 약을 끓이다가 부주의로 흘린 자국일 것이다. 승검초의 뿌리와 비단개구리, 검은콩과 두꺼비 기름을 넣고 불 위에 얹어 갈색의 거품으로 끓어오를 즈음 꿀을 넣어 천천히 휘저어 검은 묵처럼 된 그것을 겨우내 장복하며 아버지는, 피가 맑아지고 변비가 없어진단다, 라고 말했었다. 실내의 바람으로 군용항고에 콜타르처럼 꺼멓게 엉기는 액체를 긴 나무젓가락으로 휘젓고 있는 아버지는 영락없이 중세의 연금술사였다.

약을 달이는 동안 내내 누릿하고 매움한 냄새는 집안 곳곳에 스며들고 비단개구리의 살과 뼈는 독한 연기로 피어올라 마침내 낙진처럼 무겁고 끈끈하게 내려앉았다. 나는 빈혈증과 구역질로 헐떡이며 건성의 피부에 더럽게 피어나는 버짐과 잔주름으로 거울 앞에 매달렸다. 얼룩은 변질된 스테인리스로 기억보다 독하고 오래 남아 있을 것이다.

모든 것은 어제와 다름없이 잘되었다. 부엌 선반의 시계는 다섯 시 반을 가리키고 밥은 한참 뜸이 들어가는 중이고 노릇노릇 구워진 생선에서는 비늘 타는 연기가 희미하게 피어올랐다.

서향의 창으로 비끼는 햇빛은 젖은 도마의 잘게 파인 홈마다 끼인 찌끼를 뒤져내고 칼빛을 죽이며 개수대의 물에 굴절되어 물속의 뿌연 앙금을 떠올렸다.

굳이 발돋움을 하지 않아도 눈가에 걸리는 낮고 기다란 창을 통해 사역(使役)을 마치고 빈터를 가로질러 돌아가는 소년원생들의 행렬이 보이는 것은 여느 날과 다름없었다.

칠, 팔십 명 정도는 좋이 될 그들은 한결같이 바랜 듯한 회색 작업복에 같은 색 모자를 쓰고 있었는데 수의(囚衣)라는 이쪽의 선입견이 작용한 탓일까, 아니면 빈터에 흐름직한 바람을 짐작한 탓일까, 나는 늘상 헐겁게 걸친 작업복 아래 소름이 돋은 깔깔한 맨살을 만지는 듯한 쓸쓸함을 느끼곤 했다. 귀가 맞지 않게 잘라진 낡은 조각처럼 펄럭이며 느리게 움직이는 그 행렬은 시멘트로 다져 빚은 거대한 수레바퀴가 느리고 둔중하게 굴러가는 모습이나 어쩌면 길고 긴 라단조의 휘파람소리 같기도 했다.

행렬의 앞과 뒤에는 각각 한걸음 정도 떨어져 감시원인 듯한, 잠바 차림의 사내가 호위하고 있었다.

– 오정희 『저녁의 게임』 중에서

(예시 3) 해안촌(海岸村) 혹은 중국인 거리라고도 불리는 우리 동네는 겨우내 북풍이 실어 나르는 탄가루로 그늘지고, 거무죽죽한 공기 속에 해는 낮달처럼 희미하게 걸려 있었다. 할머니는 언제나 짚수세미에 아궁이에서 긁어낸 고운 재를 묻혀 번쩍 광이 날 만큼 대야를 닦았다. 아버지의 와이셔츠만 따로 빨기 위해서였다. 그러나 바람을 들이지 않은 차양 안쪽 깊숙이 넌 와이셔츠는 몇 번이고 다시 헹구어 푸새를 새로 하지 않으면 안 되었다.

망할 놈의 탄가루들. 못살 동네야.

할머니가 혀를 차면 나는 으레 나올 뒤엣말을 받았다.

광석천이라는 냇물에서는 말이다. 물론 난리가 나기 전 이북에서지. 빨래를 하면 희다 못해 시퍼랬지. 어느 독(毒)이 그렇게 퍼렇겠니.

겨울방학이 끝나면 담임인 여선생은 중국인 거리에 사는 아이들을 불러 학교 숙직실로 데리고 갔다. 그리고 숙직실 부엌 바닥에 웃통을 벗겨 엎드리게 하고는 미지근한 물을 사정없이 끼얹었다. 귀 뒤, 목덜미, 발가락, 손톱 사이까지 탄가루가 없는 것을 확인하고서야 왕소금이 돋은 등어리를 찰싹찰싹 때리는 것으로 검사를 끝냈다. 우리는 킬킬대며 살비듬이 푸르르 떨어지는 내의를 머리부터 뒤집어썼다.

– 오정희 『중국인 거리』 중에서

작품 감상 및 토론

오정희 소설 『중국인 거리』는 한국전쟁 직후 인천에 위치한 중국인 거리를 배경으로 이야기가 펼쳐진다. 작품을 읽고 배경의 의미와 기능에 대해 이야기해 보자.

배경(장소와 공간)

전후 중국인 거리의 모습

현재 중국인 거리의 모습

배경

* 해안촌, 중국인 거리

• 시를 남북으로 나누며 달리는 철도

• 탄가루로 그늘지고, 거무죽죽하고 낮달 같은 해

배경

• 전후 포격으로 건물 형태가 잔존

• 개미굴같이 복잡한 집안

• 조개탄을 이용해 해인초를 끓여 집을 짓고 있음

• 포격으로 남은 건 중국인 거리와 적산 가옥

• 시골과는 다르게 중국인 거리는 분주하고 목조건물이 즐비하다.

5. 배경(장소와 공간적 배경)

- 불균형, 냉담, 무관심한 분위기의 양식집들
- 중국인 잡화점의 사치품
- 중국인들 묘사나 명명

배경(생활 방식)

비위생적인 생활

- 중국인 거리에 사는 아이들을 불러 탄가루를 씻겨냄
- 학교에서 회충약을 먹임
- 소를 태운 차로 가족들 이사
- 가을이면 빈대의 극성

배경(도덕적 배경)

- 욕을 내뱉는 네 살짜리 동생
- 치옥이의 "난 양갈보가 될 거야."
- 할머니가 제니를 짐승의 새끼라고 부르며 혐오스러워 함
- 고양이가 새끼들을 잡아먹음
- 할머니의 처제와 눈이 맞은 할아버지
- 아기가 여자의 두 다리 밑에서 나오는 것을 알고 있다.
- 미군이 칼을 던져 겁을 줌
- 고양이가 칼에 맞아 죽음
- 매기를 죽인 검둥이

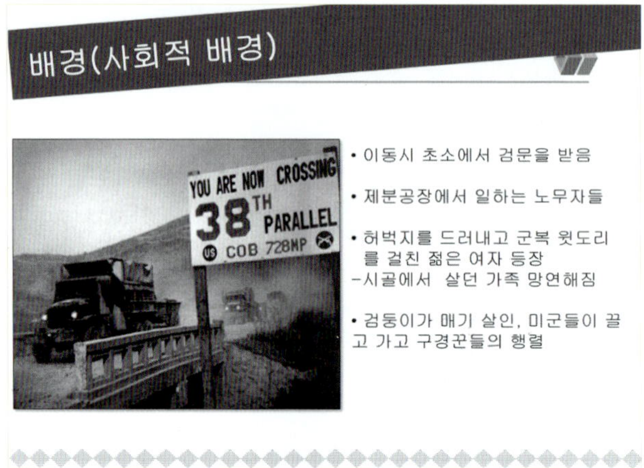

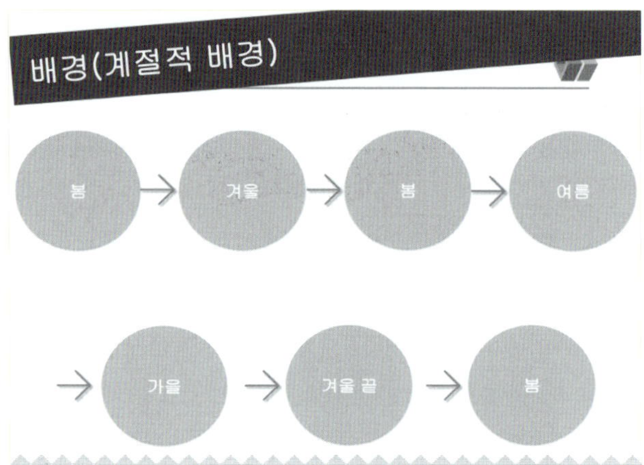

학생 창작품 감상 및 토론

나를 둘러싼 배경을 탐색해 보고 묘사해 보자.

S맨션의 지하

최○○

비명을 참는다고 하여 고통마저 삼키어지는 것은 아니었다. 퀴퀴한 곰팡내에 덮인 달빛 한 점 들지 않는 반지하방엔 언젠가부터 피비린내가 감돌았다. 지상으로

난 한 뼘 창문으로는 셀 수 없이 많은 발걸음이 오갔지만 누구도 더러운 반지하방을 들여다보지 않았다. 도로 아래에 하수구가 있는 것처럼 S맨션의 지하에는 김의 집이 위치했다.

김은 자신을 추악한 오물이라고 생각했다. 썩어가는 몸에는 어느새 구더기가 들끓기 시작했다. 구더기는 조만간 알을 까고 파리가 되어 김의 하수구를 가득 채울 거였다. 낡은 매트리스 위에 누운 김은 멍하니 천장을 바라봤다. 천장에서 시멘트 덩어리가 떨어져 나가 매트리스는 콘크리트 조각으로 가득했다. 김은 천천히 방으로 시선을 옮겼다. 벽에 붙어 있는 달력은 시월의 것이었다. 수신이 끊긴 텔레비전 앞에 놓인 신라면 봉투를 보자 문득 김은 자신이 한참이나 아무것도 먹지 않았다는 것을 깨달았다. 봉투 옆에 놓인 앉은뱅이 밥상에는 냄비와 먹다 남은 라면 찌꺼기가 눌어붙어 있었다. 김은 문득 더러운 반지하방이 역겨워졌으나 이내 가장 역겨운 것은 자신이라는 것을 깨닫고 눈을 감았다.

엘리베이터

김○○

모퉁이 건물 입구로 들어가면 기다렸다는 듯이 입을 쩍 벌릴 준비를 마친 엘리베이터가 보인다. 눅눅한 알코올 향은 위아래 층에 술집이 자리하고 있음을 알려준다. 건물 입구는 음식물 쓰레기와 토사물 냄새로 악취가 난다. 이와 달리 깨끗하게 잘 닦여 있는 엘리베이터의 문은 은빛으로 빛나고 있다. 그러나 은색 문에 새겨진 양각의 무늬는 가뭄으로 쩍쩍 갈라진 대지를 보는 듯 착각이 일게 한다. 위로 향하는 화살표 버튼을 누르면 얼마 안 가 폭포에 숨겨 있는 비밀의 문처럼 엘리베이터가 좌우로 갈라지며 열린다. 내부 거울에 비치는 내 모습이 너무나 또렷하다. 내부에 들어서서 바닥에 떨어진 종이쪼가리들을 보니 자리에서 벗어날 생각이 없어 보인다. 옷매무새를 고치고, 문이 열리고, 널브러진 종이쪼가리처럼 나 역시 PC방 앞에 서 있게 된다.

숨바꼭질

정○○

여름 햇살이 가득한 방에서 나는 숨바꼭질하는 것을 좋아했다. 침대 밑에 숨어

손만 꺼내어 가만히 두고 있으면 끝이 찌릿해지는 그 기분도 좋았다. 흔들거리는 의자를 바라보며 잠이 들기도 하고 침대 앞에 있는 화장대에 앉아 엄마 몰래 립스틱을 바르다가 부러뜨려서 혼이 났던 철부지 어린 시절이 좋았다.

그때처럼 나는 엄마를 놀래 주려고 침대 밑에 숨었다. 엄마가 방으로 들어오고 뒤따라 남자가 들어왔다. 아, 선생님이다! 사랑하고 존경하는 나의 선생님!

선생님의 반듯하게 다려진 셔츠가 구겨진 채 흔들의자에 걸려 있다. 흔들의자와 침대가 흔들린다. 창문도 닫혀 있고 커튼도 쳐 있으니 바람 때문은 아니다. 그런데 흔들린다. 모든 것이. 엄마도, 선생님도, 나도 흔들린다. 엄마의 핸드폰이 오르골 소리를 내며 윙윙 거린다. 소리가 따갑다. 나는 침대 밑에서, 뿌옇게 날리는 먼지와 뒤섞인 채 눈을 감았다.

실종

이○○

"잠깐! 여기라고요? 잘못 온 거 아니에요?" 내 물음은 다급했다. 택시기사는 백미러로 흘끔 내 눈을 보며 그렇슈, 건성으로 대답했다. 가자고 말한 곳에 무사히 왔는데, 웬 소리냐는 식이었다. 다시 한 번 창밖을 내다보았다. 다져진 땅은 살갗을 헤집어 속이 다 파헤쳐진 것처럼 사람이 살았던 흔적을 도저히 찾을 수 없었다. 뚜, 다, 다, 다, 닥……! 포크레인과 굴착기 등의 장비가 빚어내는 맹렬한 소음은 단순했으나, 내 귓속을 잔인하게 후벼 파고 들었다. 땅은 자연스런 흙빛을 버린 듯했다. 여기저기 들쑤시고 파헤쳐 머지않아 옹골진 철근심이 박히거나, 레미콘이 쏟아 부을 석회 반죽이 섞일 순간을 체념한 채 불그죽죽하게 죽어가고 있었다. 낯선 풍경이었다. 할 일을 다했다는 택시 기사의 채근에 쫓겨 택시비를 지불하고, 앉았던 자리에서 내몰렸다. 이곳을 찾아오기 위해 서둘렀지만 해는 벌써 중천에 떠 있었다. 달갑지 않은 승객을 짐짝 부리듯 내려놓고 부리나케 사라지는 택시를 보니 더욱 난감했다. 내가 없는 동안에 마을의 모든 게 사라져버린 지금, 나는 어떤 반응을 취해야 할지를 알 수 없었다. 칠이 벗겨진 틈으로 녹물의 얼룩이 잠식한 표지판 또한 갈 곳이 어딘지 모르고 있었다.

여물을 먹으며 되새김질하던 소는 뱃고랑이 두둑해지면 워낭소리를 울리며 집을 나섰다. 들판을 지나며 덜퍽덜퍽 쏟아내던 소똥은 햇볕에 엉기어 진기를 버렸고 바람이 나르던 그 냄새는 내 코 가까운 곳에 머물렀다. 주변에 지천으로 널렸던 토끼풀을 훑어 모아 가락지와 목걸이를 만들곤 했다. 손끝의 비릿한 내음은 풀

꽃목걸이가 시들어 버릴 때까지 남아 있었다. 기억 속의 냄새는 이토록 선연한데 왜 이곳에 없는 걸까. 고향을 지키고 있을 그들을 잊고 바쁘게 살았던 나의 어리석음이 부른 화일까. 나는 견딜 수 없이 고독했다. 그들은 마을에 영원히 있을 것이고, 그래서 내가 원하면 언제든지 이곳을 찾을 수 있으리라고 생각했던 건 나의 오만에 불과했다. 치기어린 세월의 배를 타고 결코 돌아올 수 없는 곳에 버려진 것이다. 나는 정체를 알 수 없는 공포감에 사로잡혔다. 금방이라도 마을을 잃고 떠도는 유령이 나타날 것만 같았다. 또 다른 내 모습처럼.

나는 충격에 못 박힌 듯 굳었다. 설령 내가 비명을 지른다 해도 나를 구하러 올 이는 아무도 없다. 철거한 건물의 잔해가 나뒹굴고 있었다. 고향을 잃고 헤매는 나와 닮았구나. 깨진 시멘트 조각을 가만히 내려다봤다. 사라져버린 마을 곳곳을 누비며 걸음걸음에 지문을 남기듯 새겨 놓았다. 그 흔적의 끝을 찾아 두 발이 손이 되어 어루만지듯 이곳의 옛 시간을 찾아.

비밀 공간

김○○

청소시간이다. 수지는 이 시간만 되면 몰래 교실을 빠져나와 어디론가 사라진다. 6교시 오후 수업이 끝나고 교정에는 청소시간을 알리는 종소리가 울린다. 수능 준비로 무더위 잡풀처럼 풀 죽은 아이들을 북돋우려는지 최신 유행하는 가요가 흘러나온다. 청소를 시작하면 저절로 잠이 쏟아지던 방금 전과는 달리 아이들은 떠들기 시작한다.

수지가 향하는 곳은 방금 전 있었던 새 건물 뒤편인 옛날 오래된 붉은 벽돌 건물이다. 한여름 붉은 벽돌 건물은 초록 담쟁이 넝쿨들로 친친 감겨 있었다. 7월의 따가운 햇살이 수지의 팔을 콕콕 찔렀다. 건물에 들어서자 햇살이 사라지고 식어 있던 공기가 수지의 더운 피부를 식혀줬다. 갑자기 닿은 차가운 공기에 수지의 팔에 소름이 돋았다.

수지는 복도 가장 끝에 자리 잡은 음악실로 향한다. 처음 음악실로 들어설 때는 오줌이 잘금잘금 나올 것만 같이 긴장도 됐었는데, 아무도 사용하지 않는 곳이란 걸 알고부터는 긴장하지 않는다.

음악실엔 빛이 바래 누렇게 변한 커튼 사이로 들어오는 빛만이 가득 했다. 그 빛을 받아 나풀대며 춤추는 것 같은 먼지도 보인다. 한쪽 구석에는 쓰지 않는 악기가, 한쪽에는 악보와 책들이 먼지에 쌓여 있다. 단 하나, 교실 가운데에 떡하니 자리 잡은 그것만큼은 먼지가 쌓여 있지 않을 것이다. 수지는 다가가 덮여 있던 하얀 천을 걷었다. 거대하고 묵직한 검정색 그랜드 피아노가 우뚝 자리 잡고 있었다.

수지는 들고 온 걸레로 피아노를 닦기 시작했다. 반질반질 피아노가 반사되어 윤이 났다. 음악실 건너편 새 건물에선 시끄러운 소리가 희미하게 들려온다. 수지는 피아노 의자에 앉았다. 처음 음악실 문을 열던 그때처럼 가슴이 뛴다. 건너편에서 들리는 음악소리보다 자신의 심장 뛰는 소리가 더 크게 들리는 것만 같았다. 수지는 피아노에 살포시 손을 올렸다. 한쪽에 쌓여 있던 악보 중 몇 개를 골라 피아노에 올려놓았다. 왼쪽 얼굴로 햇살이 자꾸만 비쳐 눈이 부셨다. 손가락에 힘을 주어 피아노를 치기 시작했다. 경쾌한 고양이 왈츠부터 애절한 사계까지. 듣는 이가 없어도, 피아노가 조율되어 있지 않아도 수지는 자신만의 연주를 연주했다. 왼쪽 귀로 넘겼던 머리카락이 스르르 떨어짐과 동시에, 건너편에서 들려오는 최신가요는 끝이 났고, 수지의 연주도 끝이 났다. 흰 천으로 피아노를 다시 덮고 의자를 가지런히 정리한 수지는 피아노에 한 번 더 눈길을 주고는 음악실을 나왔다. 춤추던 먼지가 조용히 땅으로 가라앉는 순간, 7교시 수업종이 울렸다.

창 작 연 습

인상적인 배경을 탐색해 보고 그 의미를 구체적으로 묘사해 보자.

10

서사구조와 플롯

1 유기적 구조

문학 작품은 균형 잡힌 인체와 같다. 모든 요소는 유기적으로 연결되어 있으며 소설을 이루는 각각의 요소는 그 기능과 역할을 다할 때 자연스럽고 아름다운 작품으로 탄생한다.

소설의 첫머리는 독자의 흥미와 호기심을 자극하고, 다음은 독자를 인물의 정서와 인성에 휘말리게 하고, 해결해야 할 문제 또는 조사되어야 할 수수께끼를 제기한다. 독자의 흥분이나 기대를 절정에 올려놓고 문제 해결과 수수께끼에 대한 설명 등을 드러내면서 궁금증을 해소시킨다. 결국 작품의 끝은 시작에서 이미 암시되며 소설 구상과 구성의 단계에서 치밀하게 계획·조직되어야 한다.

작품 감상 및 토론

다음 사진을 이용하여 이야기를 엮어 보자.

(출처: 네이버)

문학 감상과 창작은 재미 → 감동 → 승화(昇華)의 3단계로 이루어진다.

재미는 호기심, 흥미, 새로움이 있을 때 생기며 소재, 배경, 인물 등 발상의 전환을 필요로 한다. 재미를 더해 주려면 웃음과 정보, 의문을 발휘해야 하는데 특이한 정보는 독자의 지적 호기심을 채워 주고 유머와 재치는 긴장감을 해소시켜 주며 독자와 작품을 친숙하게 만든다.

발상, 관점, 표현 등이 새롭고 독자와 공감대를 형성하여 인기를 끈 작품을 소개하면 다음과 같다.

아스트리드 린드그린의 『내 이름은 삐삐 롱스타킹』은 새로운 고아 캐릭터를 탄생시켰고, 매리 노턴의 『구두 속에 사는 난쟁이들』, 『벽 속에 사는 난쟁이들』 시리즈는 흔하면서도 새로운 공간을 만들었다. 수지 모건스턴의 『조커, 학교 가기 싫을 때 쓰는 카드』는 말 대신 카드라는 새로운 소재로 표현하는 점이 인상적이며, 로알드 달의 『마녀를 잡아라』는 새로운 마녀와 변신, 관습을 깨는 결말로 의미심장한 주제를 유쾌하게 시사한다.

감동은 기쁨과 흥분을 일으키는 심리 상태로 가슴 속에서 무언가 일어나게 하는 정서적 움직임이다. 이는 새로운 경험에서 발생하는 충격이나 진선미(眞善美)의 발견에서 비롯된다. 감응, 메아리, 카타르시스는 자신의 의식과 그것을 흔드는 새로운 의식이 충돌하여 일어나는 것으로 독자는 작품에서 체험한 놀라움, 아픔을 통해 조금씩 성장하게 된다.

그렇다면 감동을 어떻게 엮을 것인가 고심하게 된다. 감동을 엮는다는 것은 조직화한다는 의미로 구성을 뜻한다. 독자로 하여금 이야기에 관심을 갖고 → 긴장하며 → 해소하는 과정을 체험할 수 있도록 줄기를 짜는 것이다. 구성은 플롯, 긴장감, 통일성을 바탕으로 조직된다.

문학이란 철학을 그대로 노출하는 것이 아니기에 문학만의 방법으로 형상화(形象化)해야 한다. 형상화는 외부(구성)와 내부(묘사와 서술)로 이루어진다.

구성은 작품의 짜임새(plot)이다. 이야기의 인과관계를 설정한다고 생각하면 쉽다.

다시 말해 구성이란 인과관계를 통해 독자를 충분히 설득할 수 있는 여건을 만들어 사건 및 요소들을 긴밀하게 배열하는 것이다. 주도면밀한 논리성과 자연스러움이 구성의 요건이다.

구성을 하는 이유는 결국 이야기를 효과적으로 전달하기 위함이다. 즉 재미와 감동을 주기 위해서이다. 또한 구성력은 작품의 미학적 완성을 이루는 힘으로서 작품의 생명력, 예술성을 나타내는 데 매우 중요하다. 따라서 작품을 창작할 때 머리로만 구성하지 말고 사건, 인물의 관계, 전개 과정 등을 도식화하면서 효과적인 구성안을 작성해야 한다. 습작생과 신인작가의 차이는 구성의 성공 여부라고 말할 수 있다.

2 줄거리와 시놉시스

줄거리(story)는 군더더기를 떼어 버린 골자(骨子), 중심이 되는 줄기를 시간 순서에 의해 기술한 것이다. 시놉시스(synopsis)는 작가가 작품의 요지를 쉽게 전달하기 위해 정리한 것이다. 시놉시스는 주제, 기획 및 집필의도, 등장인물, 줄거리를 기본으로 작성하는데 작품의 의도와 전달하고자 하는 메시지가 무엇인지 분명하게 전달할 수 있도록 명료하게 작성한다.

소설에서 시놉시스는 스토리, 인물, 배경, 시점, 문체, 주제 등을 명확하게 기술하는 것이며 플롯은 인과관계에 중심을 둔 구체적 조직을 말한다.

아리스토텔레스는 "시놉시스는 글의 기둥이며 흐름이 되고, 그와 같은 시놉시스에 극적 요건을 가미하여 구체적으로 조직해 놓은 것이 플롯"이라고 했다.

시놉시스는 소설, 희곡, 시나리오 등의 초기 핵심부로서 시놉시스 없는 작품은 성립되기 어렵다. 이것은 논리성, 즉 개연성을 갖춘 이야기를 만들기 위한 필수불가결한 작업이기 때문이다. 시놉시스, 플롯은 모두 작품의 유기적 구조를 만들기 위한 과정이며, 플롯은 시놉시스보다 발전한 긴밀한 작성표라고 정리할 수 있다.

일반적으로 창작 과정은 주제, 소재, 구성(시놉시스, 플롯) 순으로 이루어진다.

1) 주제의 단계: 작가가 어떤 의도로 무엇을 표현할 것인가를 결정하는 단계
2) 소재의 단계: 어떤 소재를 통해 주제를 표현할 것인가를 결정하는 단계
3) 시놉시스 단계: 스토리, 인물, 배경, 주제, 시점, 문체 등 기본 요소를 정하는 단계
4) 플롯 작성 단계: 시놉시스를 바탕으로 극적 국면을 설정하는 단계

학생 창작품 감상 및 토론 — 문학 작품을 응용하여 시놉시스/기획안 만들기

(1) 동요 '시놉시스'

맹○○

- **원작:** 월트 디즈니 작 「라푼젤」
- **주인공:** 유진(플린 라이더)
- **장르:** 동요(네잎클로버 개사)
- **주제:** 자신에 대해 자신감을 가져라
- **내용:** 어릴 적 책에서 보았던 영웅 '플린 라이더'의 이름으로 살아왔으나 영웅이 아닌 도둑이 되어 버린 유진. 나중에는 자신의 이름을 밝히고 자신의 본명으로 살아가는 '유진'처럼 본명을 숨기고 다른 이름으로 살아가는 이들에게 자신감을 갖고 멋지게 살아가라는 희망을 주겠다는 내용으로 유진의 중심에서 부르는 노래.

원 가사: 깊고 작은 산골짜기 사이로 / 맑은 물 흐르는 작은 샘터에
예쁜 꽃들 사이에 살짝 숨겨진 / 이슬 먹고 피어난 네잎클로버 랄랄라

한-잎 랄랄라 두-잎 / 랄랄라 세-잎 랄랄라 네-잎
행운을 가져다준다는 / 수줍은 얼굴의 미소
한 줄기의 따스한 햇살 받으며 / 희망으로 가득한 나의 친구여
빛처럼 밝은 마음으로 / 너를 닮고 싶어

개　사: 옛날옛날 내가 아주 어렸을 적에 / 플린이란 나의 영웅 하나 있었네
영웅처럼 살려고 이름 바꿔도 / 나는 그저 도둑인 유진이라네 이제는
아니야 플린이 아니야 / 이제는 유--진 예전과 달라요
세상에 멋지게 살거라 / 자신감 넘치게 말해
남의 이름 가지고 사는 사람아 / 나의 얘기 전해들은 다른 사람아
나처럼 새로운 인-생을 / 살아 나가 보렴

(2) 의상 – 기획안

김○○

작품	꼬마 마법사 레미(의상 디자인)
작품 해석	평소에는 꿈 많은 소녀이지만, 악당들과 맞서 싸우기 위해서 속으로는 가시를 품고 마법사로 변할 때 소녀는 소녀의 몸으로 자신보다 큰 악당과 싸운다.
작품 기획 의도	소녀의 감수성과 마법사로서의 강인한 모습을 옷을 통해 보여준다.
작품 구성	• 재료: 와펜, 송곳찡, 회색 면티 • 구성: 티의 앞쪽엔 마법사 레미의 소녀적인 감수성이 돋보이게 와펜으로 장식한다. 티 위쪽엔 마법사로 변해 악당과 싸울 때의 레미의 모습을 날카로운 찡으로 표현한다.
작품 설계	

(3) 광고 '시놉시스'

임○○

- 문학 작품: 「빨간 모자」
- 줄거리

  빨간 모자만 쓰고 다녀 '빨간 모자'라는 별명을 가진 아이가 있었다. 어느 날 빨간 모자는 심부름으로 할머니 댁에 포도주와 빵을 가져다 드리려고 집을 나선다. 빨간 모자를 발견한 늑대는 잡아먹을 생각으로 접근해 할머니 댁의 위치를 알아내고 먼저 가 할머니를 삼킨 뒤 할머니로 변장한다. 뒤늦게 도착한 빨간 모자도 늑대에게 잡아먹힌다. 배가 부른 늑대는 잠이 들었고 이를 발견한 사냥꾼이 자고 있는 늑대의 배를 갈라 할머니와 빨간 모자를 구해 주고 늑대의 배에 돌을 채워 넣는다.
- 감상과 창작 배경

  처음 제2의 창작물을 염두에 두지 않고 이 '빨간 모자'라는 동화를 읽었을 때는 '지혜의 중요성'이라는 1차원적인 주제만 이끌어 낼 수 있었다. 그러나 조금 다른 시각으로 바라보고 난 후에 든 생각은 할머니와 빨간 모자가 왜 늑대에게 잡아먹혀야 했는가에 대한 의문이었다. 그래서 나는 이러한 의문을 토대로 구상한 창작품에서 반전을 이용하기로 하였다.
- 창작물 테마: 광고
- 주제: 건강보조식품 광고
- 구성: 애니메이션 형식으로 내레이션과 등장인물들의 대사로 이루어진다.
- 등장인물: 엄마, 빨간 모자, 늑대, 할머니
  - 엄마: 전체적으로 동글하고 서글서글한 눈매를 가졌다.
  - 빨간 모자: 순수하고 착해 보이는 인상의 어린아이. 빨간 모자를 쓰고 있다.
  - 늑대: 누구나 두려워할 만한 인상을 가지고 있다.
  - 할머니: 인자해 보이는 인상 아래로 온몸에는 잔 근육이 솟아 있다.
- 광고 구성안

  나무로 지어진 빨간 모자의 작은 집을 배경으로 빨간색으로 된 '빨간 모자'라는 문구가 배경음악과 함께 그림의 가운데에 등장한다. 배경음악은 등장인물들이 나오기 전까지 계속된다.

#1 빨간 모자의 집안

나무로 지어진 빨간 모자의 집안이 아기자기하게 정돈되어 있다.

내레이션: 옛날옛날 빨간 모자라는 아이가 살았어요. 어느 날 빨간 모자는 갈색 바구니를 할머니께 전해드리고 오라는 엄마의 심부름을 가게 되었어요.

엄마: 빨간 모자야. (갈색 바구니를 주며) 이 바구니를 할머니께 전해 드리고 오겠니?
빨간 모자: (흔쾌히 웃으며) 네! 엄미!

- 경쾌한 배경음악이 깔리고 할머니 댁으로 향하는 숲길로 빨간 모자가 웃으며 걸어가고 있고, 한쪽 구석에 보일 듯 말 듯 늑대가 지켜보고 있다.
- 이후 늑대를 만나게 된 빨간 모자는 동화에서처럼 늑대의 꾀에 넘어가 할머니 집을 가르쳐 주게 되고 그 길로 늑대는 할머니를 찾아간다. 늑대가 할머니 댁에 이르러 문을 두드리자 아무런 반응도 없다. 늑대가 문을 살짝 밀자 스르르 열린다. 늑대는 음흉한 미소를 지으며 들어간다. 할머니는 이불을 머리끝까지 덮고 있다. 늑대는 입을 크게 벌리며 짐승소리를 낸다. 이에 놀라 깬 할머니는 갑자기 침대에서 일어나 울퉁불퉁 근육을 보이며 레슬링 기술로 늑대를 제압한다. 뒤늦게 도착한 빨간 모자는 할머니 옆에 쓰러져 있는 늑대를 보고 놀라며 갈색 바구니를 떨어뜨린다. 그 바구니에서는 건강보조식품이 쏟아져 나온다. 할머니와 빨간 모자는 다정하게 침대에 앉아 웃으며 건강보조식품을 먹는다.

(4) 음악 '시놉시스'

김○○

- **작품**: 영화 「죽은 시인의 사회」
  이 영화의 메시지는 역시 '참된 교육'이다. 아이비리그 진학률이 70퍼센트에 육박하는 명문고에 존 키팅이라는 인물이 등장하면서 '죽은 시인의 사회'라는 동아리의 활동과 학생들이 변화하는 모습, 그리고 비극적인 결말 이후의 반전이 인상적이다.
- **2차 창작 장르**: 음악으로 다시 보는 「죽은 시인의 사회」
  - 처음에는 역사와 전통이 깊고 규율이 엄격한 명문고의 입학식을 표현하기 위해 강력한 룰에 지배되는 고전주의 음악이나 군가와 같은 웅장한 음악으로 시작한다.
  - 존 키팅의 테마는 자유롭고 개방적인 느낌을 주기 위해 저음 영역을 제거하고 클라리넷이나 플루트 같은 고음의 관악기와 바이올린으로 경쾌한 멜로디를 연주한다.

- 키팅의 첫 등장은 학생들이 그를 모르는 상태이므로 호기심을 표현하기 위해 다소 작은 소리로 연주한다. 학생들은 기숙사생활을 하기 때문에 부모님과 떨어져 살게 된다. 학교 테마에서 처음 부분만 부드럽고 잔잔히 연주하는 와중에 달튼, 낙스, 닐, 토드 차례로 등장하고 순서대로 각각의 테마 멜로디가 흐른다.

  - 달튼: 드럼 / 활기찬 성격
  - 토드: 베이스기타 / 소심하지만 모습을 드러낼 때 다른 악기들과는 다른 매력을 보여줌
  - 닐: 키보드 / 그랜드피아노만 치던 정형화된 모습에서의 일탈
  - 낙스: 일렉트로닉스기타 / 활기차고 개성 있게 표현

- 보편적인 록 밴드 구성. 나머지 엑스트라는 학교 테마와 동일시한다.
- 키팅이 수업에 들어오면서 페이드인 효과. 교탁 위로 올라가 학생들의 눈을 감게 하고, "카르페 디엠"을 외칠 때 7중창으로 "카르페 디엠!"이라는 가사의 보컬을 터뜨린다.
- 키팅 선생을 만나면서 따로 놀던 네 학생과 추가로 캐머런이 합주를 시작한다. 각각 다섯 주연의 연주는 초보적이지만 갈수록 개성 있고 훌륭하게 변한다.
- 서비스로 낙스가 좋아하는 여자애한테 구애하는 장면에서는 끈적한 블루스기타가 솔로 애드립을 연주한다. 이때 보컬이 다시 등장한다. 가사는 카르페 브레스툼 7중창
- 절정으로 넘어가 닐이 아버지의 명령을 최초로 거부하고 연극을 하러 가는 장면
- 닐의 키보드가 행복한 코드로 집을 짓다가 행복이 극에 달한 순간, 가장 낮은 음역의 비극적인 마이너코드가 같은 음으로 이어진다. 그리고 페이드아웃 하는데, 이 과정은 닐의 자살을 의미한다.
- 키팅은 닐의 자살에 대한 학교의 추궁으로 쫓겨날 위기에 처한다. 캐머런의 배신으로 캐머런 파트가 불협화음을 내다가 사라지고 점차 키팅을 쫓아내는 서류에 사인한 나머지 주연들 악기도 하나하나 사라진다. 그러나 토드 홀로 사인하지 않는데, 이때 열정적인 베이스 솔로로 슬픔을 노래한다. 병든 사회에 저항적이었던 60년대 포크 록이 좋겠지만 일렉트로닉스베이스로는 델타 블루스가 불가능하므로 어쿠스틱베이스 세션 연주와 함께 밥 딜런을 노래한다.
- 학교 테마 속에서 키팅이 전근 당해서 점점 멀어진다. 키팅의 테마가 점점 작아진다. 토드 홀로 베이스를 열정적으로 치다가 하나 둘 악기가 계속 치면서

밴드 연주와 관현악 오라토리오가 웅장하게 퍼진다. 모든 학생들이 책상 위로 올라가 작별 인사하는 장면이다. 키팅이 학교에 영향을 미쳤음을 보여주기 위해 키팅의 테마 악기는 사라지지만 나머지 학교 테마와 학생들 테마의 악기들이 키팅 테마를 연주한다. 딥 퍼플의 오케스트라와 협연한 앨범을 떠올리면 이떤 느낌인지 감이 잡힐 것이디.

- 부각시켜야 할 부분은 다음과 같다.
  ① 키팅이 "카르페 디엠!"을 외치는 순간
  ② 닐이 자살했을 때
  ③ 모두 책상 위로 올라가 키팅을 배웅할 때

  - 1번은 완전한 불협화음인 프리재즈보다는 하모니가 파괴되지 않았지만 자유로운 느낌의 밥 재즈를, 2번은 불협화음 이후 공백을 넣어서 감정을 환기시키고, 3번은 곡 중 가장 아름답고 웅장해야 한다. 아름다움의 기준은 각각이 아름다운 것보다 모든 악기의 조화, 그리고 변화한 분위기이다.

- 주제 및 의도: 중요한 건 학교에 일어난 변화이다. 그래서 전체적으로 딱딱하고 부자연스러운 분위기에서 흑인음악적인 발랄함, 즉흥연주 따위를 점점 들려주면서 변화하는 과정이 귀로 들려야 한다. 이 변화과정 자체를 필자는 참된 교육이라고 말하고 싶다.

(5) 캠페인 동영상 '시놉시스'

임○○

- 작품: 이솝 우화 「여우와 두루미」
  이 이야기는 언제나 상대방의 입장에 서서 생각해야 한다는 교훈을 준다.
  내가 초등학교 다닐 때도 '왕따'가 유행했다. 예를 들어 국어시험에서 백 점 맞았다는 이유로 왕따를 당했을 정도로 별것도 아닌 일에 왕따를 당하던 시기였다. 나는 친구를 따돌리는 중심에 있지는 않았지만 그 주변에서 동조하는 축에 있었다. 그러다가 나는 먼저 집에 일찍 갔다는 이유로 왕따를 당한 적이 있었다. 처음으로 왕따의 기분을 느끼게 되었다. 짜증났고 외로웠고 슬펐다. 따돌림은 전염병처럼 옮겨져 모두들 나와 놀지 않았다. 그러던 중 한 친구가 내게 말을 걸어 주었고 급식을 같이 먹으러 가 주었다. 그 당시 왕따인 친구와 급식을 같이 먹어 주는 그 친구의 용기 있는 행동이었다. 어린 나는 친구의 배려에 감동했다.

- 창작물 장르: 5분 정도 되는 동영상 캠페인 UCC
- 주제: 타인의 입장에 서서 배려하자
- 기획 의도: 상대방의 입장도 생각해 보고 사려 깊게 행동해야 한다는 것을 보여주기 위해 이를 행하지 못하는 현대인의 삶을 보여주어 그 심각성을 깨닫는다.
- 내용

안여우의 취미는 인터넷 서핑이다. 그중에서도 연예인 정보와 관련된 인터넷 기사나 네이트판 보는 것을 즐긴다. 하지만 보는 것에 그치지 않고 댓글을 달며 참여한다. 매우 비판적이며 무분별한 비난, 악플을 다는 재미에 빠져들게 된다. 동기 강두루는 안여우의 악플 다는 모습을 보게 되고 충고하지만 잘못을 느끼지 못한다.

그러던 어느 날 길거리에서 떡볶이 먹는 데 정신이 팔려 엉덩이로 유치원생을 넘어뜨리게 된다. 도로로 넘어진 유치원생은 자동차 사고를 당할 뻔하고, 안여우는 자신이 그런 것도 모른 채 도로에 넘어진 유치원생을 구한다.

앞뒤 상황을 모른 채 구하는 모습을 본 시민에 의해 "여대생, 온몸을 던져 유치원생을 구하다"라는 이야기가 퍼지고 지역 언론사에서 인터넷 기사로 넘어가며 검색어 1위, 순식간에 여대생 영웅이 된다. TV 프로그램 인터뷰, 쇼 프로그램 게스트 등 연예계 활동까지 하게 된다. 처음에는 어색했지만 쏟아지는 찬사와 부러움에 익숙해져 생활하던 안여우는 한 네티즌의 글로 마녀 사냥의 중심에 서게 된다. 제목은 "파워! 엉덩이의 진실!"

- 어떻게 만들 것인가?

안여우가 자신이 욕하던 사람의 입장이 되어 괴로워하는 것까지 인물 영상 후에 악플러들의 실태에 대한 기사와 사례 등을 짧은 영상을 넣어 사태의 심각성을 뒷받침해 보여줄 것이다.

(6) 소설 '시놉시스'

최○○

- 제목: 달무지개 밤을 세다
  - 달무지개: 햇빛에 의해 만들어지는 무지개와 달리 달빛(달에서 반사된 태양빛)에 의해 만들어지는 무지개를 말한다. 무지개가 태양 반대편 하늘에 생기는 것과 마찬가지로 달무지개 역시 달의 반대편 하늘에 만들어진다. 또한, 달

에서 반사되는 빛은 매우 약하기 때문에 달무지개는 일반 무지개에 비해 매우 희미하여 사람의 눈은 그 빛을 인식하기 어렵기 때문에 실제로 보았을 때는 뿌연 모습밖에 볼 수 없다.

- 등장인물
  - 유은(柳銀): 시른한 살 평범한 직장인. 활발한 성격이었으나 점차 나이가 들면서 주변에 사람이 없어져 부쩍 외로움을 타지만 남자친구 덕에 잘 버티고 있다. 본래 외로움이나 우울함을 잘 느끼는 성격으로 타인 의존도가 크다. 성품을 여려서 동정심을 잘 느끼고 나이답지 않은 순수함에 환상을 꿈꾸기도 한다.
  - H: 성야경증(밤 공포증)과 함께 강박적 사고, 우울증 등 불안정하다. 두려움이 많고 밤엔 더 심해져 쇼크나 공황에 빠지기도 한다. 주변에 사람이 없고 어렸을 때부터 혼자 살았다. 가끔 충동적인 행동을 보이기도 한다.
- 줄거리

은은 회사 지인의 결혼식장에 갔다가 신부 측에 있는 사람 중 유난히 표정이 좋지 않은 H를 본다. 은은 전 남자친구이거나 몰래 신부를 좋아했던 이겠거니 생각하며 대수롭지 않게 넘긴다. 일상을 묻는 그를 잊었을 즈음 은은 남자친구와 함께 간 영화관에서 홀로 있는 H와 마주친다. 그는 결혼식장에서와 비슷한 표정으로 표 한 장을 들고 서 있었다. 은은 다시 한 번 이상한 사람이라 생각하며 그를 지나친다. 그때 H가 은을 불렀다가 사라진다. 그날 이후 은은 H가 가끔 생각날 정도로 신경 쓰이게 된다. 그 즈음 은은 남자친구와 자주 싸우게 되고 결국 헤어진다. 외롭고 우울한 날들을 보내는 은에게 남자가 찾아오고 둘은 연락하며 지내는 사이가 된다. 어느 날 늦은 밤 H에게서 은을 찾는 전화가 오고 은은 H를 이상한 사람 취급하며 전화를 끊으려 하지만 진심으로 다급해하는 그의 목소리에 그를 찾아가 패닉에 빠진 모습을 본다. 그는 밤이면 두려움에 미칠 것 같다고 했다. 은은 H를 안아주며 자신이 그를 지켜주겠다고 다짐한다. 그 후 거의 매일 밤 H는 은의 곁에서 잠든다. 잠든 H의 얼굴을 보며 그의 얼굴이 밤에 더 아름답다고 느낀다. 다음 날 은은 평소처럼 출근을 했는데 H에게서 연락이 없다. 다음 날이 되어서야 그가 떠났다는 것을 알게 된다. H를 미친 듯 찾아 헤매지만 어디서도 그의 모습을 볼 수 없었다. 그 후 은은 밤만 되면 반쯤 정신을 잃은 듯 심각한 상태가 된다.

- 주제: 인간관계 유리에 따른 정신적 문제
- 시점: 1인칭 주인공 시점

(7) 드라마 '시놉시스'

이○○

- 제인 오스틴 작 『오만과 편견』을 현대적으로 각색
- 드라마 제목: (가제) 고정관념을 깨는 엘리자베스의 사회 진출기
- 등장인물
  - 다이시: 좋은 집안과 능력 있는 남자. 모든 여자의 로망. 처음과는 달리 엘리자베스의 역량과 교양, 능력, 인품과 인성을 볼 수 있게 된다.
  - 엘리자베스: 편협한 시선과 닫힌 사고의 가족 안에서 학문의 즐거움을 깨닫고 자유로운 사고를 할 줄 아는 여성. 가족과 사회의 편견을 깨고 꿋꿋하게 자신의 인생을 펼쳐 나가는 굳센 인간상
- 줄거리

여성의 사회진출은 말도 안 되는 시기였던 그때, 엘리자베스는 남자들보다 더 뛰어난 능력과 역량을 가지고 사회에 진출한다. 우여곡절 끝에 유명한 회사에 입사하게 되지만, 그곳에서도 그녀의 시련은 끝이 나지 않는다. 수많은 남성들 사이에서 시기와 질투, 부당함과 싸우며 묵묵히 자신의 꿈을 밟아 나가는 도중 그 회사의 후계자인 다이시를 만나게 된다. 다이시는 그녀의 능력과 인품을 보고 사랑에 빠지지만 그는 사장이라는 오만에 빠져 있다. 그녀가 장애물 없이 꿈을 이룰 수 있도록 도와주려 하지만 그녀는 오만에 빠진 그에게 도움을 받는 일은 절대 없을 거라고 단정하였고 자신에게 주어진 시련 또한 사명이라며 그의 도움을 일절 거절한다. 다이시는 그제야 자본으로 나누어진 신분계습의 관념을 깰 수 있게 되었고, 자신의 오만을 버리고 엘리자베스의 전적인 후원자가 된다.

- 기획 의도

이 드라마의 줄거리는 기존 소설 『오만과 편견』 내용과는 많은 차이점이 있다. 우선 엘리자베스가 사회로 진출하는 부분인데, 여성의 사회 진출이 불가능한 시기에 대부분의 남자들보다 능력이 뛰어난 엘리자베스가 먼저 틀을 깸으로써 그녀의 역량과 사회 부조리를 보여준다. 두 번째는 소설과는 달리 다이시가 회사의 후계자이자 상사로, 엘리자베스는 직원으로 등장하며 마지막에 연인이 아닌 후원자의 관계로 발전하는 부분이다. 다이시가 엘리자베스를 쉽게 좌지우지할 수 있는 사람이 아니라는 것을 보여주고, 남녀가 사랑으로만 발전하는 것이 아니라 인생의 동반자 혹은 조력자의 관계로 발전할 수도 있다는 것을 보여주어 드라마에 등장하는 남녀관계의 한계를 극복하고자 한다.

(8) 애니메이션 ‘시놉시스’

윤○○

- 제목: 검은 손
- 주제: 진실한 마음으로 타인을 대하자
- 집필 의도

김용택 시인의 「참 좋은 당신」이라는 시를 읽고 바보같이 순수하거나 소외받는 사람들의 아픔을 느꼈다. 타인과 어울리지 못하고 살아가는 사람들은 사람들의 손길을 그리워한다. 진심이 아니라 거짓된 손을 내밀면 누구나 상처를 입고 만다. 우리가 내민 가식적인 손에도 환하게 웃어주는 순수한 바보 이야기. 그들의 아픔을 그려내고 싶다.

- 등장인물

- 나뚱녀(19세): 초·중·고등학교 내내 왕따를 당하는 여자. 어릴 때부터 당해 온 왕따이기에 이젠 왕따를 당하는 것이 익숙한 그녀. 커다란 뿔테안경을 쓰고, 맞는 교복이 없어 상의는 교복 블라우스를 간신히 입었지만, 치마는 입지 못하고 체육복을 입고 다닌다. 자신의 몸보다 작은 가방을 메고, 양손에는 항상 쮸쮸바를 들고 다닌다. 아이스크림은 아이들에게 괴롭힘을 당하고 난 뒤, 부기를 빼기 위한 그녀만의 찜질팩 역할을 한다. 초등학교 때부터 내내 자신을 괴롭히던 미나와 마주치지 않기 위해 그녀는 항상 숨어 다닌다. 처음으로 자신에게 친절이 무엇인지 보여준 인기를 좋아하게 되고, 그를 좋아하는 마음은 집착으로 변한다. 그러다가 인기의 친절이 가식인 것을 알고 그녀는 크나큰 상처를 받게 되는데…….
- 한인기(19세): 수려하고 잘생긴 외모. 하지만 자기만 아는 이기주의 성격. 타인을 위하는 법도, 사과하는 법도 모르는 기본이 안 된 남자. 오직 아는 것이라고는 자신의 잘생긴 얼굴뿐. 그 얼굴이면 이 세상을 살아가는 데 아무런 문제가 없다고 생각한다. 그러다 첫눈에 반한 여자가 친절하고 정의로운 남자를 좋아한다는 이야기를 듣게 된다. 그 이후 뚱녀에게 간간히 친절을 베푼다. 하지만 자신의 가식적 친절을 사랑으로 잘못 받아들인 뚱녀 때문에 첫눈에 반한 여자와도 잘 이어지지 못한다. 그 이후에도 계속되는 뚱녀의 집착 때문에 그는 뚱녀에게 자신의 친절이 진심이 아니었음을 밝힌다.
- 김미나(19세): 초·중·고등학교 모두 뚱녀와 같은 곳을 다녔다. 친구들을 이끌고 다니면서 자신의 위세를 드러내 보이는 것을 좋아한다. 누가 봐도 자신을 함부로 하지 못하도록 만들려고 한다. 그런 자신의 권위를 내세우는 희생양이

뚱녀이다. 뚱녀를 괴롭힘으로써 미나는 다른 사람들에게 강한 사람으로 남고 싶어 한다. 왜냐하면 그녀 역시도 괴롭힘을 당한 기억이 있기 때문이다. 유치원 시절, 못된 아이들이 모래를 자신에게 먹이고, 뿌리던 기억이 아직도 생생하게 남아 있다. 그렇기 때문에 이제는 그런 나약한 아이로 보이고 싶어 하지 않는다. 그래서 미나의 괴롭힘은 날이 갈수록 더욱 심해진다.

- 줄거리

매년 왕따의 자리에서 벗어나지 못하는 한 여자아이가 있다. 그 이름은 나뚱녀. 초·중·고등학교 내내 그녀는 왕따의 자리를 물려준 적이 없다. 오랜 시간 왕따로 지내서 그런지 그녀는 괴롭힘에 익숙해졌다. 초등학교 때부터 자신을 졸졸 따라다니며 괴롭히던 김미나는 고등학생이 되어도 같은 학교에서 그녀를 괴롭힌다. 하지만 그녀의 괴롭힘이 가끔 멈춰질 때가 있으니, 인기가 나타났을 때다. 미나에게 괴롭힘을 당하고 있는 뚱녀를 볼 때마다 어둠의 구렁텅이에서 그녀를 끌어내 주는 게 인기다. 인기가 나타나면 미나의 괴롭힘도 멎는다. 뚱녀는 한두 번의 친절이라고 생각했다. 한두 번의 친절을 베풀던 사람들은 몇몇 있었으니까 말이다. 하지만 자신을 볼 때마다 구해 주는 인기를 보며, 뚱녀는 진정한 친절을 느끼고 사랑을 느낀다. 그 이후, 뚱녀는 인기의 사물함에 김용택 시인의 「참 좋은 당신」이라는 시를 넣어둔다. 그리고 조용히 그의 뒤를 밟으며, 뒤에서 그를 바라본다. 하지만 인기의 친절이 진심이 아닌, 가식적으로 내민 손이었다는 것을 안 뚱녀는 큰 충격을 받는다. 인기를 바라보며 지탱했던 그녀의 삶은 한순간에 무너지려고 한다. 그녀는 다시 재기할 수 있을까?

(9) 라디오 대본 '시놉시스'

이○○

- 도서명: 생텍쥐페리의 『어린 왕자』
- 창작 주제: '어린 왕자의 별이 빛나는 밤에'
- 작품 분류: 라디오 방송 대본
- 내용
  - 'B-612 MHz, 당신의 모든 꿈이 현실이 됩니다. 어린 왕자의 별이 빛나는 밤에' 소행성 B-612에는 사람들의 꿈을 이뤄주는 희망의 DJ, 어린 왕자가 있다. 어두워진 밤마다 별빛을 타고 어린 왕자의 방송국에 도착한 수많은 사람의 꿈과 소망. 어린 왕자는 그 사연들을 온 우주로 방송한다. 가장 멋진 사연을 보내준 청취자에게 어린 왕자는 그가 보낸 소원을 이룰 수 있는 '희망'을 선물

하고, 아쉽게도 채택 받지 못한 청취자에게는 그 꿈을 잊지 않도록 '소망이 이루어지는 달콤한 꿈'을 선물한다.

- 등장인물: 어린왕자(DJ), 여우(게스트), 나(게스트), 지구의 사춘기 소년(청취자), 화성의 사춘기 소년(청취자), 지구의 어머니(청취자), 화성의 어머니(청취자), 장미(보조 MC)
- 전개

  PM 06:00~07:00 1부
  - 소녀시대 「소원을 말해 봐」
  - 「어린 왕자가 쏜다!」: SMS와 인터넷 댓글로 청취자 선정. 게스트와 함께 고민상담. 상품 증정

  PM 07:05~08:00 2부
  - GOD 「반대가 끌리는 이유」
  - 「진정한 친구를 원해요! 화요일엔 화화화 화성인과!」 요일별로 지목된 행성에 대해 서로 같은 점과 다른 점을 알아가는 시간. 지구 소년과 화성 소년, 지구의 어머니와 화성의 어머니를 비교. 서로에 대한 편견을 없앰
  - '진정한 친구'에 대한 어린 왕자의 마무리 멘트
- 당첨자
  - 1등 010-2222-2222(김철수 님)
  - 2등 404-854-9875-22(126587님), 042-275-2755(나한남 님)
  - 3등 882(G-875님), 010-8547-9658(강 아무개 님), 123456788(HPL-R854님)
- 창작 동기

  『어린 왕자』를 읽었을 때, 내게도 어린 왕자처럼 이해해 주는 진정한 친구가 존재하는가에 대해 고민했다. 어린 왕자가 찾아오는 시간에 맞춰 그를 기다려 주는 여우, 어린 왕자와 헤어진 후에도 언제나 그를 그리워하고 생각하며 걱정해 주는 '나'. 내게는 과연 그런 친구가 있는가를 생각하면서 나는 어릴 적 나의 '인간관계'에 대해 고민했다. 나는 그 고민을 통해 왜 나이를 먹어가면서 어른들은 어릴 적의 순수함을 잊어버리게 되는 것인지에 대해 생각했다. 그들은 자신의 순수한 꿈을 북돋아 줄 친구가 없고, 자신의 어리광을 받아 줄 안식처가 없었다. 어릴 적에 나는 사람들에게 『어린 왕자』라는 책이 그러한 책임을 대신해 줌으로써 뛰어난 가치를 가진다고 생각했다. 『어린 왕자』를 읽으며 사람들은 순수했던 과거를 떠올리게 되고, 『어린 왕자』라는 책 안에서 다시 꿈을 꾸게 되었다. 그때 책을 통해 느꼈던 감동을 떠올리면서, 나는 직접 사람들의 마음에 따뜻한 충고와 조언을 주는 DJ 어린 왕자를 떠올리게 되었다. 그는 특유의 순수함으로 사람들의 고민에 솔직히 다가선

다. 또한 머나먼 소행성에서부터 그들의 소원을 전해 받고 그것이 이루어지는 것을 돕는다. 밤에 되면 떨어지는 별똥별을 보며 소원을 비는 사람들의 모습에서 모티프를 얻어, 그 별에 실린 소원들이 어린 왕자의 소행성으로 향하는 상상을 했다. 온 우주 사람들의 소원을 받아 라디오 방송을 진행하는 어린 왕자의 모습은 어떠할까? 이러한 궁금증과 상상력을 바탕으로 나는 어린 왕자를 별밤 DJ로 재탄생시켜 본다.

3 단순구성과 복합구성

극의 구성은 발단→전개→위기→절정→결말로 이루어진다. 사건 전개나 시간의 흐름에 따라 이야기가 전개되는 단순구성과 인물의 관계가 중첩되거나 두세 가지 사건이 교차 전개되며 시점이나 화자의 변화 등 복잡한 전개를 이루는 복합구성이 있다.

존 버닝햄의 『지각대장 존』, 생텍쥐페리의 『어린 왕자』, 필자가 쓴 장편동화 「사랑해요 아빠」는 단순구성이며, 「콧구멍 속의 비밀」, 「쓰레기 형제」, 「바람 부는 날에도 별은 떠 있다」 등은 복합구성이다. 단순구성과 복합구성은 독자, 분량, 주제, 사건(외적·내적 갈등) 등 세부적인 성격에 따라 결정해야 하며 그 적합성에 따라 효과가 달라진다.

전개 방식은 갈등 유형에 따라 크게 두 가지로 나뉜다.

분규(紛糾) 발생 과정형은 사건이 어지럽게 얽혀 갈등이 증폭되는 유형으로, 각종 싸움이나 할리우드 액션영화에서 주로 나타나는 외적 갈등의 작품에서 이용된다. 연쇄고리식 전개형은 주로 내적 갈등을 다룬 작품에서 이용되며, 작은 구슬을 엮어서 원형 목걸이를 만들듯이 여러 가지 에피소드와 삽화 등을 엮어서 주인공의 내면세계를 보여주는 방식이다.

조경란의 『불란서 안경원』, 오정희의 『중국인 거리』, 천운영의 『눈보라콘』 등은 불안하고 고독한 주인공의 내적 갈등을 연쇄고리식 전개로 보여준 작품이다. 시간, 인물, 사건에 따라 교차 전개하는 방식과 스토리에 크게 영향을 주지 않는 삽화 등을 끼워 넣는 삽입식 구성을 함께 이용하고 있다.

4 플롯의 네 가지 패턴(N. Frye)

이야기의 전개 패턴을 두고 플롯(plot), 미토스(mythos)라고 하는데, 플롯은 '구상하다, 계획하다, 짜다, 엮다'라는 사전적 의미가 담겨 있다.

미토스는 신화(myth)의 어원인 그리스어 '말과 이야기'에서 비롯되었다. 사회학에서는 어떤 집단이나 문화에서 비롯된 특유한 양식, 가치관 등을 뜻한다.

음악에서 반복성을 리듬(rhythm)이라 하고, 미술에서는 패턴(pattren)이라고 한다. 소설이나 희곡 같은 서사문학에도 반복성이 중요한데, 음악과 미술의 중간 또는 공유하는 지점으로 이해할 수 있다. 즉 리듬과 패턴의 교집합을 말한다. 소설에서 리듬은 인과적 이야기(narrative)이며, 패턴은 전체적 의미(meaning)를 뜻한다.

신화원형비평가이자 문학비평가인 프라이(N. Frye)는 신화원형, 자연현상의 순환체계(인간의 관습적 생활 패턴)를 바탕으로 소설 구성 이론을 정립했다.

1) 봄의 미토스는 절망으로부터 향상 과정을 다룬 이야기 구성으로, 애니메이션 「니모를 찾아서」, 「핸섬 수트」가 좋은 예이다.
2) 여름의 미토스는 행복한 상태의 이야기를 다룬 구성으로, 알퐁스 도데의 『별』이 있다.
3) 가을의 미토스는 절망에서 행복, 다시 더 큰 나락으로 빠지는 과정을 다룬 이야기 구성으로, 영화 「밀양」이 잘 보여준다.
4) 겨울의 미토스는 절망 상태에 놓인 주인공의 이야기를 다룬 구성으로, 영화 「올드보이」에 잘 나타난다.

애니메이션 「니모를 찾아서」는 물고기 멀린과 니모의 성장과정과 부정을 다룬 이야기이다. 아들을 찾아 나선 멀린의 여정과 수족관에 갇힌 니모가 자신의 힘으로 탈출하는 사건은 두 개의 공간을 중심으로 교차 전개된다. 주인공들이 욕망을 성취하여 재회에 성공하는 봄의 미토스인데, 두 인물을 중심으로 벌어지는 사건들을 엮어 만든 플롯을 통해 확인할 수 있다.

애니메이션 「니모를 찾아서」의 플롯

(1) 크라운 피시인 멀린 부부의 행복한 신혼, 상어의 습격, 죽은 아내와 아이들(프롤로그)
(2) 기적적으로 살아난 니모와 멀린의 과보호
(3) 호기심 많은 니모와 아버지의 대립
(4) 바다로 나가 치과의사에게 붙잡힌 니모
(5) 겁쟁이 멀린이 아들을 구하기 위해 떠남
(6) 단기기억상실증으로 친구가 없는 도리와 만나 동행
(7) 채식주의자 상어 부르스와 만남
(8) 수족관에 갇힌 니모, 물고기 친구들과 만남
(9) 수족관 물 정화 통로에 끼었다가 길의 충고로 빠져나옴
(10) 니모의 첫 번째 탈출 시도와 실패
(11) 멀린과 도리, 본성을 거스르지 못한 부르스와의 추격전, 심해어와의 결투
(12) 탈출 시도 중 필터에 끼여 고비를 넘기고 의기소침해진 니모와 친구들
(13) 멀린, 물고기 떼를 만나 시드니로 가는 정보를 얻음
(14) 해파리 떼를 만나 위기를 겪음
(15) 바다거북과 만나 알게 된 지식들
(16) 멀린(아들에 대한 사랑과 용기)의 이야기가 바다에 퍼짐
(17) 멀린의 소식을 들은 니모, 용기를 내어 탈출 재시도
(18) 멀린과 도리, 고래 배 속에 갇혔다가 우여곡절 끝에 빠져나옴
(19) 갈매기 떼의 공격과 부성에 감동한 나이젤의 도움으로 위기 모면
(20) 멀린, 치과의사의 보트에 도착
(21) 달라의 등장과 위기
(22) 멀린의 오해와 상심
(23) 니모의 탈출과 멀린과의 재회
(24) 위험에 빠진 도리와 물고기들, 니모와 멀린의 힘으로 구출 성공
(25) 성장, 발전한 니모와 멀린, 활기차고 건강한 분위기의 아침 정경(에필로그)

영화 「님스 아일랜드」의 플롯과 기승전결

발단

(1) '해양학자와 푸른 고래' 삽화를 통해 과거(엄마의 죽음) 제시(프롤로그)
(2) 잭과 님은 고래를 찾아 여행하다가 님스 아일랜드에 정착
(3) 보급선을 통해 님은 알렉스 로버의 소설을 읽게 되고 그를 동경함
(4) 광장공포증을 앓고 있는 알렉산드라 로버(모험 작가)의 은둔적 생활

전개
(4) 잭은 조류, 미생물 연구를 위해 님을 남겨두고 산호섬으로 감
(5) 알렉산드라는 알렉스 로버라는 이름으로 홀로 지내는 님과 메일을 주고받음
(6) 님은 알렉스 로버의 부탁(작품 소재 취재)으로 화산으로 출발, 위기를 넘김
(7) 산호섬에서 플랑크톤 채취에 성공한 잭, 갑작스런 폭풍우에 정신을 잃음

위기
(8) 해적선이 님스 아일랜드로 오고, 섬을 착취하려는 의도를 알게 됨
(9) 섬에 홀로 남겨진 님의 부탁으로 알렉산드라, 님스 아일랜드로 향함
(10) 알렉산드라의 갖가지 고통과 위기의 여정
(11) 해적선과 여행객 선박이 섬에 정박
(12) 님은 동물 친구들과 협력, 해적들을 막기 위해 고군분투
(13) 잭은 펠리컨 갈릴레오의 도움으로 위기 모면
(14) 고래를 만난 잭, 아내를 생각하며 위기 극복

절정
(15) 화산 분화구를 이용해 여행객과 해적들을 쫓으려던 님과 동물들
(16) 실제로 분화구 폭발
(17) 도망치는 여행객들, 소년과 마주침
(18) 폭풍우 속에서 알렉산드라, 해적선에 착륙
(19) 보트 침몰, 조난당한 잭
(20) 알렉산드라, 구명보트를 이용해 님의 섬에 착륙, 소설 속 자아인 알렉스 로버와 동화됨
(21) 여행객, 해적선을 물리친 님과 동물들, 알렉산드라

결말
(22) 아빠를 기다리는 님과 그를 위로하는 알렉산드라
(23) 플랑크톤을 들고 상륙하는 잭
(24) 알렉산드라와 사랑에 빠진 잭, 행복한 가족의 모습(에필로그)

사건이 치밀할수록 인물의 행동과 사건은 설득력을 갖는다. 특히 주인공(사건)이 향상되거나 악화되는 이유를 설정할 때, 다음 네 가지를 떠올리면 도움이 된다.

(1) 이성적 사고의 유무(학습, 지혜 등), (2) 인격의 문제(천성, 성품 등), (3) 운명(출생, 자연재해, 전쟁 등), (4) 구원자(조력자)와 방해자의 유무이다.

「님스 아일랜드」의 주인공 님은 운명에 의해 문제에 봉착한다. 엄마의 죽음, 천

재지변, 섬을 관광지로 개발하려는 여행객들, 특히 해적들과 맞서 싸워야 하는데, 알렉산드라와 동물 친구들이 주인공 소녀에게 도움을 준다. 무엇보다 능동적이고 자발적인 님의 태도와 지혜, 이성적 사고와 착한 성품 등으로 갈등을 극복해 낸다.

「니모를 찾아서」의 니모와 멀린은 위기에 빠져 고통을 겪지만 도리와 길 등 조력자의 도움을 받아서 위기를 모면하고, 바다에서 체험한 일들을 통해 지혜를 얻게 되면서 문제 해결 능력이 향상된다. 완고하고 겁이 많던 멀린, 고집 세고 무모했던 니모는 성격적 결함이 있는 인물이었으나 이성적 사고와 착한 성품, 조력자로 인해 불행을 극복하면서 변화하였기에 행복한 결말을 이루어 낸다.

셰익스피어의 비극과 희극은 인간이 행복과 불행에 빠지는 원인과 과정을 극적 이야기를 통해 흥미롭게 보여준다.

『로미오와 줄리엣』은 두 집안의 끝없는 싸움과 복수로 인해 젊은 연인을 죽음으로 내몰았고, 『햄릿』의 주인공 햄릿은 불우한 운명과 우유부단한 성격으로 인해 갈등을 겪는다. 『리어왕』의 주인공은 혜안을 갖지 못해 딸들에게 쫓겨나는 비참한 신세가 되고, 『맥베스』와 『오셀로』의 주인공 또한 욕망과 질투에 눈이 멀고 음모와 잔꾀에 속아 돌이킬 수 없는 파멸의 길을 가게 된다. 비극의 주인공들은 뛰어난 재능을 가졌지만 이성적 사고의 결여, 성격적 결함으로 윤리를 저버린다. 폭력을 일삼고 잔꾀로 남을 속이며 부모형제를 내쫓거나 죽였으며 보다 쉽게 욕망을 이루려다가 더 큰 늪에 빠져 끔찍한 삶을 살게 된다.

셰익스피어의 희극에서도 몇 가지 중요한 공통점이 나타난다.

『말괄량이 길들이기』, 『한여름 밤의 꿈』, 『베니스의 상인』, 『뜻대로 하세요』, 『십이야』를 보면 대체로 남녀의 사랑과 결혼 이야기를 다루는데, 돈의 노예가 된 어리석은 사람을 등장시켜 이를 신랄하게 비판하며 조롱한다. 변장과 변신을 통해 크고 작은 소동을 만들어 웃음을 자아내고, 뒤얽힌 오해를 푸는 과정에서 참된 사랑과 진실을 드러나게 한다.

또한 어려움을 겪게 된 주인공들은 일상에서 벗어나 숲의 세계에서 고통을 덜게 된다. 『한여름 밤의 꿈』에 나오는 두 쌍의 남녀는 요정의 숲에서 사랑을 이루게 되고, 『뜻대로 하세요』의 주인공들은 숲으로 도망쳐 숨어살면서도 행복하다. 『십이야』에서는 일리리아 섬이, 『베니스의 상인』에서는 포셔가 사랑을 얻게 되는

벨콘트가 꿈과 이상의 상징인 숲의 모습이다. 희극의 주인공들은 문제가 발생한 현실에서 벗어나 숲의 세계로 떠나게 되고, 그곳에서 새로운 경험을 하면서 꿈과 희망을 얻게 되어 다시 현실로 돌아온다.

마지막으로, 성격적 결함으로 파국에 이른 비극과 달리 희극의 주인공들은 실수를 하고 마는 인간의 나약함을 화해와 용서로서 끌어안는다. 이렇듯 어떤 원인에 의해서 사건이 진행되며 행복과 불행에 이르는 과정을 타당하게 만드는 것이 바로 플롯(plot)이다.

실제로 인물이 욕망을 위해 움직이되, 그 동기나 행위의 결과에 초점을 두어 살펴보면 향상과 악화의 원인은 위의 네 가지 유형 안에 들어간다. 아무리 복잡한 작품이라도 구성을 살펴보면 플롯의 네 가지 패턴을 쉽게 파악할 수 있다.

요약하자면, 창작을 할 때 작가는 이야기의 진실성과 주제의 명료함, 발상과 상상력의 신선함, 장치나 기법의 문제 등을 고려하여 적합한 구성 형태를 찾는 것이 매우 중요하다.

작품 감상 및 토론

로알드 달의 「마녀를 잡아라」를 읽고 인물, 사건, 소재, 주제 등을 찾아 그 의미와 감상을 이야기해 보자.

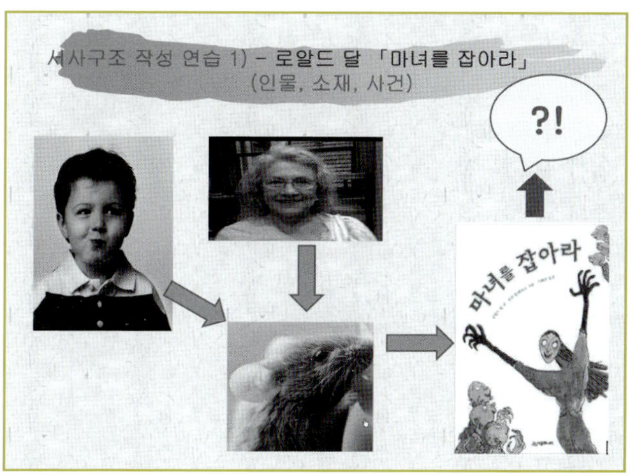

필자가 제시한 대략의 내용을 참고하여 작품의 시놉시스와 플롯을 작성해 보자.

서사구조 작성 연습 1) ─『마녀를 잡아라』 시놉시스 작성

"마녀를 조심하라! 마녀를 소탕하라!"

(1) 교통사고로 부모를 잃은 주인공 소년과 할머니의 동거
(2) 마녀에 관한 믿기지 않는 진실들
(3) 여행지에서 마녀들의 정기총회를 엿보게 된 소년
(4) 마녀들에게 들켜 생쥐로 변함
(5) 숨막히는 마녀 소탕 작전

- 다양한 마녀 이야기로 판타지 세계 창조
- 마녀들과 생쥐로 변한 어린이들의 상징적 의미는?

서사구조 작성 연습 2) ─『마녀를 잡아라』 플롯 작성

(1) 마녀에 대하여
(2) 할머니의 증언
(3) 마녀 구별법 여섯 가지
(4) 마녀와의 첫 만남
(5) 바닷가로 떠난 여름
(6) 마녀들의 정기총회였어!
(7) 지글지글 타서 연기처럼 사라지다
(8) 제조공법 86호: 시간 지연 효과를 노린 생쥐 만들기
(9) 마법의 약 제조방법
(10) 사라진 브루노 젠킨즈
(11) 개똥 냄새다!
(12) 꼬마 염탐꾼의 최대 위기
(13) 생쥐가 되었잖아!
(14) 안녕하세요, 할머니?
(15) 약병을 찾아라!
(16) 자, 당신의 아들입니다.
(17) 위대한 마녀 소탕 계획

(18) 주방에서의 활약과 영광의 상처
(19) 안녕하세요, 아빠?
(20) 임무 완료
(21) 생쥐의 심장에 관한 놀라운 사실
(22) 자, 출발!

창작연습

흥미로운 신문 기사(스토리)를 수집한 뒤에 이를 바탕으로 플롯을 만들어 보자.

(기사) 자살하려다가 추워서 불 피우다 산불

어젯밤 10시 반쯤, 대구 달성군 야산에서는 모닥불이 번져 산불로 이어졌다. 불길은 밤새 계속되다 400여 명이 동원된 진화작업 끝에 잡혔다. 경찰은 화재 현장에서 발견된 32세 정 모 씨가 자살할 생각으로 산에 올랐다가 추워서 모닥불을 피웠다고 진술함에 따라 정 씨를 상대로 화재 원인을 조사하고 있다.

▶ 아이디어 점검 사항!

(1) 생생한 이미지를 가지고 시작하는가?

(2) 선택한 주인공에 관심이 있는가?
감정이입이 가능하며, 인물에 대한 탐색이 흥미로울 것 같은가?

(3) 인물 주위에 다른 어떤 사람이 있는가?
주변 사람들은 주인공에 대해 어떤 감정을 갖고 있는가?

(4) 과거의 핵심 사건이나 상처가 있는가?

(5) 인물이 욕망하는 바는 무엇인가?

(6) 인물을 힘들게 하는 상황 및 갈등의 요지는 무엇인가?

(7) 내적 갈등과 외적 갈등 중에 무엇을 주로 다룰 것인가?

(8) 위기의 순간에서 그는 어떤 행동을 취하는가?

(9) 욕망 성취와 실패 중에 어떤 가능성이 더 큰가? 그 이유는?

(10) 이 작품을 통해 무엇을 표현하고자 하는가?

(11) 요소들이 전체를 이루는 데 있어서 일관성, 개연성, 통일성이 있는가?

11 보편성, 타당성, 독창성의 연쇄체

1 작품의 해체와 통합

지금까지 살펴본 바와 같이 문학 작품은 독창적이면서도 보편타당한 유기적 구조의 연쇄체이다.

작품을 분석적으로 살펴본다는 것은 작품을 이루고 있는 요소들, 즉 부분들을 해체하면서 무엇과 어떠한 관련이 있으며 그 역할과 기능을 충분히 하고 있는지 뜯어보는 것이다. 그렇게 보다 보면 하나하나의 요소(의미)가 모여 전체를 이루는 구조물로 드러나며 건물의 설계도나 인체 내부를 보는 것처럼 명확하게 보인다. 필요한 것들과 불필요한 것들을 쉽게 구분할 수 있게 된다. 자세가 비뚤어져 허리가 불편한 사람이 있다면 엑스레이를 찍고 문제가 되는 부분을 살펴서 원인을 치료한다. 뼈대를 바로 잡을 수 있도록 방법을 마련하듯이 작품의 구조와 요소들을 먼저 파악할 수 있어야 문제가 되는 부분과 원인을 찾아 수정할 수 있다. 결국 작품을 부분들로 해체하고 통합하는 과정을 반복적으로 훈련해야 창작의 원리를 배울 수 있다.

작품 분석, 즉 해체와 통합의 과정에서 우리는 다음 내용을 인식해야 한다.

(1) 인물의 선택과 탐색은 작품의 성패를 좌우할 만큼 중요하다. 작가한테 흥미와 관심을 끌지 못하는 인물을 선택했다면 독자 또한 인물에 흥미를 느끼지 못한다. 작가가 인물에 대한 이해가 충분하지 못하면 독자는 인물을 믿지 못하고 외면하게 된다.

(2) 경험과 상상력을 동원하여 새로운 아이디어를 내야 한다. 매력적인 인물, 독특한 분위기의 배경, 기발한 사건 등은 아이디어로 만들어 낼 수 있지만 표면적인 내용에 그치고 만다. 관련 자료와 취재, 인터뷰 등 사전 조사 및 연구가 필요하며 충분히 이해한 상태에서 체화하여 리얼하게 그려야 한다.

(3) 주인공을 비롯하여 주변 인물과의 관계, 특히 사건이나 상황을 통하여 이야기를 복잡하게 만들어야 한다. 극적 긴장과 갈등은 스토리를 흥미진진하게 만드는 일등 공신이다.

(4) 구상, 구성, 집필, 퇴고에 이르기까지 묻고 또 물어야 한다. 인물의 행동과 사건의 전개가 개연적인지, 주제를 향해 일관되게 진행되는지, 배경과 인물과 소재 등이 의도한 대로 연관되어 그 역할을 다하고 있는지 의문을 갖고 점검해야 한다.

(5) 갈등을 만들어야 한다. 인물을 더 곤궁하게 만드는 상황, 개인적·사회적 한계 등을 통해 인물을 구속하면 극적 긴장이 고조될 뿐 아니라 사건의 추이 및 모티프의 선택이 수월해진다.

(6) 소재와 아이디어의 구상 단계부터 인물, 배경, 사건, 플롯 등을 엮어 이야기를 진행하는 과정 중에도 모든 요소들을 주제라는 하나의 지점으로 모아야 한다. 이것이 작품의 통일성을 구축하는 기본 방법이다.

좋은 소설을 흔히 '잘 빚은 항아리', '멋진 저택'이라고 표현한다. 요란한 장식품으로 멋을 냈지만 조화롭지 못하고 산만해 보이는 여성, 상관없는 물건들을 잔뜩 가져다 놓고 함부로 쌓아놓은 잡동사니가 있다면 바로 서투른 소설에 비유될 수 있을 것이다. 잘 빚은 항아리, 멋진 저택 같은 소설은 정연성, 대칭, 균형이 잘 잡혀 있으며 새롭고 감동적이라는 사실을 기억해야 한다.

작품 감상 및 토론 1

「트리갭의 샘물」의 플롯을 통해 '보편성, 타당성, 독창성의 연쇄체'의 가능성에 대해 살펴보자.

「트리갭의 샘물」의 플롯

(1) 트리갭 숲의 묘사와 샘물의 비밀
(2) 갑갑한 저택 울타리를 넘어 숲으로 나온 위니, 두꺼비와의 만남
(3) 샘물 앞에서 만난 위니와 터크
(4) 87년 동안 늙지 않는 터크 가족
(5) 노란 옷을 입은 낯선 남자의 미행
(6) 샘물의 존재를 알게 된 위니, 터크의 집 방문
(7) 위니의 집과는 정반대인 터크의 집과 가족
(8) 무한한 인생을 살게 된 터크 가족의 다른 인생관
(9) 트리갭의 숲에서 즐거운 시간을 보내는 위니와 터크
(10) 위니에게 6년 뒤 샘물을 마시라고 부탁하는 터크
(11) 노란 옷의 남자가 위니의 부모에게 위니와 트리갭의 숲을 바꾸자고 제안
(12) 호수로 고기잡이를 나간 위니, 죽어가는 물고기를 살려달라고 애원
(13) 샘물에 대한 비밀 폭로를 놓고 터크 가족을 협박하는 노란 옷의 남자
(14) 노란 옷의 사내와 터크의 결투, 감옥에 갇힌 사내
(15) 터크 가족과의 이별, 두꺼비를 구해 줌
(16) 집으로 돌아온 위니
(17) 다시 트리갭의 숲을 찾은 터크 가족, 위니의 묘비를 보고 다시 길을 떠남

작품 감상 및 토론 2

다음은 학생들이 조별 과제로 작품을 분석하고, 삽화를 그려서 발표한 자료이다. 먼저 이청준의 『잔인한 도시』를 읽고 개별적으로 분석한 뒤에 학생 발표에 대한 평가, 다른 의견 및 보충 견해, 수정·보완점에 대해 이야기해 보자.

1. 작가 이청준(1939~2008)

"소설 쓰기는 '자기 구제의 몸짓'이다."

- 글쓰기의 의미에 대한 질문과 대답
- 존재 규명 과정(내외적 조건)에 대한 성찰
- 예술가소설, 액자식 구성, 추리소설 기법, 개인과 사회의 반성적 사유

□ 작품집: 『병신과 머저리』, 『별을 보여드립니다』, 『예언자』, 『살아 있는 늪』, 『비화밀교』, 『서편제』 등

『잔인한 도시』 인물, 배경, 구성

- 사내, 젊은이, 수감자들
- 교도소, 공원, 방생의 집
- 새, 날개, 빛줄기(주요 소재)

인물: 사내

- 장기 복역한 죄수
- 아들에 대한 죄책감, 그리움
- 소극적 성격
- 전 재산을 털어 새와 함께 길을 나섬

인물: 젊은이

- 새 장수
- 풀어준 새를 다시 잡아다 파는 비인간적 상술
- 조소와 냉소, 이기
- 나약한 인간의 마음을 이용해 돈을 버는 장사꾼

기타 인물: 방생자, 수감자들

- 진실을 모른 채 살고 있는 군중
- 새를 풀어주는 행위로 자유로워졌다고 생각하는 어리석고 평범한 인간상

배경

□ 도심 속 교도소와 공원

□ 대비되는 공간적 배경
- 인간의 양면성
- 공원에 살고 있는 젊은이/교도소에서 살았던 사내의 상반된 성격 대비
- 주제 부각 효과

배경: 방생의 집

- 항상 성업 중인 장소

- 구속 받는 일상, 자유 갈구
- 위선적 공간
- 시대현실 상징

5. 소재

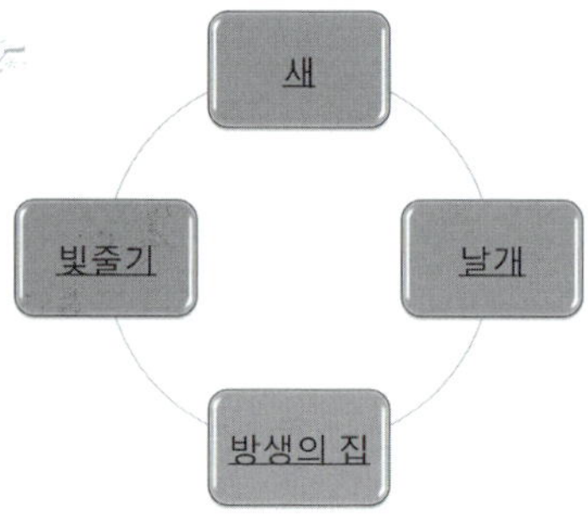

새

- 자유롭게 비상하고자 하는 인간의 근원적인 욕망

- 사내가 자신과 동일시하게 되는 객관적 상관물

소재: 날개

- 수감자들의 입으로 회자되는 새의 상징성
- 더 간절하고 절실함

- 부러진 깃
- 오지 않는 편지를 기다리는 수감자들의 절망
- 불완전한 채로 살아가야 하는 사내, 수감자들의 삶
- 거짓 자유의 사회적 현실

빛줄기

- 모순된 의미의 소재

- 희망, 밝은 미래 가장
- 새들로부터 자유를 강탈하는 거짓 도구
- 두려움의 실체
- 젊은이가 숭상하는 자본, 상업적인 것

인물과 소재의 연관성(새-노인)

1. 자유로울 수 없는 인물과 공간
- 새-공원, 노인-교도소

2. 제한되어 있는 자유
- 가석방 상태의 사내
- 밤이 되면 다시 갇히는 새

3. 두려운 존재: 빛줄기 = 젊은이

- 방생하는 행위: 동종주술에 의한 효과

2. 구성: 사건(1)

무질서한 인조림이 끝나는 공원 입구에서부터 2백 미터 남짓한 곳에 위치한 교도소는 몇 해 동안 교도소 안에 사람이 없나 싶을 정도로 그 앞 골목에 인적이 드물었다.

구성: 사건(2)

그런 사내의 표정이 변한 것은 그가 그 2백 여 미터 남짓한 교도소 길목을 나와 공원 입구에 닿았을 때였다.

구성: 사건(3)

사내는 중년의 방생자가 새를 날려 보내는 것을 보고, 오히려 사내 자신이 더 깊은 감동과 자유를 얻어낸 듯한 표정이었다.

구성: 사건(4)

이튿날 아침부터 사내는 공원 전역을 돌아다니며 돈과 담배꽁초를 주워 모으기 시작했다.

구성: 사건(5)

방생의 집은 이미 손님들로 붐비고 있었다. 가게 앞은 그저 구경만 하는 사람들이 아닌 정말로 새를 사고, 방생을 하는 사람들로 가득했다.

구성: 사건(6)

사내는 그런 젊은이의 마음을 아는지 모르는지 매번 부족한 돈으로 방생을 했다. 아직 옥 안에 있는 동료들 몫의 방생이었다.

구성: 사건(7)

가겟집 젊은이는 그런 사내가 한심스러울 뿐이었고, 사내는 사내대로 자신의 처지를 다행스러워했다.

구성: 사건(8)

그날 저녁, 사내는 여느 때처럼 밤을 지내기 위해 공원에 누워 있을 때, 젊은이의 비정한 상술을 목격하였다. 방생을 해서 날려 보낸 새들을 한밤중에 빛줄기를 이용해 다시 잡아들이고 있었던 것이다.

구성: 사건(9)

또다시 며칠이 지나고, 공원 벤치에 몸을 누인 사내 근처로 또다시 빛줄기가 나타났다.

그 빛줄기를 피해 느닷없이 사내의 품 안으로 새 한 마리가 숨어들어 왔다.

구성: 사건(10)

사내는 자신이 그
근처를 떠날 수 없
는 이유, 아직 끝내
시 못한 일에 대해
젊은이에게 이야기
하면서 자신이 얻
은 깨달음을 털어
놓고 방생을 하기
위해 새장을 훑기
시작했다.

구성: 사건(11)

그런데 그때, 사내는 자신이 방생을
해주었고, 자신의 품으로 파고들었던
새가 날갯죽지 안이 잘린 채로 다시
새장에 갇혀 있는 걸 보고 분노를 느
꼈다.

구성: 사건(12)

10. 생각 나누기

- 젊은이는 왜 사내에 대해 적개심을 보였을까요?
- 사내는 왜 새를 데리고 떠났을까요?
- 사람들이 젊은이가 새를 다시 잡는 것을 알게 된다면 그 뒤로도 계속 방생을 했을까요?
- 사내와 새의 삶은 어떻게 펼쳐질까요?
- 사내가 간 남쪽의 의미는 무엇일까요?

작품 감상 및 토론 3

프란츠 카프카의 『변신』을 읽고 개별적으로 분석한 뒤에 학생 발표에 대한 평가, 다른 의견 및 보충 견해, 수정·보완점에 대해 이야기해 보자.

Fanz Kafka(1883-1924)

유대계 독일인 작가

1883년 7월 3일 체코 프라하 출생
1901년 프라하 대학 입학. 법학전공
1912년 8월 『선고』, 『실종자』, 『변신』 완성
1924년 6월 3일 작고

어떤 변신을 원하는가?

흉측한 해충 - 불구화된 자아의 표출

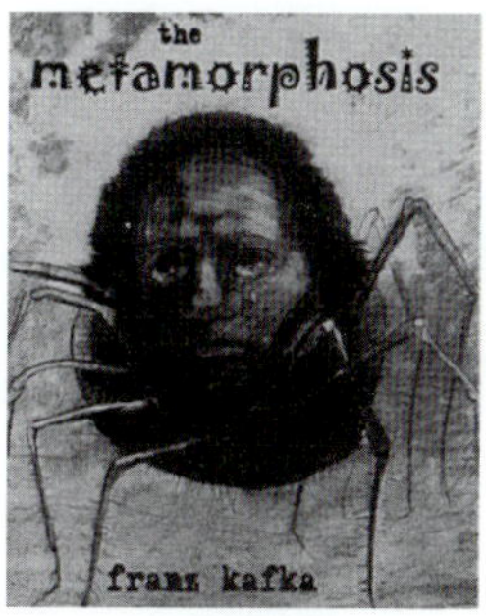

자본사회 내에서 그레고리는 생산된 재화를 팔고 그 실적으로
개인의 가치가 매겨진다. 인간은 그 회로에 포섭되어 끊임없이 규제된다.

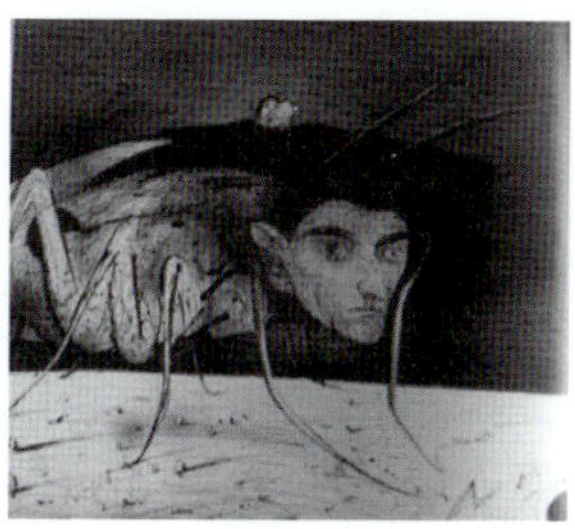

* 쓸모 없는 육체(불구적 인간)
- 그레고르에게 감정적으로 이미 내재되어 있었으
며 그것이 '변신'이라는 육체화를 통해 표출

흉측한 해충 - **'직업'으로부터의 해방(퇴출)**

* *외판원 그레고르는 사회적 기능을 할 수 없는 상태로 변신*

- 자본화된 사회에서 '직업'은 사회적 존재의 근거
- 그레고르의 가족을 부양하는 유일한 생계 수단
- 가정에서의 존재 의미
- 벌레가 된 그레고르: 그가 속했던 사회, 가정에서 퇴화, 축출(소멸)

육체와 언어

* 해충의 육체 – 존재 – 가정의 기능, 소속감 소멸 – 존재 의미 상실
* 걱정, 보살핌 – 사육 – 불필요, 해충 전락
* 일련의 행위에 감정 교류, 소통 불능이 근원

아버지

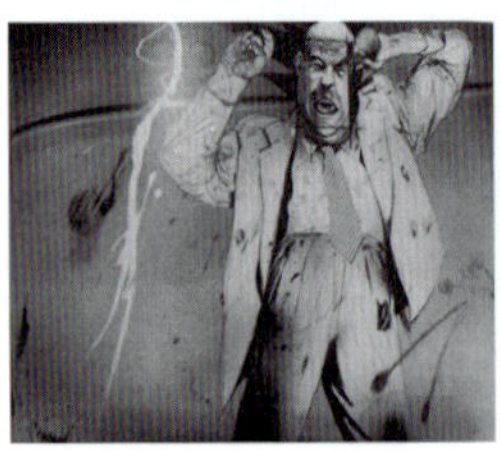

- 그레고르의 기형적 변신과 동시에 가족 내에서의 지위
- 권위와 지위의 고저 변경(의존/축출)

어머니

- 아들의 상태에 관해 이성적 판단을 유보하는 나약함
- 소극적 성격

누이

- 그레고르와 대비
- 이성과 욕망 표출

변신한 개인, 그리고 가족

- 그레고르와 그의 가족은 파산, 빚, 경제적 박탈감과 무력감 등에 짓눌려 피동적인 삶을 살았다.

변신한 가족

- 가족의 변화, 자생적 삶의 의지
- 그레고르가 가족에게 부여하고 있다고 믿었던 만족한 삶과 행복은 한낱 착각과 허상임을 확인
- 가족 구성원으로서의 역할, 기능과 가족의 의미

가족 – 사회 – 세계

- 아버지로부터 당한 극심한 부상과 감금
- 환경의 악화로 인한 좌절
- 등에 박힌 사과의 상징: 자기 '인식'의 시간

- 실존의 의미
- 누이의 바이올린 연주회
(그레고르가 꿈꾸는 가족, 미지의 양식에 대한 갈망)

• 흉측한 해충인 그레고르는 이제 소멸되지 않을 수 없다.

"감동과 사랑으로서 식구들을 회상했다. 그가 없어져 버려야 한다는 데 대한 그의 생각은 아마도 누이동생의 그것보다 한결 더 단호했다."

• 나는 왜 사는가?
• 어떻게 살아야 하는가?
• 나의 가족, 구성원의 의미는?

창 작 연 습

'나의 변신'을 소재로 창작품(만화, 동화, 소설, 희곡, 다큐멘터리, 광고 등)을 완성한 뒤에 주제가를 만들어 보자.

참고문헌

가와바타 야스나리, 신규호 역, 『소설의 구성』, 건국대학교 출판부, 2000.
강소천, 『그 속에서 놀던 때가 그립습니다』, 문학동네, 2009.
게오르크 루카치, 이춘길 역, 『리얼리즘 미학의 기초 이론』, 한길사, 1987.
구인환, 『문학용어사전』, 신원문화사, 2007.
김승옥, 『무진기행』, 민음사, 2007.
김영하, 『오빠가 돌아왔다』, 문학동네, 2010.
김용희, 『신현득 시력 40년 대표 동시선』, 청동거울, 2000.
김원일, 『어둠의 혼』, 강, 2013.
김종상, 『김종상 아동문학 50주년』, 순리, 2008.
김형경, 『담배 피우는 여자』, 문학과지성사 1995.
노스롭 프라이, 이상우 역, 『문학의 구조와 상상력』, 집문당, 1987.
로널드 B. 토비아스, 김석만 역, 『인간의 마음을 사로잡는 스무 가지 플롯』, 풀빛, 1997.
로비 맥콜리·조지 래닝 공저, 김병욱 역, 「인물구성」, 『현대소설의 이론』, 예림기획, 1997.
롤랑 부르뇌프·레알 월레 공저, 김화영 역, 『현대소설론-소설의 세계』, 현대문학, 1996.
류시화, 『그대가 곁에 있어도 그대가 그립다』, plyzen, 2000.
마이클 래비거, 양기석 역, 『작가의 탄생』, 커뮤니케이션북스, 2006.
박완서, 『가는비, 이슬비』, 문학동네, 1999.
______, 『그 많던 싱아는 누가 다 먹었을까』, 웅진출판사, 1992.
______, 『그 산이 정말 거기에 있었을까』, 웅진출판사, 1995.
______, 『나목』, 세계사, 1995.
______, 『너무도 쓸쓸한 당신』, 창작과비평사, 1998.
______, 『목마른 계절』, 세계사, 1995.
______, 『복원되지 못한 것들을 위하여』, 동아출판사, 1996.
______, 『아저씨의 훈장』, 서울: 문학동네, 1999.

______, 『어떤 나들이』, 문학동네, 1999.
______, 『조그만 체험기』, 문학동네, 1999.
______, 『해산바가지』, 문학동네, 1999.
박형준, 『나는 이제 소멸에 대해 이야기하련다』, 문학과지성사, 1994.
백석·송준 역, 『백석 시전집』, 흰당나귀, 2012.
오정희, 『중국인 거리』, 푸른사상, 2010.
이상우, 『소설의 이해와 작법』, 월인, 1999.
이시하라 치아키 외, 송태욱 역, 『매혹의 인문학 사전』, 앨피, 2009.
이준연, 『가을나비』, 삼성당, 2011.
이청준, 『이청준 작품집』, 지식을만드는지식, 2010.
정호승, 『사랑하다 죽어버려라』, 창작과비평사, 1997.
제라르 즈네트, 권택영 역, 『서사담론』, 교보문고, 1992.
조경란, 『불란서 안경원』, 문학동네, 2011.
조병화, 『조병화 시선집』, 국학자료원, 2013.
조성준 외, 『문학용어사전』, 교보문고, 2011.
천운영, 『바늘』, 창작과 비평사, 2001.
최윤, 『하나코는 없다』, 문학사상사, 2004.
프란츠 스탄젤, 안삼환 역, 『소설형식의 기본 유형』, 탐구당, 1982.
하성란, 『곰팡이꽃』, 조선일보사, 1999.
함민복, 『미안한 마음』, 풀그림, 2006.
홍문표, 『문학개론』, 양문각, 1992.
J. 피츠제럴드, R. 메레디트 공저, 김경화 역, 『소설작법』, 청하, 1983.
S. 리몬 캐넌, 최상규 역, 『Narrative Fiction』, 문학과 지성사, 1985.
S. 채트먼, 한용환 역, 『이야기와 담론』, 푸른사상, 2003.
T. S. 엘리엇, 이상섭 역, 『세계현대시선』, 삼성출판사, 1982.

저자소개

이은하

명지대학교 문예창작학과 졸업
명지대학교 대학원 문예창작학과 문학 석사·박사 학위 받음
아동문예 신인상(동시), 아동문학평론 신인상(동화), 한국소설 신인상(소설), 세계동화문학상 수상
현재, 한남대학교 문예창작학과 교수

저서

장편동화 『콧구멍 속의 비밀』, 『내 짝꿍 하마공주』, 『머리에서 자라는 풀잎』, 『빼앗긴 일기』, 『쓰레기 형제』, 『바람 부는 날에도 별은 떠 있다』, 『사랑해요 아빠』와 동화집 『아이야, 별이 되어라』, 소설집 『만약에 퀘스천』, 이론서 『소설 창작의 갈등구조 연구』, 『이준연 아동문학 50년』 외 다수

문학과 상상력

초판 1쇄 발행 / 2013년 9월 16일
초판 2쇄 발행 / 2015년 8월 10일
초판 3쇄 발행 / 2020년 3월 15일

저 자 / 이 은 하
발행인 / 이 중 수
발행처 / **동 문 사**

서울특별시 서대문구 홍제동 137-8
Tel : 02)736-3718(대), 736-3710, 3720
Fax : 02)736-3719
등록번호 : 제9-17호
가격 : 17,000원

ISBN : 978-89-8251-606-1(93370)
E-mail : dong736@naver.com
www.dongmunsa.com